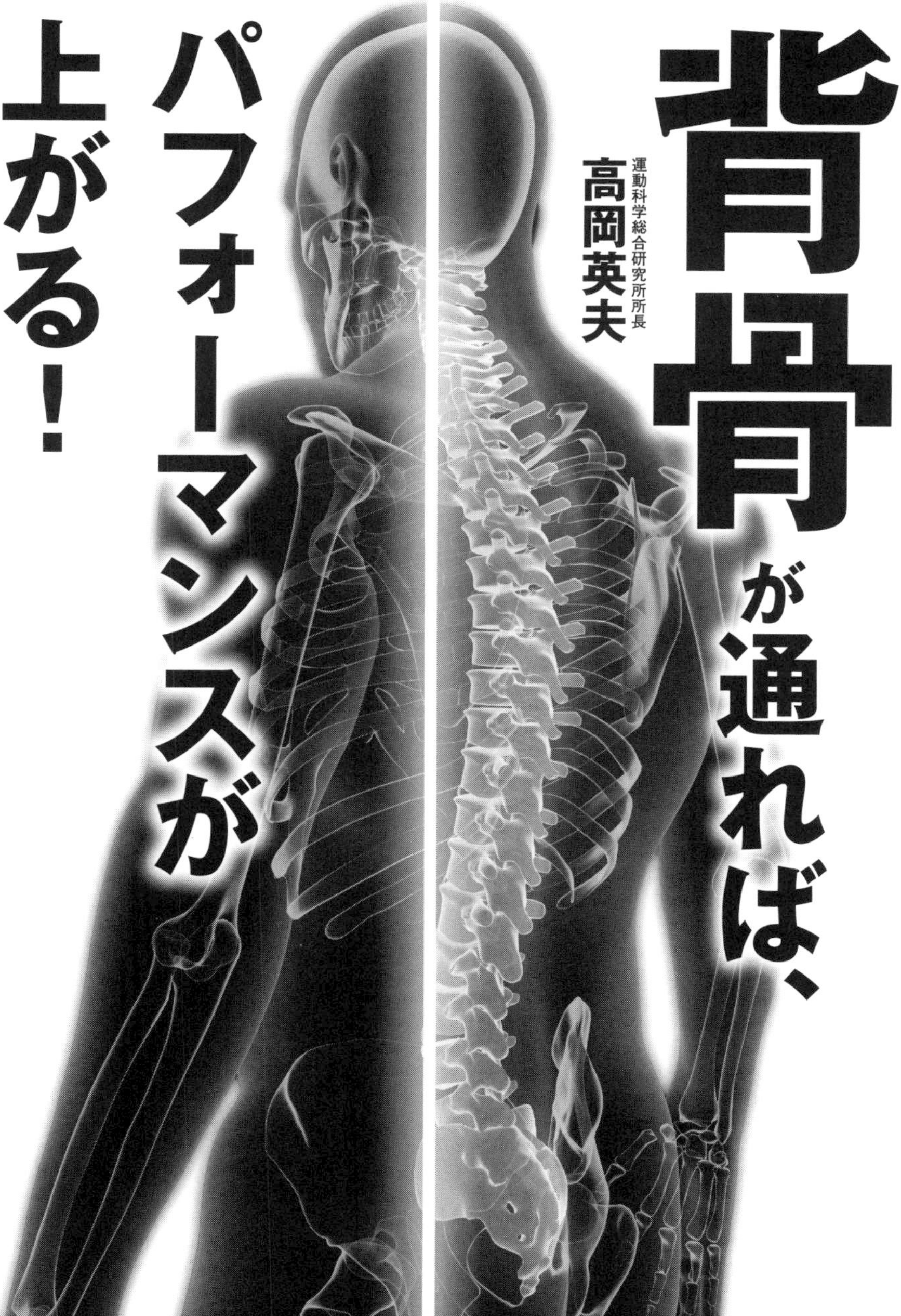

背骨が通れば、パフォーマンスが上がる！

運動科学総合研究所所長
高岡英夫

KANZEN

■全身筋肉図（前面）

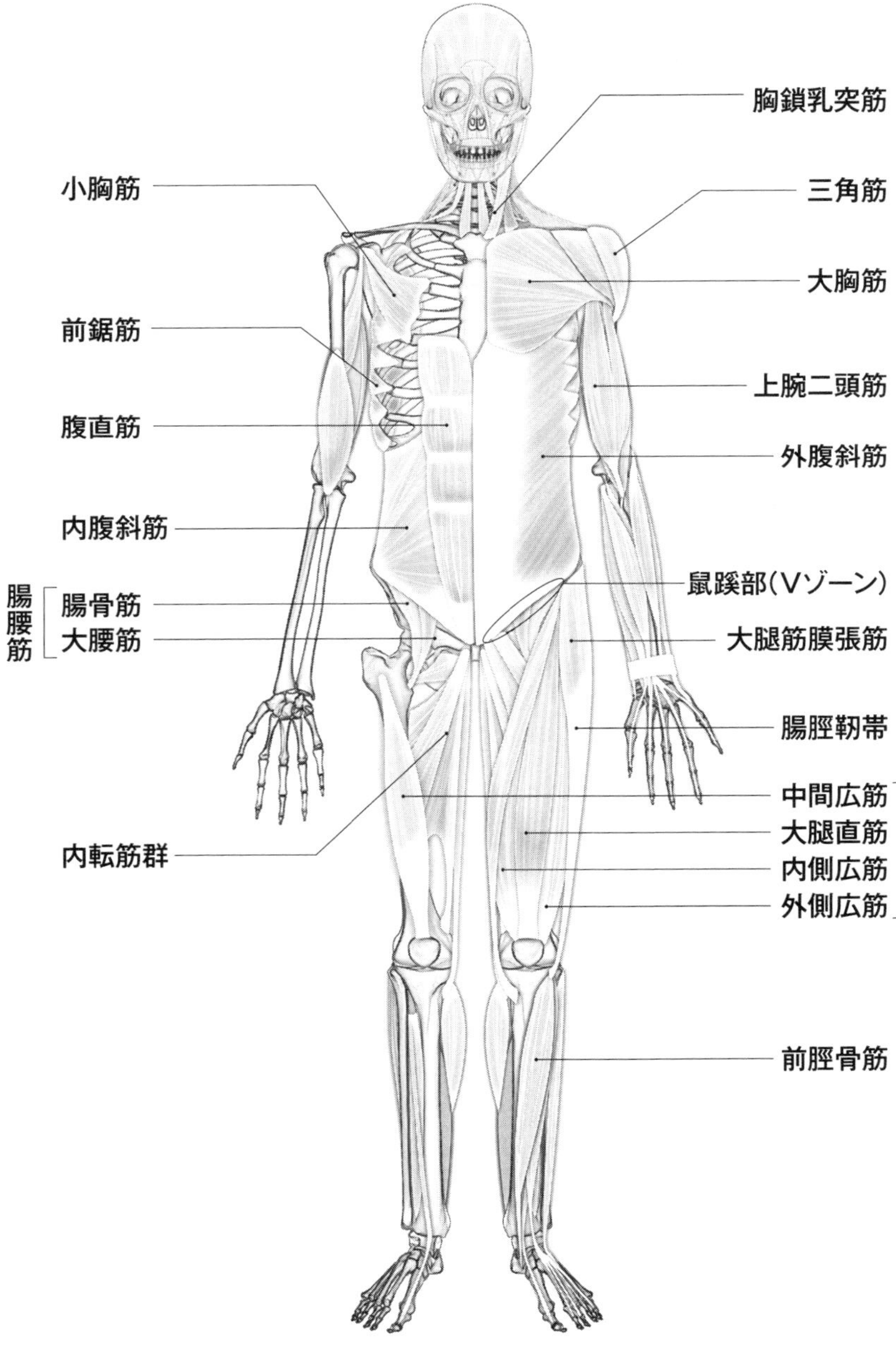

胸鎖乳突筋
小胸筋
三角筋
大胸筋
前鋸筋
上腕二頭筋
腹直筋
外腹斜筋
内腹斜筋
鼠蹊部（Vゾーン）
腸腰筋
腸骨筋
大腰筋
大腿筋膜張筋
腸脛靭帯
中間広筋
大腿直筋
内側広筋
外側広筋
大腿四頭筋
内転筋群
前脛骨筋

■全身筋肉図（背面）

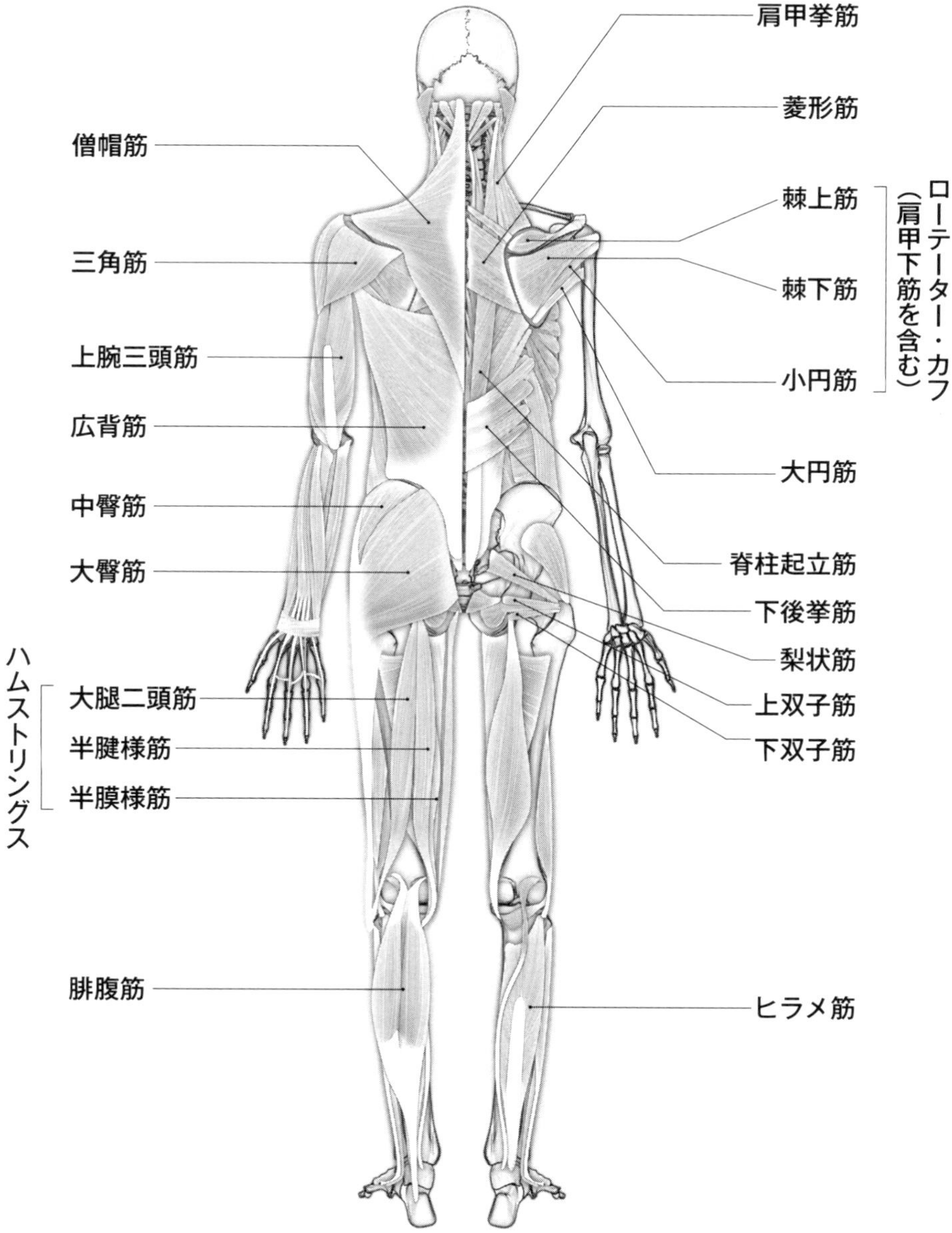
肩甲挙筋
菱形筋
僧帽筋
棘上筋
ローテーター・カフ（肩甲下筋を含む）
三角筋
棘下筋
上腕三頭筋
小円筋
広背筋
大円筋
中臀筋
大臀筋
脊柱起立筋
下後挙筋
梨状筋
ハムストリングス
大腿二頭筋
上双子筋
半腱様筋
下双子筋
半膜様筋
腓腹筋
ヒラメ筋

■全身骨格図（前面）

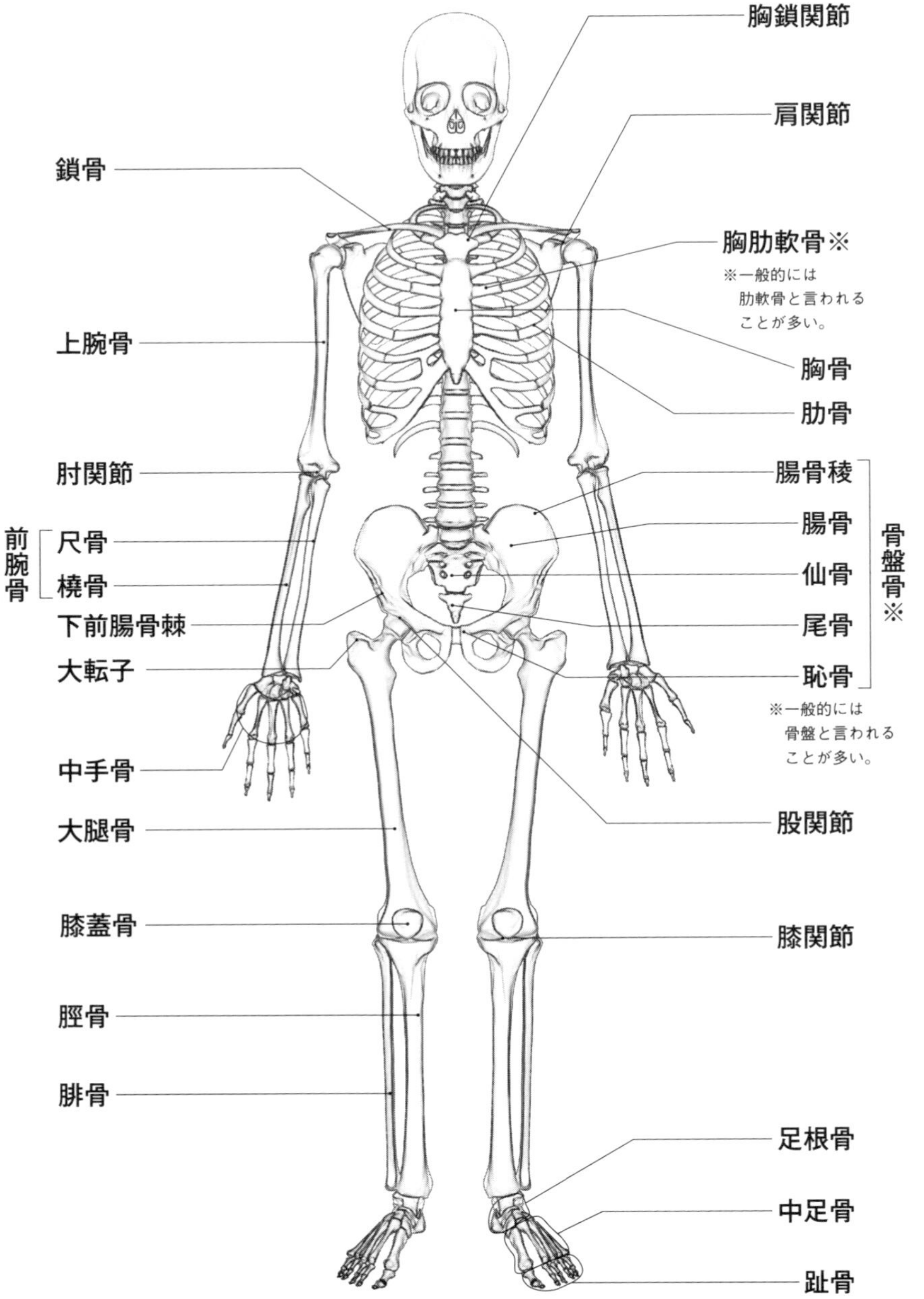

胸鎖関節
肩関節
鎖骨
胸肋軟骨※
※一般的には
肋軟骨と言われる
ことが多い。
上腕骨
胸骨
肋骨
肘関節
腸骨稜
前腕骨
尺骨
橈骨
腸骨
仙骨
骨盤骨※
下前腸骨棘
尾骨
大転子
恥骨
※一般的には
骨盤と言われる
ことが多い。
中手骨
股関節
大腿骨
膝蓋骨
膝関節
脛骨
腓骨
足根骨
中足骨
趾骨

■全身骨格図（背面）

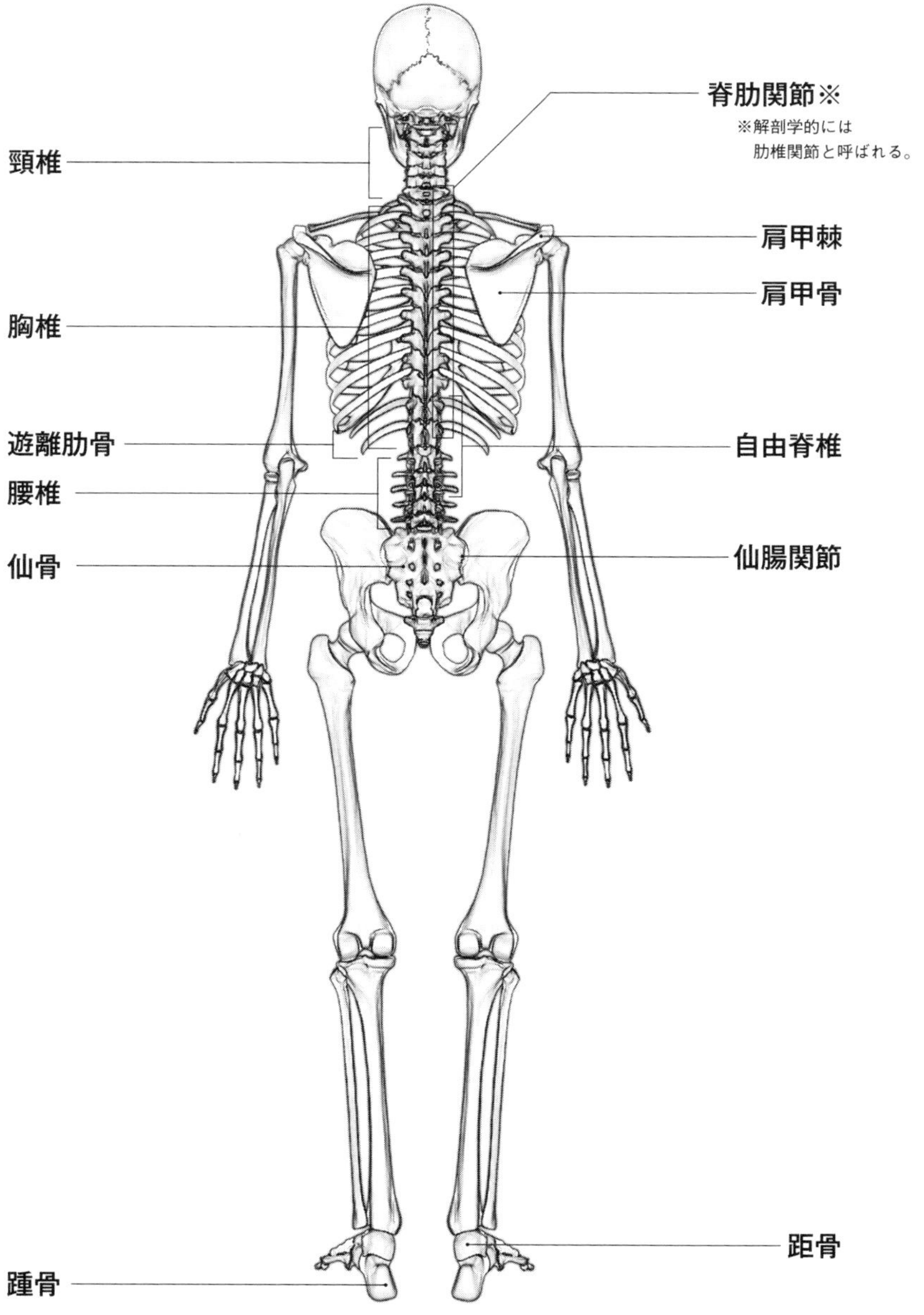

脊肋関節※
※解剖学的には
肋椎関節と呼ばれる。
頸椎
肩甲棘
肩甲骨
胸椎
遊離肋骨
自由脊椎
腰椎
仙骨
仙腸関節
距骨
踵骨

目次

第3章 天才だけが背骨を使って軸を作れる本当のメカニズム

第4章 四肢同調性と連動はすべて背骨が決める

第5章 割脊 背骨を割って使う世界

第1章

背骨とは脊椎動物の証

世界のトップアスリートのパフォーマンス

トップアスリートの脳は潜在意識下で働く

皆さんは、世界のトップアスリートたちをご覧になって、身体の大きさ、つまり体格や筋量と比較して、「なぜこんな素晴らしいパフォーマンスを発揮できるのか？」と考えたことが一度や二度はあるはずです。

例えばサッカーのスーパースター、リオネル・メッシ。彼は身長１７０センチ、体重72キロと決して恵まれた体格ではありませんが、突出したパフォーマンスを誇っており、サッカー史上最高の選手と評されています。

日本人でいえば、ロンドンオリンピック、リオオリンピックで、二大会連続で個人総合金メダルに輝いた体操の内村航平。少し前の例では、野球のメジャーリーグ記録をつくったイチローや、スピードスケート５００メートルで世界記録をつくり、長野オリンピックの金メダルに輝いた清水宏保などが挙げられます。

日本人の女性アスリートでいえば、２０１８年平昌オリンピックのスピードスケート５００メートルで金メダルを獲得した小平奈緒。彼女も身長１６５センチ、体重60キロと世界水準としてはかなり小柄にもかかわらず、圧倒的なパフォーマンスを発揮している選手です。

　他にも何人かの選手が、すぐに頭に浮かんできたことでしょう。

　こうした選手たちの存在から、身体の大きさ、身体資源の量的な側面を分母とし、分子をパフォーマンスにしたときの値を考察していくと、「パフォーマンス／身体資源」が非常に高いということがわかります。

　アスリートに限らず、体格に優れているのは幸せなことです。そもそも体格に関しては、遺伝的な影響が大きく、本人の努力でどうこうなるモノではありません。

　一方、筋量については、いわゆる筋力トレーニングなどに取り組むことで、後天的に増やすことが可能なので、ある意味わかりやすいといえます。

　こうした体格・筋量を身体資源として考え

「パフォーマンス／身体資源」の高低差は何の違いから生じるのか？

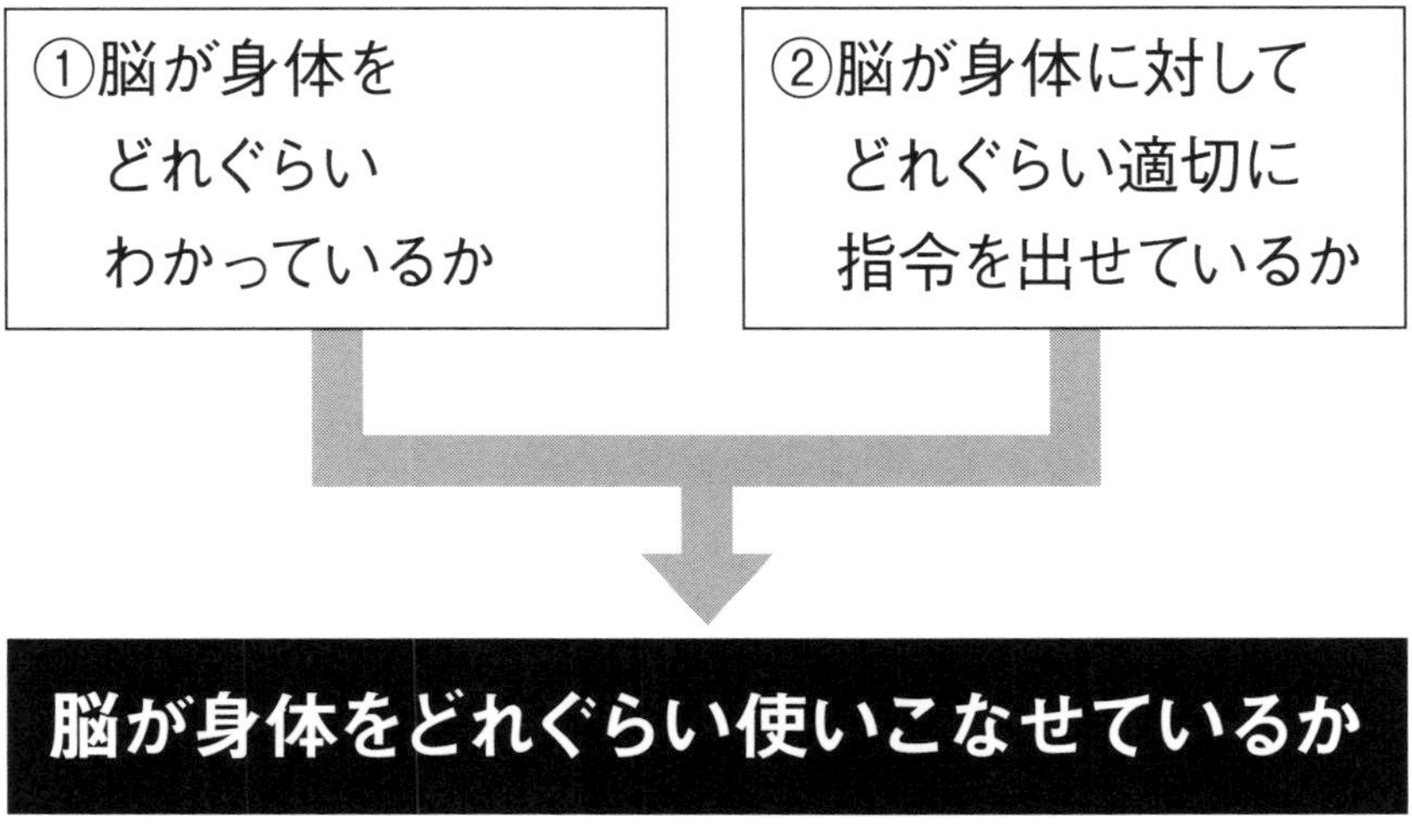
①脳が身体をどれぐらいわかっているか
②脳が身体に対してどれぐらい適切に指令を出せているか
脳が身体をどれぐらい使いこなせているか

たとき、結果としてのパフォーマンスにどれだけ影響しているかは、かなり重要になってきます。

その重要度は、メッシや小平などの活躍を見ると非常に明確です。日本のJリーガーたちで、メッシよりも大柄で、体格、筋量が勝っている選手はいくらでもいます。おそらく日本人の平均的なプロサッカー選手と比較しても、メッシは小柄な部類になるのではないでしょうか。

そのメッシの小柄な身体を分母にしたとき、彼の分子＝パフォーマンスがどれだけ凄まじいかというのは、改めて説明するまでもないでしょう。

では、メッシの圧倒的な「パフォーマンス／身体資源」と、大きな身体に恵まれているにもかかわらず、パフォーマンスではメッシに遠く及ばない選手との差は、何の違いから生じるのか。

それはズバリ、脳が身体をどれぐらい使いこなすことができているか、ということに尽きます。

これには、脳が身体をどれぐらいわかっているか、そして脳がその身体に対してどれぐらい適切に指令を出すことができているか、という二つの側面があります。

「そうすると優れた選手は、まさに解剖学者や、整形外科医のように身体についてよくわかっていて、さらにどの骨をどう使うとか、この筋肉をここでこう使うんだ、と細かく脳で指令しながら動いているのか！」

と思われるかもしれませんが、決してそういう意味ではありません。

メッシや小平のような選手たちが、試合の最中、自分のパフォーマンスを発揮している最中にそんなことをひとつひとつ意識しているはずもなく、言葉に出して説明するように、自分の身体を使いこなしているということなどあり得ません。

では、トップアスリートの身体に対する脳の働きはどうなっているのか、それは潜在意識下の作用なのです。

もちろん部分的には、「この骨をここでこう使う」とか「この筋肉をここでこう使う」といった具合に顕在意識で働かせている部分もありますが、それはきわめてわずかな一部であり、まさに氷山の一角でしかありません。

全体でいえば99・99パーセント以上の身体の情報について、顕在意識には上っていないというのが実情です。

パフォーマンス向上に一番寄与する身体の部分とは？

こうした前提の中で、皆さんにどのようなことを知っていただき、どのようなトレーニングをすることで、あのメッシや小平のように、身体資源に対して圧倒的なパフォーマンスを発揮するような能力を身につけられるか。それらを主眼に研究・開発をしてきたのが、私が長年取り組んできた「運動科学」という学問なのです。

そのために運動科学では、人間の五体、頭を入れた体幹と両手・両足の五つのパーツで身体を考えたとき、脳がどの部分を一番わかっていて、どのような指令を送ったら、パフォーマンスが目に見えて優れて向上するのか。そういった観点で研究をしてきたわけですが、皆さんはそれがどこの部分だと思いますか？

多くの人が競技で直接使用する部分、両手腕、あるいは両足脚と考えがちですが、実は「体幹」というのが正解なのです。

過去、私は本書と同じ出版社であるカンゼンから、骨をテーマにした二冊の本を上梓しました。

一冊目は肩甲骨をテーマにした本『肩甲骨が立てば、パフォーマンスは上がる！』（以下「肩甲骨本」）です。この肩甲骨も体幹の中に含まれる骨です。

二冊目が『キレッキレ股関節でパフォーマンスは上がる！』（以下「股関節本」）。股関節も体幹に含まれる関節です。

パフォーマンス向上に一番寄与する身体のパーツはどこか？

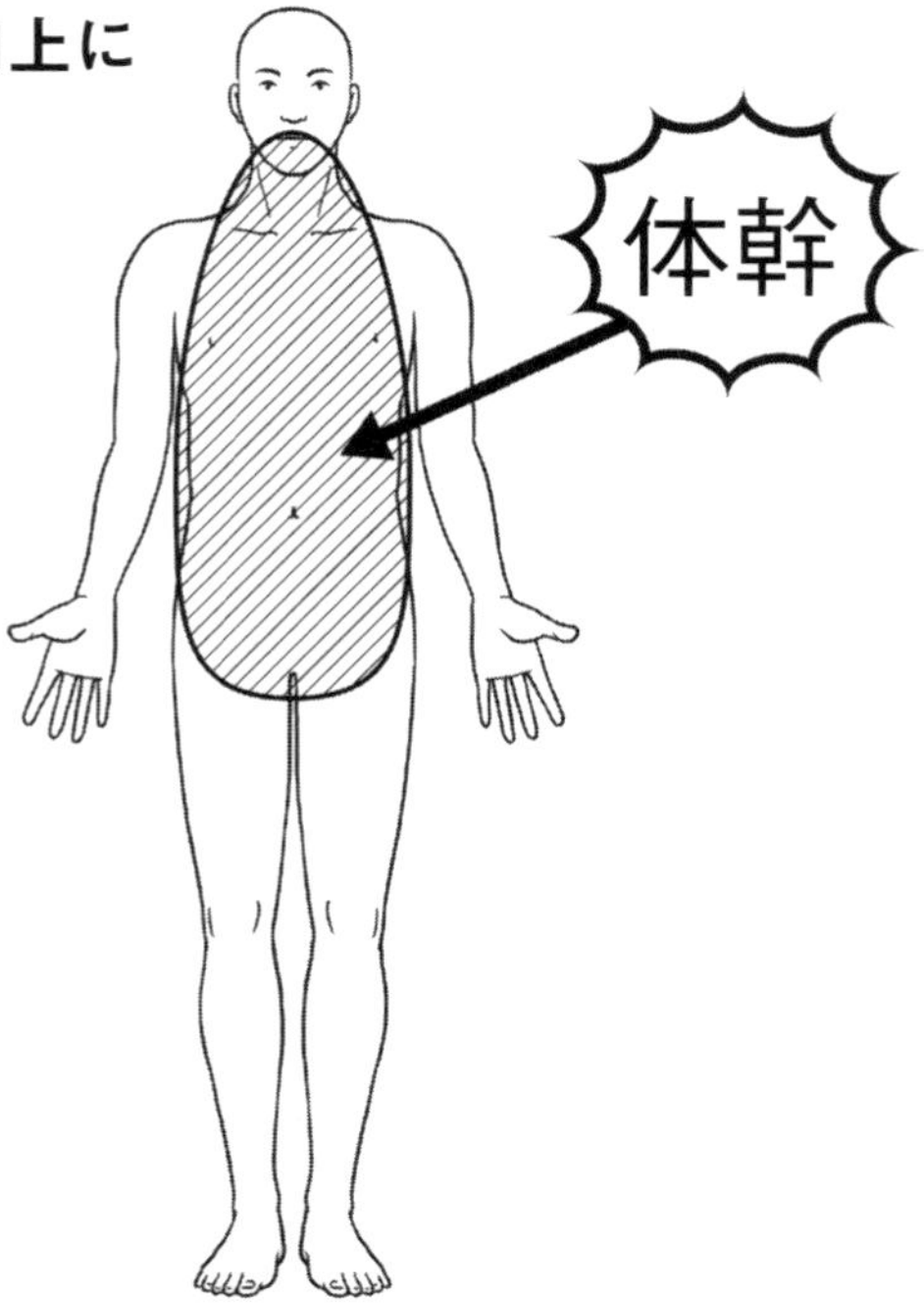

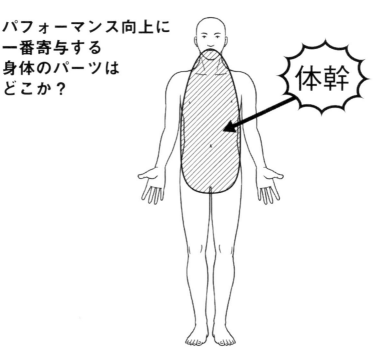

今回はこの二つの骨に続いて、いよいよ骨についての三冊目の本を出すことになりました。三冊目のテーマになる骨は、タイトルにもあるとおり「背骨」です。

「背骨」を解剖学的にいえば「脊椎」ですが、皆さんはこの背骨、脊椎についてどのような印象を持たれているでしょうか？　あるいは、実際に脊椎についてトレーニングの課題として考えたことがあるでしょうか？　または、脊椎をコントロールする対象としてみなしたことがあるでしょうか？

おそらく、「背骨があることは知っているし、場所もわかる。その重要性はわからなくもないが、具体的に身体資源を分母としたときに、圧倒的なパフォーマンスを高めるためのものとして意識したことは今までなかった……」と言う人がほとんどでしょう。

私がなぜ、「肩甲骨」「股関節」「背骨」という順序で本を執筆してきたかというと、身体の中でも体幹の部分は手足に比べ、抜きん出てわかりにくいからです。

これは皆さんも実感があることですから、すぐに同意していただけるはずです。このわかりにくい体幹を扱うときに、わかりやすいものから扱ったほうがいいのか。それともわかりにくいものから扱ったほうがいいのか。もちろん、わかりやすいほうからです。

誰もがわかりにくい体幹の中でも、一番わかりやすいものから扱ってほしいと願うはずなので、それにお応えして最初に「肩甲骨」を取り上げたのです。言い方を変えるのなら、体幹の中で一番わかりやすいのが「肩甲骨」ということになります。

肩甲骨は、表側なら全部触ることができますし、自分でも意識的に肩甲骨を閉じたり開いたりといろいろ動かすこともできますし、仲間とその動きを見比べたり、触りあったりして、コミュニケーションをとることも可能です。そういう意味では、非常に認識しやすいし、操作的な部位だといえます。

それに比べ、股関節は難解です。股関節につながっている脚（太もも）は動かせますが、股関節そのものには触ることすらままなりません。

「えっ、腰の横の出っ張っている骨は、股関節ではないのですか？　あそこが動くのはわかりますし、触ることもできますが」

と思うかもしれませんが、あれは「大転子」といって股関節の外側にある骨で、股関節ではなく、大腿骨の一部です。股関節そのものには、まず触れないと思ってください。だから股関節はわかりにくいのです。

なぜ「肩甲骨」「股関節」「背骨」という順番で本を出したのか？

そしてその次が背骨です。

「背骨は股関節と違って触れますが……」。

そのとおりです。確かに背骨は触れます。

　背中に手を回して触れる背骨の部分は、「棘突起《きょくとっき》」といって背骨の中の後方に向かって一番外側に飛び出した尖った骨の先端になります。その奥に、数センチ入ったところに椎骨、あるいは椎体という臼状の形をした、ちょうどドラム缶を半分にしたような形状の骨があります。これがいわば脊椎の本体です。

　そこから身体の真後ろに伸びたものが棘突起だとすると、棘突起とほぼ直交するように左右両側にも骨が突き出ています。こちらは横突起《おうとっき》と呼ばれています。


　脊椎のイラストを見ると、実際に触ることができるのは、脊椎後端の棘突起の、しかも先端だけだということがわかります。

棘突起と横突起

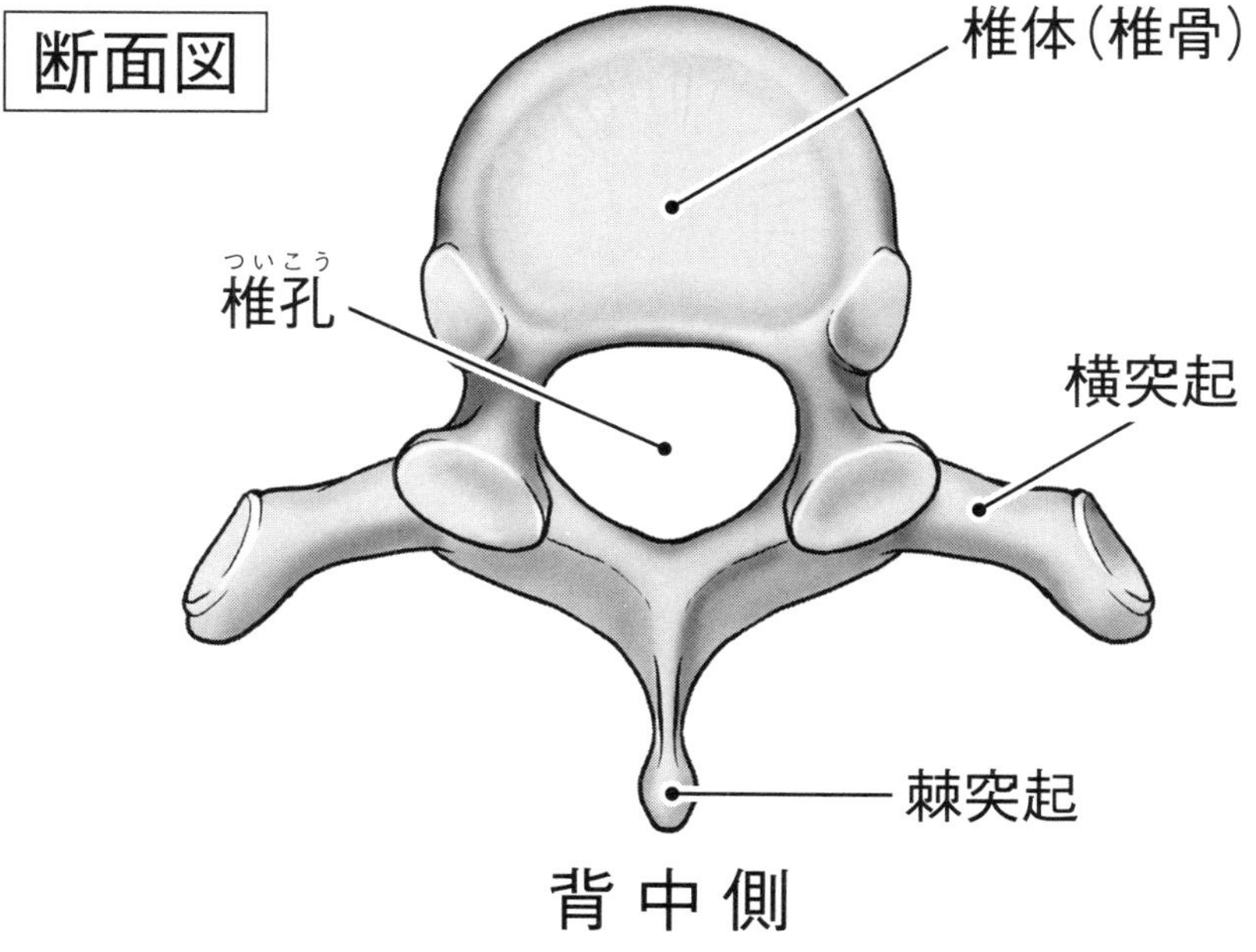

肩甲骨は前述のとおり、肋骨側の面は触ることができませんが、形状そのものは触って確認することができますし、扁平であることもよくわかります。さらに左右それぞれ別々に動かすことも可能なので、仲間同士で見比べたり触りあったりすることもできます。

それに対して背骨はどうか。

まず脊椎一個の形を捉えることができません。棘突起の先端を触り、「ここの奥にあるんだよね」とは言えても、それ以上の情報は何も得られないというのが実情です。

また肩甲骨は左右それぞれの形、動きがわかりますが、背骨の場合、ひとつひとつの形も動きもわかりません……。

棘突起の先端だけは、ひとつずつわかるにせよ、その奥にあるとされる脊椎全体の形はまったく見えてくることがありません。

しかも、その棘突起を触って、「右にずらして」「左に動かして」「上を向くようにして」「ちょっと回すように動かして」といっても、「まったくチンプンカンプン」で何ひとつそうしたリクエストに応えることはできないはずです。

つまり、仲間と一緒にコミュニケーションを取ろうとしても、肩甲骨のようにはいかないわけです。

それはなぜかというと、背骨はまったく操作的ではないからです。

そもそも背骨をひとつひとつ、個別に動かすなんて考えられもしない世界なのです。

それが「背骨」です。

しかもその背骨は、少なく数えても26個から成り立っています。首の骨＝頸椎は7個。次が胸椎。いわゆる肋骨がつながっている背骨が12個。その下が腰椎で5個。その下に仙骨がひとつあって、最後に尾骨。この尾骨をひとつと数えると、全部で26個となるわけです。

26個もあるのに、主観的に感じられる骨がひとつもない……。26個もあれば、ひとつぐらい意識できる骨があってもいいのに、実際にはひとつもない。

手を使って、触ってみたとしても、多少全体像がつかめるのは、仙骨と尾骨ぐらいです。そういう意味で、このふたつは背骨の中でも非常に特殊な位置づけです。

背骨は26個から成り立っている

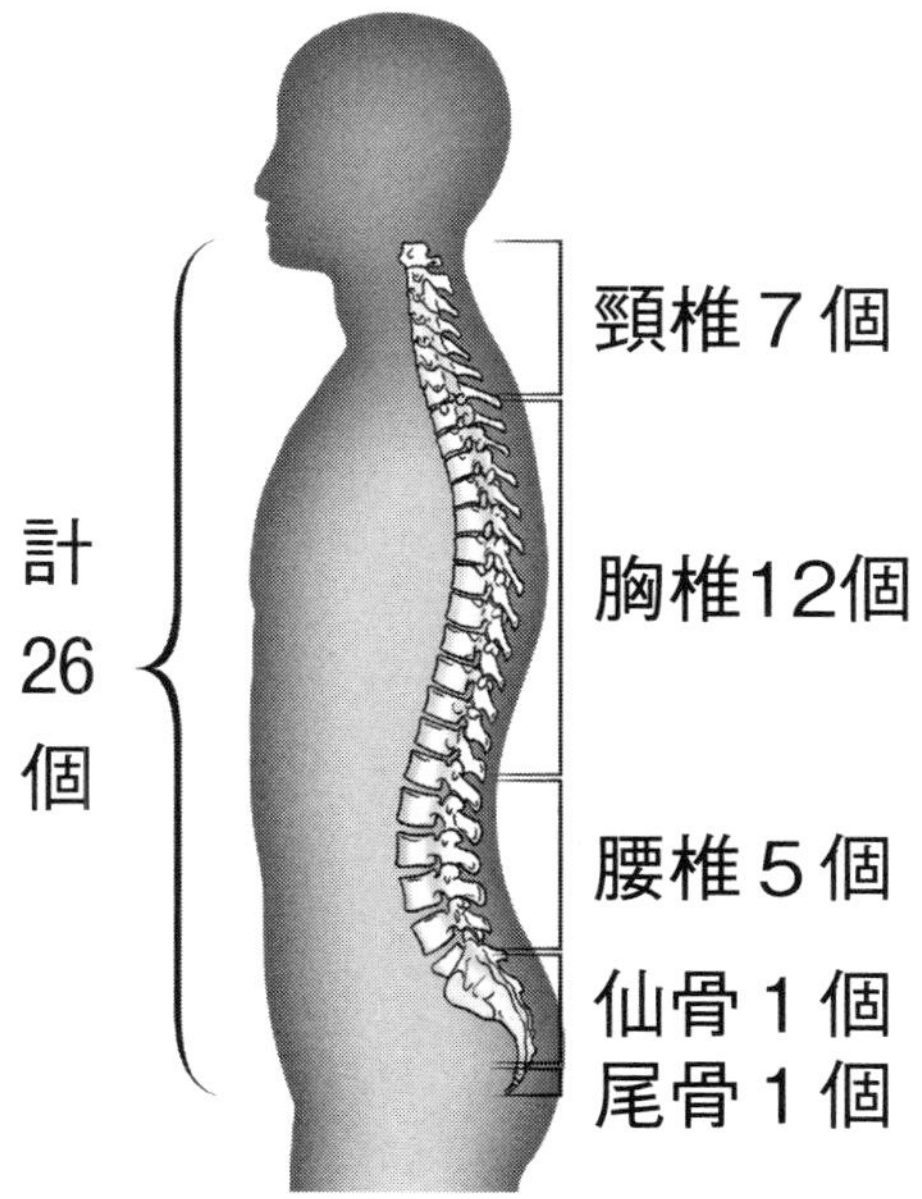

「運動進化論」

魚類は背骨しかない

しかし体幹の中で、運動のパフォーマンスに与える影響度の大きさでいえば、この背骨は、肩甲骨や股関節に勝るとも劣らないどころか、何倍も重要な骨だといえます。

それはなぜかということを、まずご理解いただくことが、本書の一番最初のテーマになります。

では、この第1章の本論にあたる部分に入っていきましょう。

まず質問です。生物の進化の中で、背骨はいつどの段階で生まれたものでしょうか？

「えっ」と戸惑われるかもしれませんが、背骨は魚類の時代に誕生しました。人類もいわゆる脊椎動物という動物群に属していますが、その人類から進化の歴史をさかのぼっていくと、まず同じ哺乳類の四足動物時代があって、この四足動物も当然背骨を持っています。そこから、爬虫類、両生類、魚類とたどっていくと、魚類にも背骨があります。

ここからはとても重要な、「運動進化論」についての話の始まりです。

「運動進化論」は、運動科学の中でも、人間の能力の進化についての、非常に重要な分野になります。

　私たち人類のルーツは、紛れもなく魚類にあります。その魚類はどのような運動をしていたでしょうか。

　マグロやカジキといった類いの魚は、大海原を何百キロ、何千キロと泳ぎ続けます。その速度は自動車並みの時速50～60キロどころか、カジキの仲間には時速100キロを超す種類もあるといわれています。

　クロマグロの成魚の平均体重は300キロといわれていますが、そうした大きな質量を持った魚が、抵抗の大きい水の中を、時速60キロ、100キロといったスピードで泳ぐのですから、とんでもないことです。

　それを悠然とやり続けて、進化の過程で両生類や爬虫類が現れて、そこからさらに進化して、哺乳類、そして人類が誕生という流れの中で、魚類は進化から取り残されて、やが

背骨は魚類の時代に誕生した

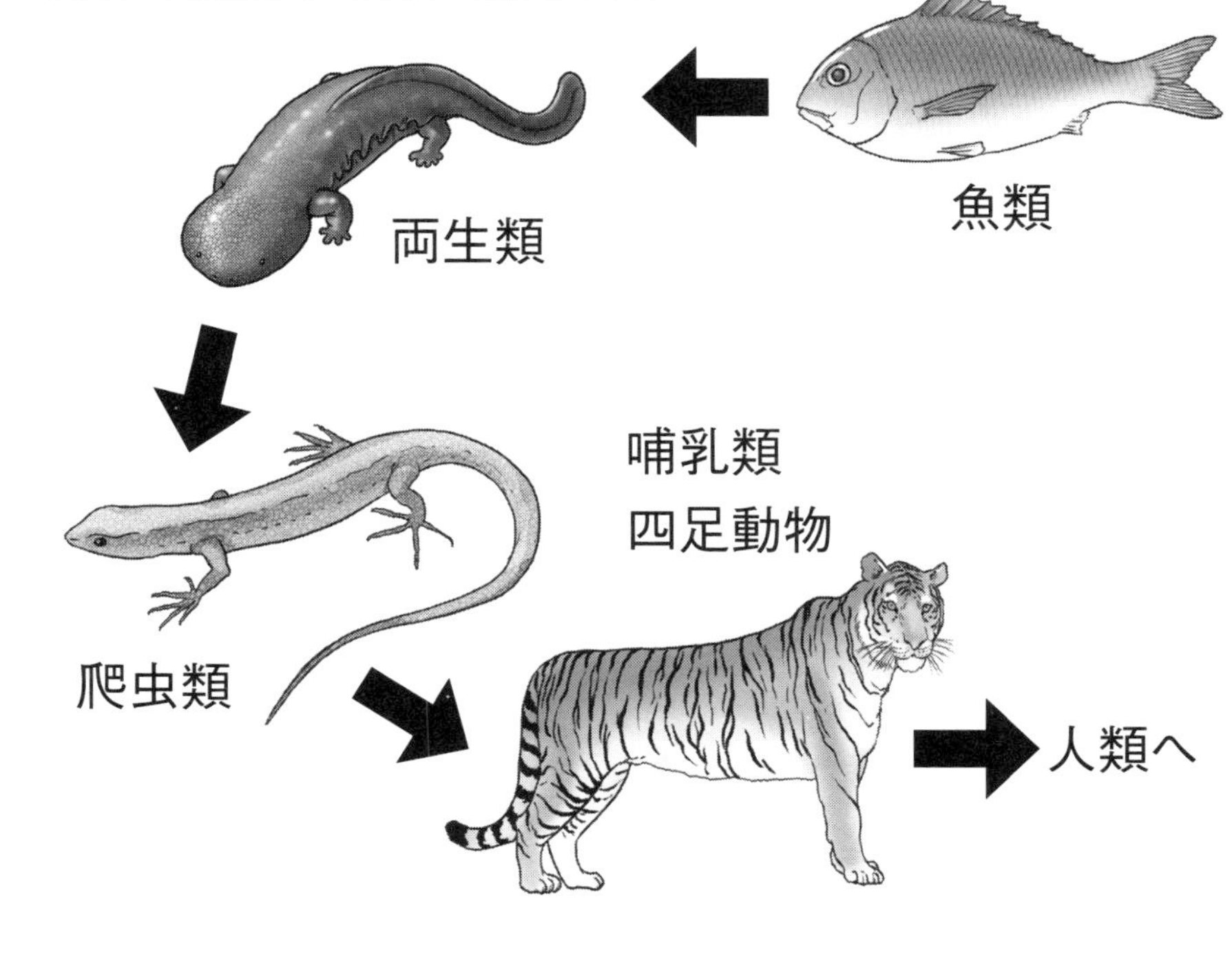

て淘汰され、滅んでいくような存在なのでしょうか？

決してそんなことはありません。まさに今日においても、地球上の七割を占める大海原を闊歩しているではありませんか。

そんな彼らの運動は、どんな運動でしょう。

哺乳類のように、両手両足があって、それを駆使して凄まじく走り回るように泳ぎ回っているでしょうか？

そんなことはありません。魚類には手足がなく、運動器官としてはまさに体幹、背骨しかないのです。

魚類は背骨でもって運動して、力強く、ダイナミックに、しかもしなやかで柔軟、非常にスキルフルでスタミナにも圧倒的に優れています。

それが魚類であり、魚類の運動はそれで完結しています。

その空間の認知能力も大変なものです。魚類は当然、三次元空間で生きています。その三次元空間の認知能力は極めて優れたものです。そして三次元空間の中で、ありとあらゆる方向に動き回り、つねに周囲に気を配っています。なぜなら、完全な立体的環境の中でいつどこから天敵に襲われるかわからないからです。お互いに捕食者であり、餌であるという関係性の中で暮らしていて、まさに巧みに、ダイナミックに生きているわけです。

それが魚類なのですが、彼らには背骨しかありません。つまり体幹しかなく、手足は持ち合わせていない状態です。もちろん、方向舵として胸びれやその他のひれはありますが、尾びれは間違いなく背骨の延長なので、四肢と呼べるものではありません。

私たち人間、あるいは四足動物だって、素晴らしい身体運動のパフォーマンスを体現できますが、それは魚類の身体運動能力に少しアレンジを加えただけにすぎないのです……。「そうだったんだ。魚類なんて手足がないので、身体運動については、私たちとまったくつながらないイメージだったけど、確かに言われてみればそうかもしれない」とご納得いただけたのではないでしょうか。

脳が26個の背骨を使いこなす

実は、スポーツ、武道・武術、ダンスなどの高度かつ優れた運動というのは、必ず魚類時代の背骨の能力を根本として使ってこそ、はじめて可能になっているのです。

それについて具体的に見ていきましょう。

人間の26個の背骨がすべて、互いに隙間を広げたり縮めたり、前後、左右、あるいは斜めにずれ合ったり、戻ったり、ときには止まったり、再度ずれあったりしています。また、軸まわりに左回転、右回転と、互いに逆回転したり、同じ方向に時間差で回転していったりと、こうした運動を自由自在に絶え間なく行っている……。26個の背骨について、つねにそれを使っていることをベースに、上体でいえば肩甲骨を中心にして腕を動かす。下体については、股関節を中心にして脚を動かす。こうしたことができていると、まさに世界のトップ・オブ・トップ・オブ・トップに君臨するような、とんでもないパフォーマンスが可能になるのです。

サッカー界でいえば、全盛期のメッシやジネディーヌ・ジダン、クリスティアーノ・ロナウドのような、あの驚異的なパフォーマンスがまさにそれです。彼らはピッチで圧倒的な存在感を発揮して、味方からすれば無比無類の頼れる存在。敵にとっては、その存在が何をするかによって、決定的に自分たちが崩され敗北していくわけです。

そして、彼らはぶつかられたとしても強いうえに、ぶつかりそうになった瞬間、まったくしなやか、柔軟にして、すり抜けていく。世界のトップクラスのディフェンダーが囲んだとしても、彼らを引き連れ、バタバタと倒してしまう。ときには、まるで忍者のように一瞬にして姿を消して、相手が見失ってしまうような状態で動いたり、針の穴を通すような極めて難しいシュートを決めたり、ひときわ球速の速いシュートを放つ、こうしたこと

▶ トップ・オブ・トップ・オブ・トップアスリートの能力は魚類時代の背骨の能力を根本として使ってはじめて可能となる

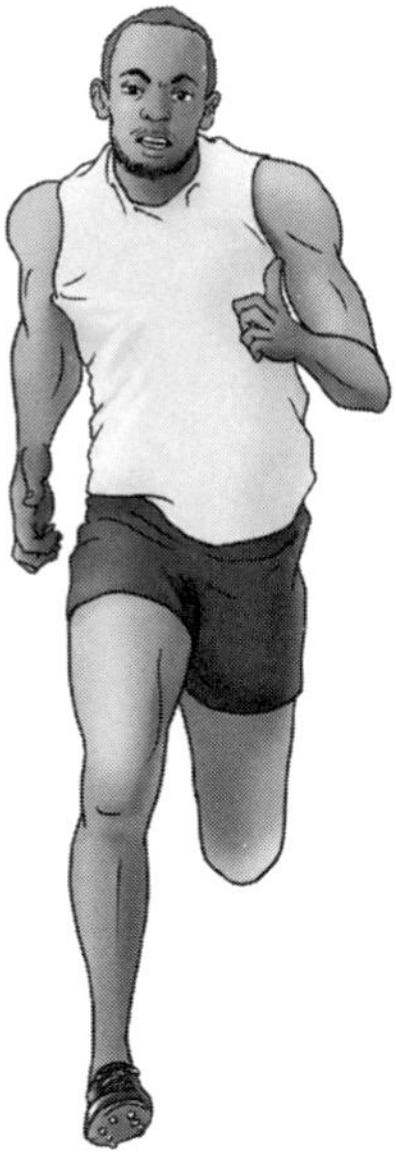

を可能にしているのです。

そのうえ、ピッチ全体を見渡す能力、仲間を見る、敵を見る、ボールを見る。目線はボールを向いていなくてもボールを見ている。このような認知能力、そして数秒先、十数秒先のことが見えているかのような近未来的な洞察力まで突出しています。

こうした能力は、26個の背骨の関係性、運動性によって支えられていて、脳が背骨をそのように使いこなすことができているところに、大きな秘密があったのです。

素晴らしい軸＝センター

これまでの私の著作をお読みになった方々なら、センター、体軸、正中線と呼ばれる「軸」の大切さ、重要さについては、すでによくご理解いただいていることでしょう。

人間に常時かかっている最大の力といえば、地球の重力に他なりません。重力とは、半径6000キロ、直径1万2000キロの地球という物体の中心、物理学でいうところの重心の一点に向かって一瞬も途切れることなく働いている力です。

その力を、脳が潜在意識下で完全に感知してコントロールできるかどうかが、人のパフォーマンスに決定的な影響を与えるということは、これまでの多くの著書を通じて語ってきたとおりです。

実はその重力というものを、脳が把握し、自分の身体に対してそれに対応する指令を出すためには、その物理学的な重心線に沿って、潜在意識下の意識、これを「身体意識」といいますが、この身体意識が形成されることが不可欠になります。

先述の軸、センターといったものは、この身体意識のことを指しているのです。

こうした素晴らしい軸＝センターが成立するためにも、26個の背骨がお互いに離れたり近づいたり、ずれあったり、回りあったり、止まったりということがつねに起きていることが必要なのです。

こうした背骨との関係性が、優れた軸＝センターについての研究によって、解明されたということです。

普段、多くの人が、「背骨？　上半身の体重を支える棒。体幹の形状を保つ骨格」という非常に基本的な背骨の役割しか意識していないかもしれませんが、それ以外の重要性にもお気づきになったのではないでしょうか。

もちろん、体幹の形を保つことも背骨の大

脳が重力を把握し、自分の身体に対応する指令を出すには、重心線に沿った身体意識の形成が不可欠

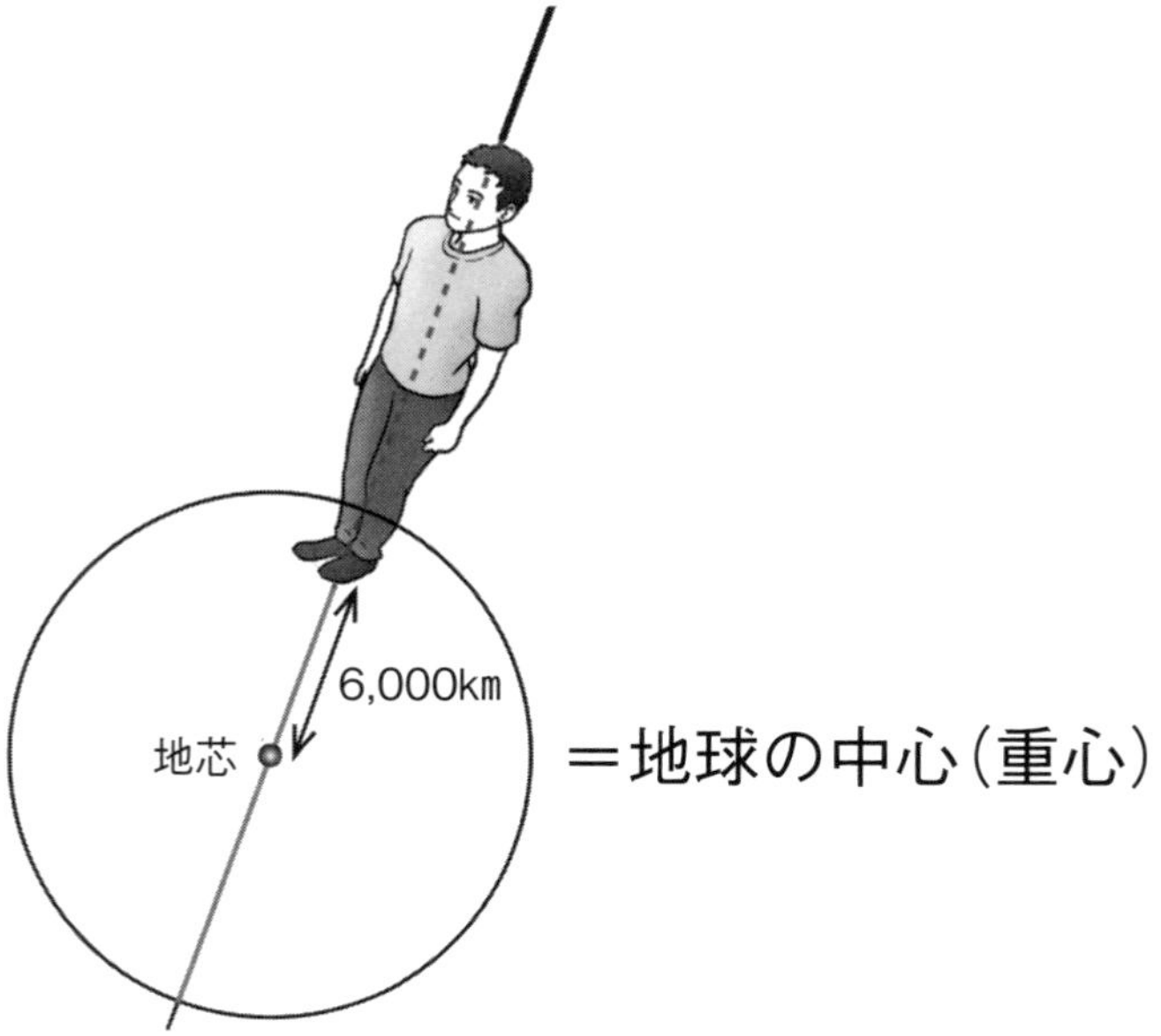

事な仕事です。背骨がなければ、ナマコを地上に置いたような状態になってしまうので、形を保つことは重要です。また、上半身の体重を支えるためにも、どうしたって背骨は必要です。

しかし、それを前提にして身体運動を行う存在の人間の能力差を引き出すのは、ここから先の話になります。

先ほどから説明してきた背骨の複雑な運動、26個の背骨がお互いに離れたり近づいたり、ずれあったり、回りあったり、止まったりすることを「脊椎高度自由運動」と言います。

すべての背骨のひとつひとつが互いにどれほどの高度な自由度を持っているかが、全身体が高度なパフォーマンスを達成するための決定的な要因となり、圧倒的に高度な全身体の統合性を達成するための基幹となる脊椎と、それにかかわる脊椎深層筋群の精細緻密にして自由自在な運動、それが体幹の深遠な秘密となっているのです。

背骨の自由度の開発

四《し》肢《し》同《どう》調《ちょう》性《せい》は背骨の自由度に支えられている

では、「肩甲骨本」や「股関節本」で紹介した、「四肢同調性」はどうなるのか。もう、直感的におわかりになる方もいるでしょう。

肩甲骨が自由自在に運動し、肩甲骨の自由度が高まると、人間の脳は四足動物時代から受け継いだ、肩甲骨と腸骨の関係＝「四肢同調性」にスイッチが入ります。

ゆえに肩甲骨を自由自在に動かせるように開発すると、それに応じて腸骨を中心に下半身の開発も進んできます。このことも運動科学の研究によってすでに明らかになった事実です。

同様に、股関節を中心に開発を進めていくと、股関節と腸骨は直接つながっているので、必然的に腸骨の開発も進みます。その結果、肩甲骨や肩関節の開発も進むことになるわけです。

この性質を「四肢同調性」というのです。「肩甲骨本」で発表したこの考え方は、皆さんに大きな希望を与えるものです。

なぜなら、肩甲骨だけを開発しているのに、直接接していない部位の下半身までよくなってしまうのですから。また、股関節を開発していくと、股関節からずいぶん離れた肩甲骨や肩関節までよくなります。こんなうまい話はなかなかありません。しかも、両方をトレーニングすると相乗効果でかけ算するように開発が進んでいくことになります。だから希望があるのです。

身体の一部を開発したとき、効果があるのはそこだけで、他の部位とは一切関係がなかったとしたらどうでしょう？　全身を細かく分け、そのひとつひとつを別々にトレーニングし、さらにすべての部位と部位を関連付けていくところまでやらなければならなくなるでしょう。気の遠くなるような大変な手間になってしまいます。

ところが肩甲骨という身体の１カ所の自由度を高めるトレーニングをやると、股関節を中心とした別の身体の部位の能力まで上がる。実際の身体運動でもっとも基本になるの

四肢同調性の開発の仕方

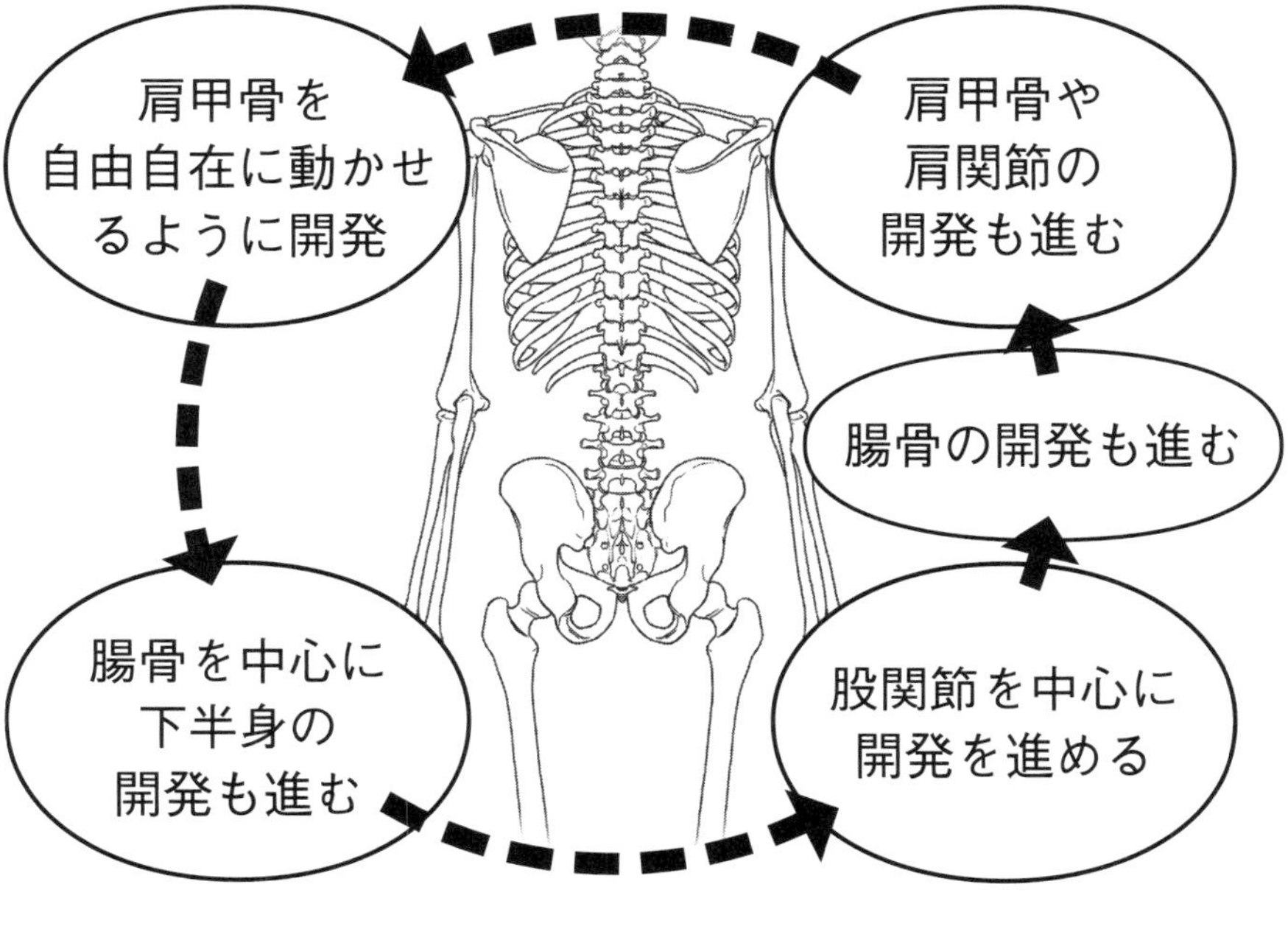
肩甲骨を自由自在に動かせるように開発
肩甲骨や肩関節の開発も進む
腸骨の開発も進む
腸骨を中心に下半身の開発も進む
股関節を中心に開発を進める

は、歩きです。そしてランニングが続きます。これらはどんなスポーツにもほぼ共通でいえることです。

例外的な種目、水泳でいえば、歩きや走り以外にもクロールでゆっくり深い動作で泳ぐことが、陸上での歩行やランニングに相当する基本運動になるでしょう。

こうした基本的な動きの中で、肩甲骨・股関節の連動性はどんどん高まっていきます。

そして、実際に競技動作、スポーツの専門的な動き、野球ならバッティングやピッチング、テニスならストロークやサービスをしたときには、体幹を巻き込んだ身体全体の連動性が高まっていきます。

これは四肢同調性に支えられた連動性で、四足動物時代に高度に発達した能力を復元するように使っていく、高度なトレーニングの発想なのです。

この四肢同調性や連動性は、背骨の自由度とどのような関係にあるのか。皆さんの興味はここにあるはずです。

このことも運動科学の研究によって、すでに解明されています。

実は四肢同調性とは、26個の背骨のひとつひとつの自由度が高まっていくことによって、それが支えとなって成立するものなのです。別の言い方をすると、背骨の自由度に支えられながら、実際に動いたときに、連動性が生まれてくるのです。

それはなぜか。

肩甲骨を開発して、肩甲骨の自由度を高めることで、股関節や腸骨の自由度も高まり、その能力が高くなる場合、背骨が肩甲骨の開発度に応じて、ひとつひとつの自由度が高まっていくというメカニズムがあるからです。

そこがまったく変わらなかったら、四肢同調性は起きないのです。

後ほどトレーニング法として紹介しますが、肩甲骨、あるいは股関節の自由度を深める開発を行っていくと、背骨がそれに応じた深さで自由度を持ってくるようになります。自分という脳と身体によってこの関係を実証する経験は、重要です。

四肢同調性は26個の背骨ひとつひとつの自由度が高まることで初めて成立する

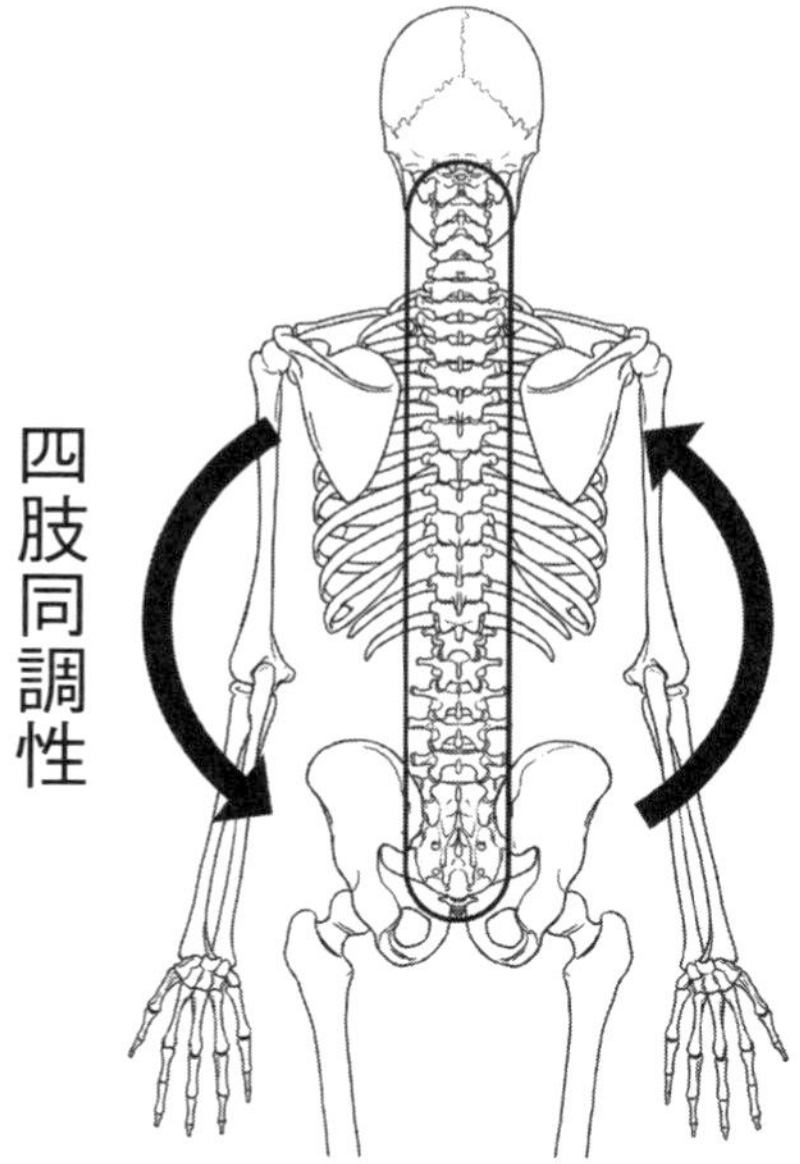

背骨の自由度の開発は単純ではない

ここまでわかった皆さんが知りたいのは、この先の話でしょう。

「ということは、肩甲骨の開発に一所懸命取り組んでいけば、背骨の自由度の開発も同時に進行し、完了させることができるってこと?」

「股関節の開発を完璧に行ったら、背骨の自由度の開発もすべて終えることができるのか?」

その答えはNOです。残念ながら、そうは問屋が卸さないのです。

背骨は26個もあって、とんでもなく複雑な形状をしています。このことが何を意味しているかというと、そこにつながっている筋肉が桁外れに多く、しかも複雑に組織されているということです。

私は背骨と、背骨と関連する筋肉の研究も全部行いました。そのうえで、できるだけ背骨の開発も行えるように肩甲骨の開発法を組み立てました。股関節についても、できるだけ背骨の自由度が開発されるように、トレーニング法を組み立てたのです。

例えば、「股関節本」で紹介した、「股関節揺解法」などはその代表的なトレーニング法です。股関節揺解法は、股関節に中指を突き立てて、「モゾモゾ・モゾモゾ」とつぶやきながら揺解運動をかけ、それに合わせ股関節も精細に動かしていくメソッドです。

このトレーニングをやると、ビックリするようなフットワークが可能になったり、高効率で良質なストレッチが可能になったりするわけですが、そうした股関節の揺動緩解運動を起こすためには、近傍の背骨たち、仙骨から腰椎といったところが自由運動を起こさないとできないのです。

股関節のトレーニングに取り組みはじめたばかりの頃、揺動緩解運動がどうもピンとこない、なんかぎこちなくて上手にできない、と感じるのは、実は背骨の自由運動が起きてこないからなのです。

肩甲骨に関しても同じです。肩甲骨を立てる＝立甲する、両立甲、片立甲させていく。その両立甲、片立甲が上手くいくためには、ある程度背骨の自由度が高まっていることが条件になります。さらに肩甲骨を中心に動かしていく「動腕法」などを上手に行うためには、その近傍の背骨の自由度を開発していく必要があるのです。

つまり、肩甲骨や股関節の開発は、背骨の自由度の開発というものを、潜在的にも隠しネタとして用意しておかないと成功しづらいということです。そのため、従来の、通常考えられるようなストレッチで、股関節や肩甲骨を開発したり、筋トレで開発したりすることで、ある程度の効果が得られる場合もあるでしょう。しかし、私が考える意味での本当の高度なパフォーマンス、身体資源に対してそのパフォーマンスが抜群に優れたものになるような方向での開発、要するに運動進化論的な開発は不可能なのです。

それを可能にする秘密は、脊椎のひとつひとつの自由度を、脊椎のすべてにおいて互いの背骨同士の間で高めていくためのアイデア、そしてそれに基づいたテクニックに尽きるわけです。

だから背骨の開発は重要なのです。

そして、肩甲骨、股関節の開発法の意味がわかったうえでの気づきが重要なのです。

「なるほど。もっと揺動緩解運動も自由自在に高度にできるようになる必要があるんだ。やればやるほど、肩甲骨や股関節が自由自在に使えるようになり、同時に背骨も開発されるのか」

実はそのとおりです。

一方、背骨は26個もあって、そして背骨それ自体からのアプローチによって、開発を待っている部分がとてつもなく大きいのです。なぜなら、背骨は26個もあって、複雑な形をしていて、しかも複雑に多数の筋肉が重層的に重なり合っているからです。

というのも、手足を持たない魚類があれだけの身体運動を何億年にも渡って、魚類であることをやめずに続けていて、動物の中でももっとも繁栄している種族でいられるのは、背骨だけで凄まじい運動が可能なように、背骨およびそのまわりの筋肉ができているからです。

そう考えると、四足動物になってからメカニズムがどんどん進んできた肩甲骨と背骨の関係、股関節と背骨の関係というものがそのうえにあるわけですが、肩甲骨や股関節の開発を背骨の自由度を無視して行ったとしても、すでに魚類時代にできあがってしまった、背骨とその周辺の筋肉の凄まじいメカニズムのすべてを再発掘し切れるわけではないというのがわかるはずです。

それが肩甲骨や股関節の開発だけで可能になるほど、背骨、および背骨まわりの筋肉は単純にはできていないのです。

「壁柱角脊椎通し《へきちゅうかくせきついどおし》」

「脊側《せきそく》」を壁柱角に寄りかかるように当てる

背骨の重要性、おわかりになっていただけたでしょうか。皆さんも、背骨に対して興味が高まり、すぐにでも背骨の開発に取り組みたいと思ってきたところでしょう。

とはいえ、背骨は前述のとおり、26個も重なり合っていて、圧倒的に複雑ですから、取り組み方もよくよく工夫しなければなりません。

本書の執筆に当たり、私が一番最初に考えたことは、これだけ複雑な背骨を、複雑なまま取り扱ってしまったら、読者の全員にそっぽを向かれてしまうということです。

そんな複雑な情報を出されたとしても、どうやってそれを整理して、実際のトレーニングにつなげていけばいいのか、実際のパフォーマンスまで活かしていけばいいのか、という話になるだけです……。

そこでいかにわかりやすく、使いこなせるようにお届けするかについて心を砕いてきた結果、本書では理論を進める各章ごとに、その理論に沿ったトレーニング方法を入れていく構成とすることにいたしました。

各章ごとに、理論と実践を学ぶことで、より理解を深めていただきたいというのが狙いです。

というわけで、この第1章では「壁柱角脊椎通し」というトレーニング方法をご紹介いたします。

部屋の中を見渡していただくと、柱や壁があるはずです。凹んだ壁ではNGなのですが、天井から床まで垂直方向へ90度に出っ張った角を見つけてください。柱などの角であればちょうど90度、直角になっているはずなので、その角を使います。

その角が見つかったら、胸椎の一番、二番の棘突起を手でよく触ってみてください。胸椎の棘突起が確認できたら、そのすぐ左側の筋肉の部分も「ここだよ。ここだよ」とつぶやきながら、よく触ってみましょう。この部

▶背骨の棘突起と壁柱角を触る

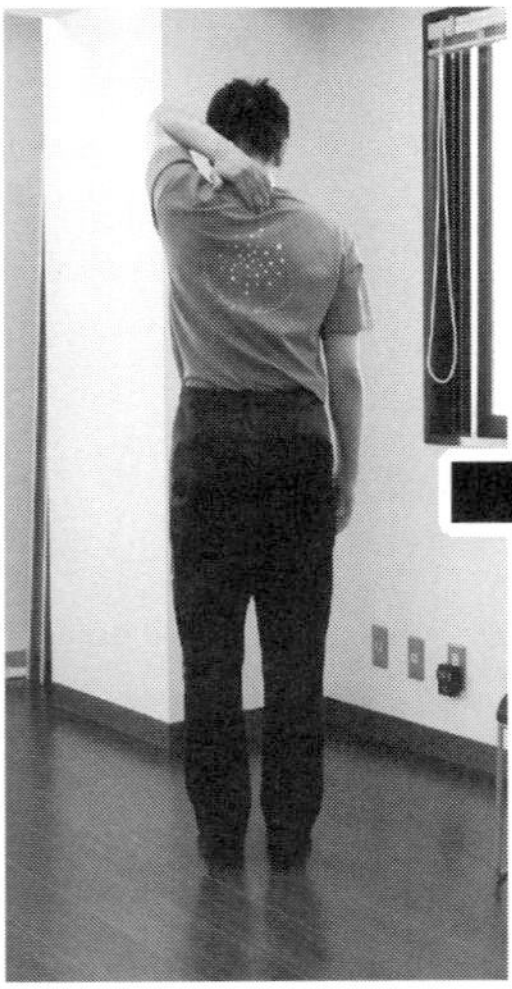

胸椎の一番、二番の棘突起を触る

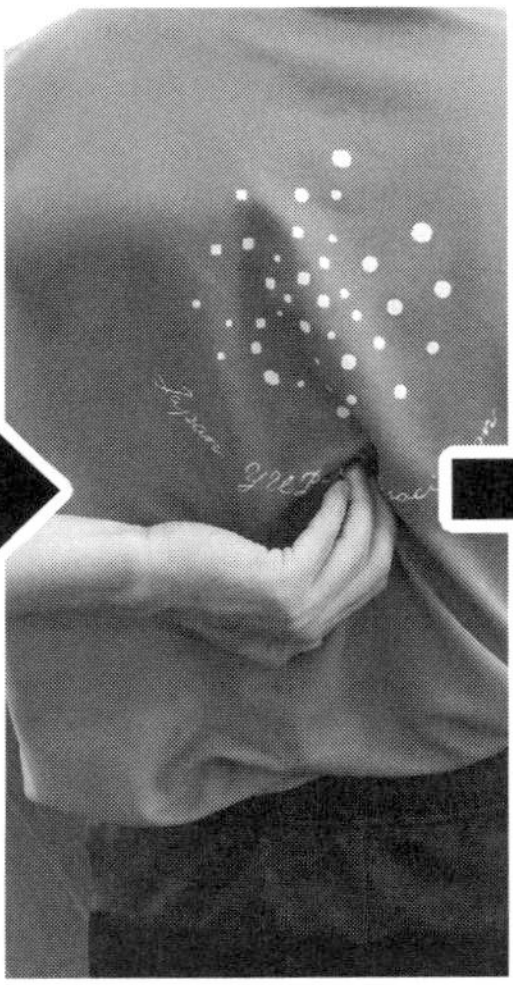

脊椎の下のほうも同じように触る

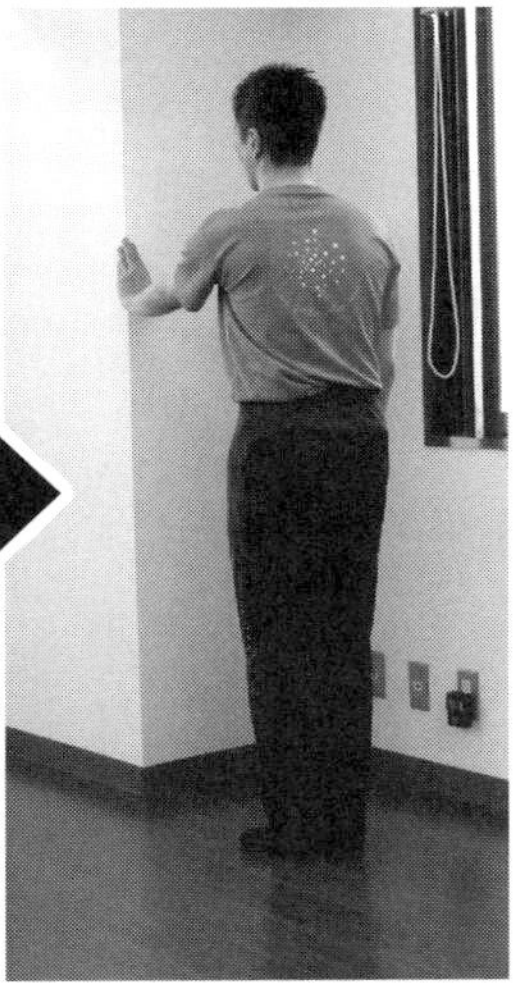

触れ合う高さの壁柱角を触る

分を私は「脊側」と呼んでおります。

この「脊側」を、壁の角＝「壁角」もしくは柱の角＝「柱角」、合わせて「壁柱角（と呼称します）」に寄りかかるようにして当てていくわけですが、その前にちょうど胸椎の一番、二番がふれあいそうな高さの壁柱角もあらかじめ手でさすっておきましょう。

つまりこれから「脊側」を当てて、刺激をもらう壁柱角と、刺激を受ける「脊側」の両方をさすっておくということです。

それが済んだら、美しいシルバーの地芯上空6000キロに乗って立っているとイメージし、壁柱角に向かって背中を向けて寄りかかるようにしていきます。

と、その前に「その場歩き」をやっておきましょう。「壁柱角脊椎通し」のビフォー／アフターを比較するために、「その場歩き」をやったときの自分の動きの感じ、接地感や

その場歩き

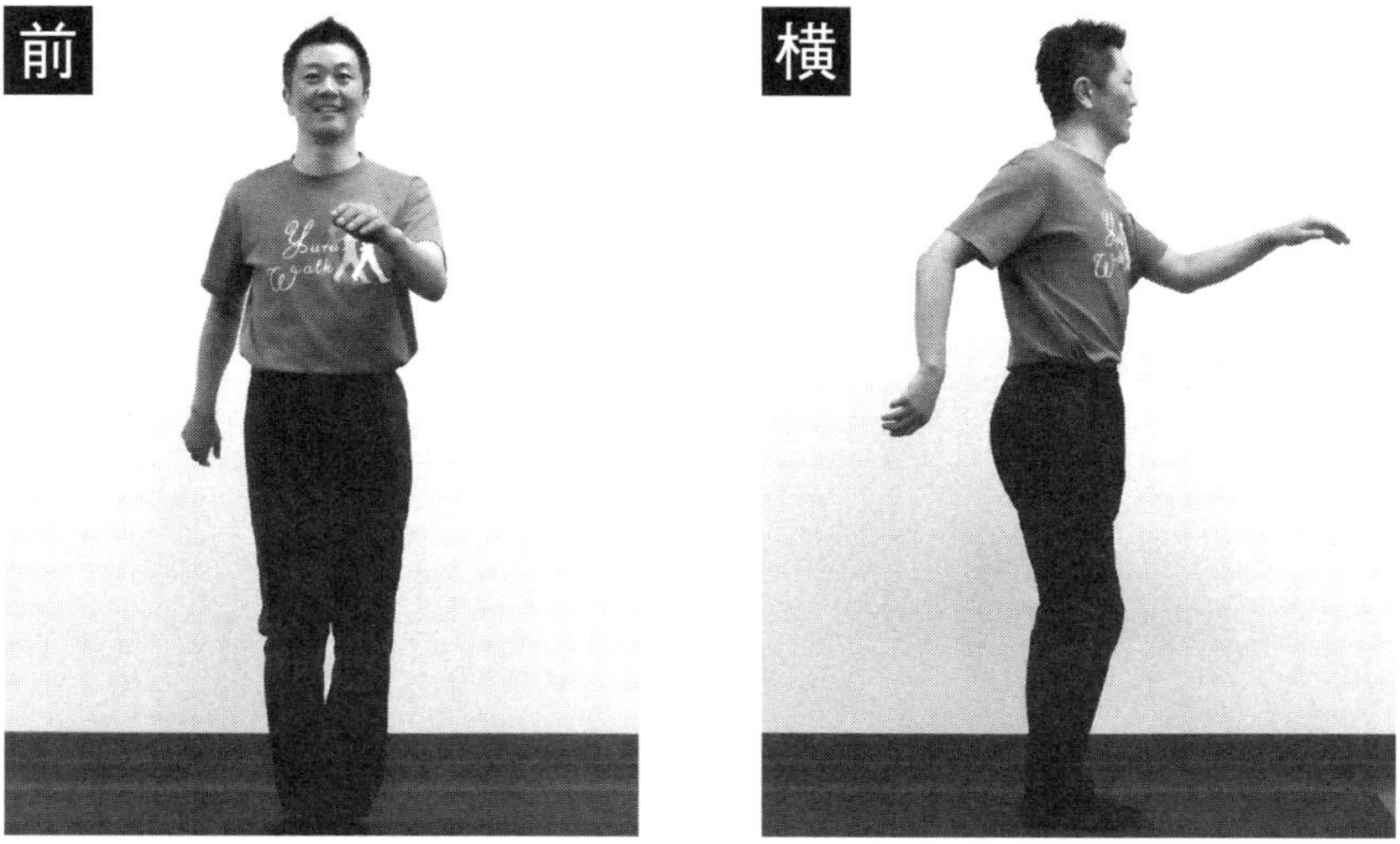

「壁柱角脊椎通し」のビフォー／アフターを比較するために身体の動きの感じをよく味わっておく

自分のバランス、わかる人なら自分のセンターや軸の通り方や、体幹の感じ、腕や脚の動き、人によっては肩甲骨や股関節の動きなども味わっておいてください。30秒ほどでけっこうです。

さらに、5～6歩でいける距離を行ったり来たり、歩いてみるのもいいでしょう。ちょっとゆっくりめに歩いたほうが、自分の身体の感じをよくつかめるはずです。

また、自分の専門種目の動きを少し試しておくのもお勧めです。野球ならピッチング動作、バッティング動作をゆっくりめに行う。卓球をやっている人なら得意なサービス動作やフォアやバックのストロークの動きなどもやはりゆっくりめに行って、自分の身体がどういう感じで動くのかを味わっておいてほしいのです。

こうした「その場歩き」などを行ったら、いよいよ左側の「脊側」を壁柱角に寄りかからせて、刺激を与えていくわけですが、このとき注意がひとつ。決して荒っぽくやらないことです。壁柱角で棘突起を傷つけたり、「脊側」の筋肉を傷つけたりすることがあり、大変危険です。とにかく優しく、丁寧にやることを心がけてください。そのほうが効果が何倍も高まります。

胸椎の一番から順番に上下にこする

さて、立ち方ですが、踵と壁柱角の間の距離は、10～20センチぐらいがいいでしょう。

そして、両足の間は、拳ひとつ分の幅を開けておきます。その状態でゆっくりと「脊側」を壁柱角に寄りかからせていきます。このとき、必ず服を着て行うことが肝要です。素肌を直接、壁柱角に当てるようなことは決してしないでください。

「脊側」が壁柱角に触れたら、痛くない範囲で、適度に圧力を感じるように寄りかかり方を調整してください。自分の体幹の重みが、優しく、ずっしりと伝わり、壁柱角が肉の中にズブズブリと沈み食い込んでくるような感じがベストです。

そのために大事なことは脱力すること。とくに壁柱角に接している「脊側」の部分が脱力するように心がけましょう。

それが上手くできたら、その状態のまま「脊側」を上下に動かしてみます。

上下動のストロークは1～2センチ前後が適当です。

このとき壁柱角に接している「脊側」の長さは、胸椎三つ分ぐらいの幅になります。胸椎三つ分の幅を、上下に1～2センチずつ動かすと、背中の皮と肉の間、あるいは肉の表

▶踵と壁柱角の距離／壁柱角への寄りかかり方

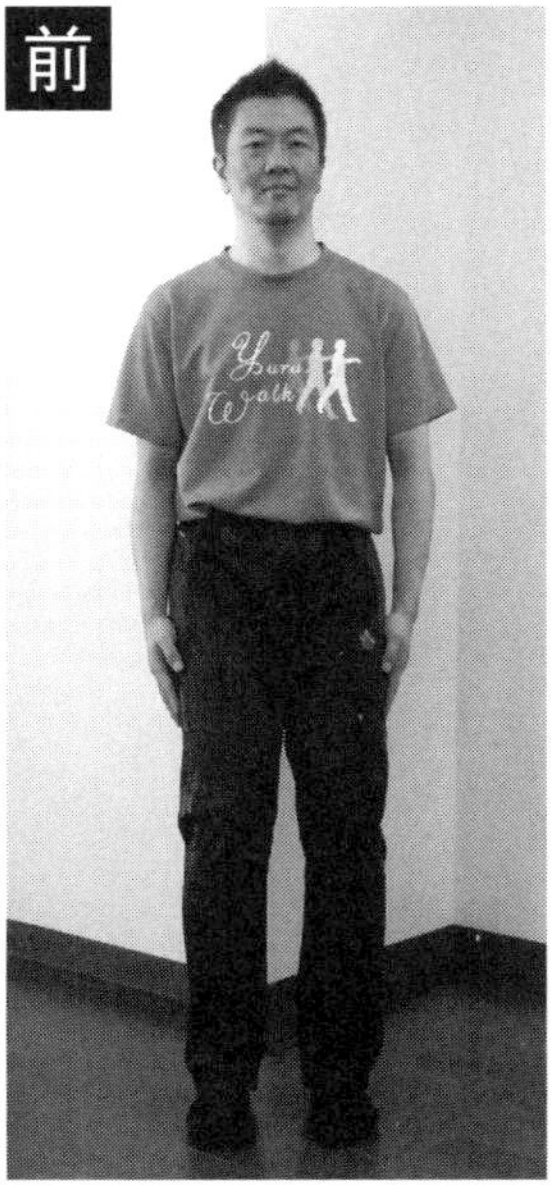

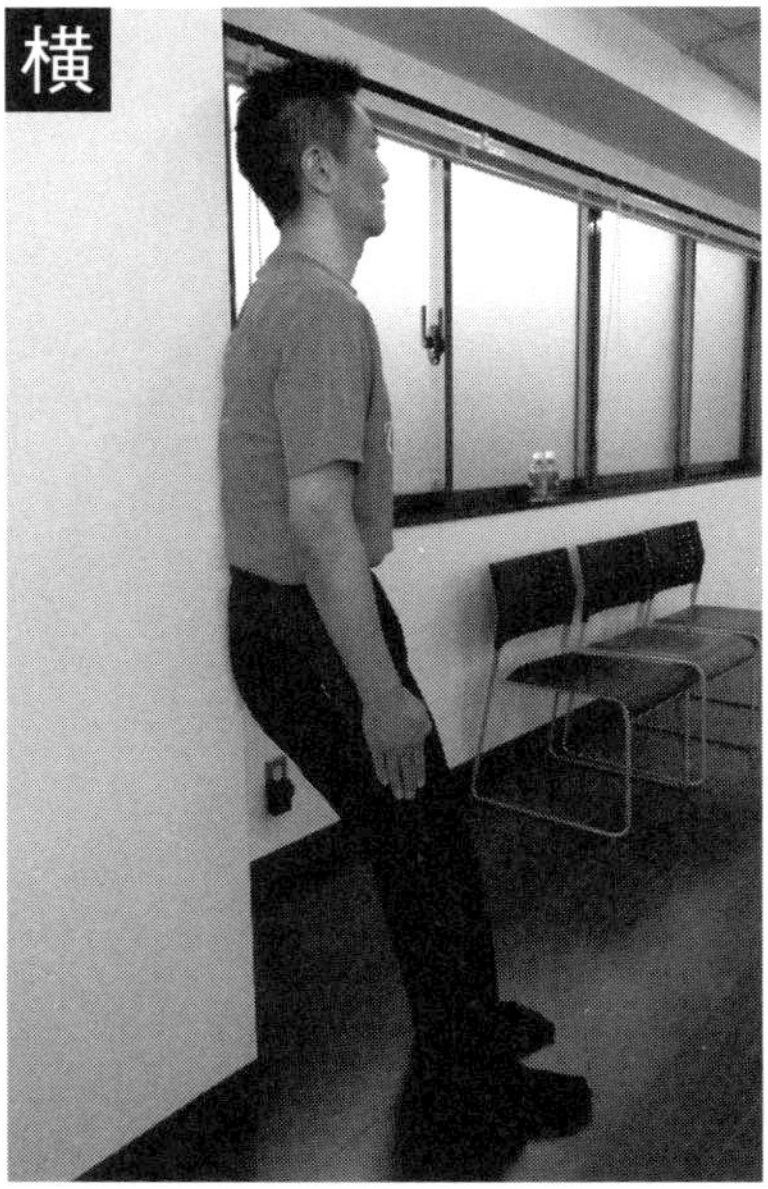

層と肉の深層の間がずれ動く感じがしてきます。

　これは上手くいっている証ですので、「いいな〜、いいな〜」と思いつつ、「ゆるむように、ゆるむように」「解《ほぐ》れるように、解れるように」とつぶやきながら、5〜8回ほど上下にストロークしていきます。

　次に、今こすった部分の下の部分に移ります。最初にこすった部分が胸椎の一番〜三番だとしたら、今度は胸椎の三番〜五番あたりをストロークさせます。ここでのポイントは、胸椎ひとつ分ほどオーバーラップさせておくことです。

　力を抜いて、ダラ〜ッと上下動させるのがコツなので、実際に「ダラ〜」とつぶやいてみるのもいいやり方です。

　何回か上下動をくり返しているうちに、ズシ〜とした重み、ズブリとしためり込み感を

▶ 脊側を上下に動かす／ストロークの長さ

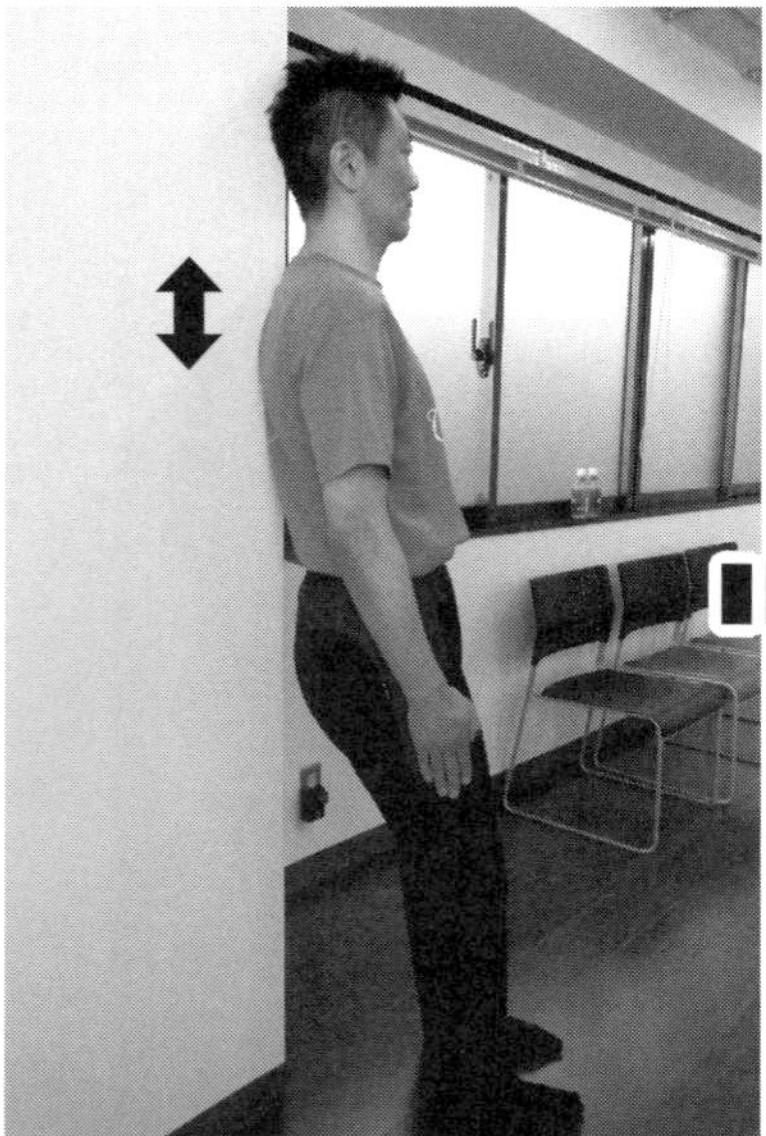

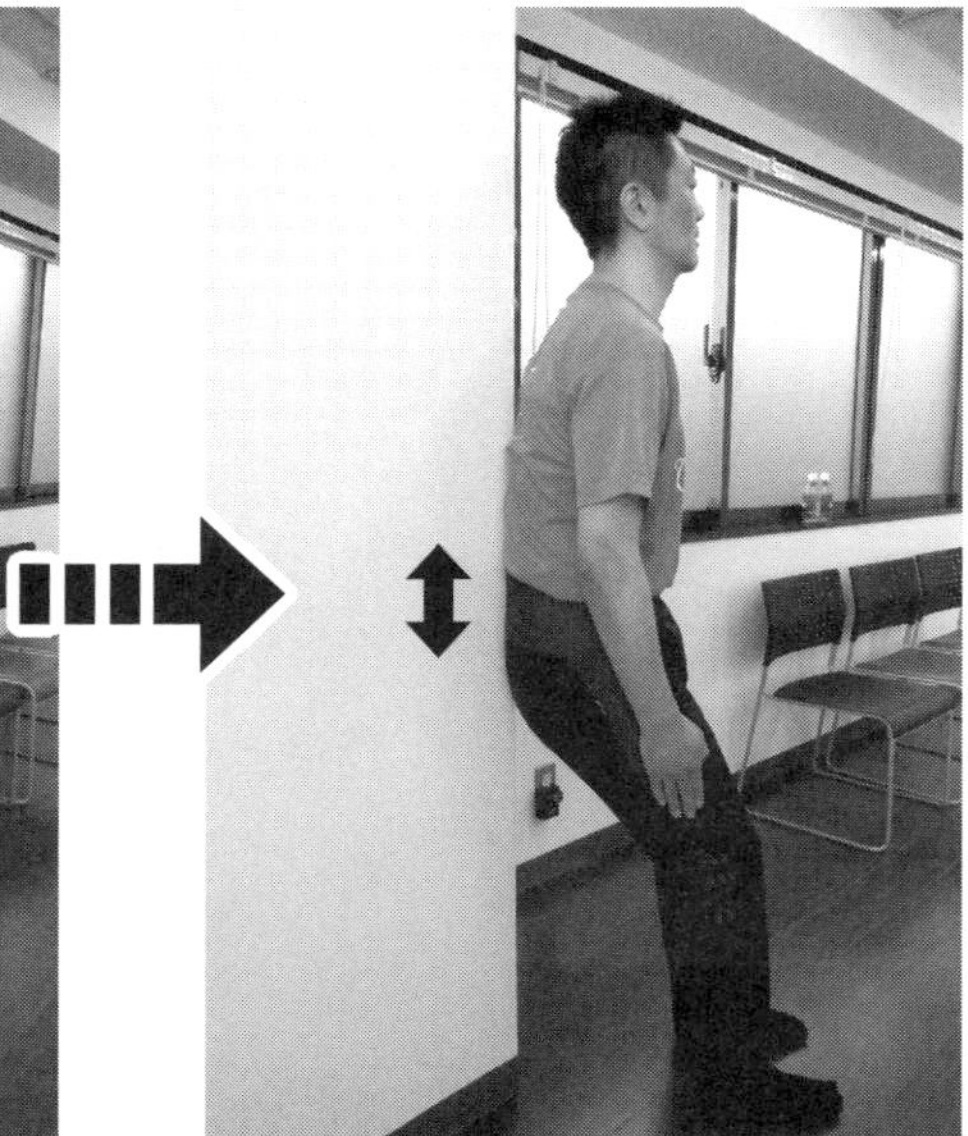

覚えてくるといい傾向です。擬態語で言えば、「ダラ〜・ズシ〜・ズブリ」です。この「ダラ〜・ズシ〜・ズブリ」が、ゆるんで解れてくるときの身体の状態を表すのに、非常に的確な擬態語なので覚えておいてください。

運動進化論的に、過去の魚類や四足動物時代の脳と身体の能力が復活するのに、擬態語は非常に役立つからです。とくに脱力系の擬態語は、必須不可欠ですので大事にし、ぜひとも使いこなせるようになってください。

胸椎の三番〜五番も5〜8回ほど「ゆるむように、ゆるむように」「解れるように、解れるように」とつぶやきながら上下にスライドさせ、解れてきたなと思ったら、胸椎の五番〜七番に移行します。このように三つの胸椎のうち、二つずつずらしていくやり方を「3分の2ずらし」といいます。

ストロークのポイント(3分の2ずらし)

「3分の2ずらし」とは、三つの胸椎のうち、二つずつずらしひとつ分をオーバーラップさせるやり方のこと

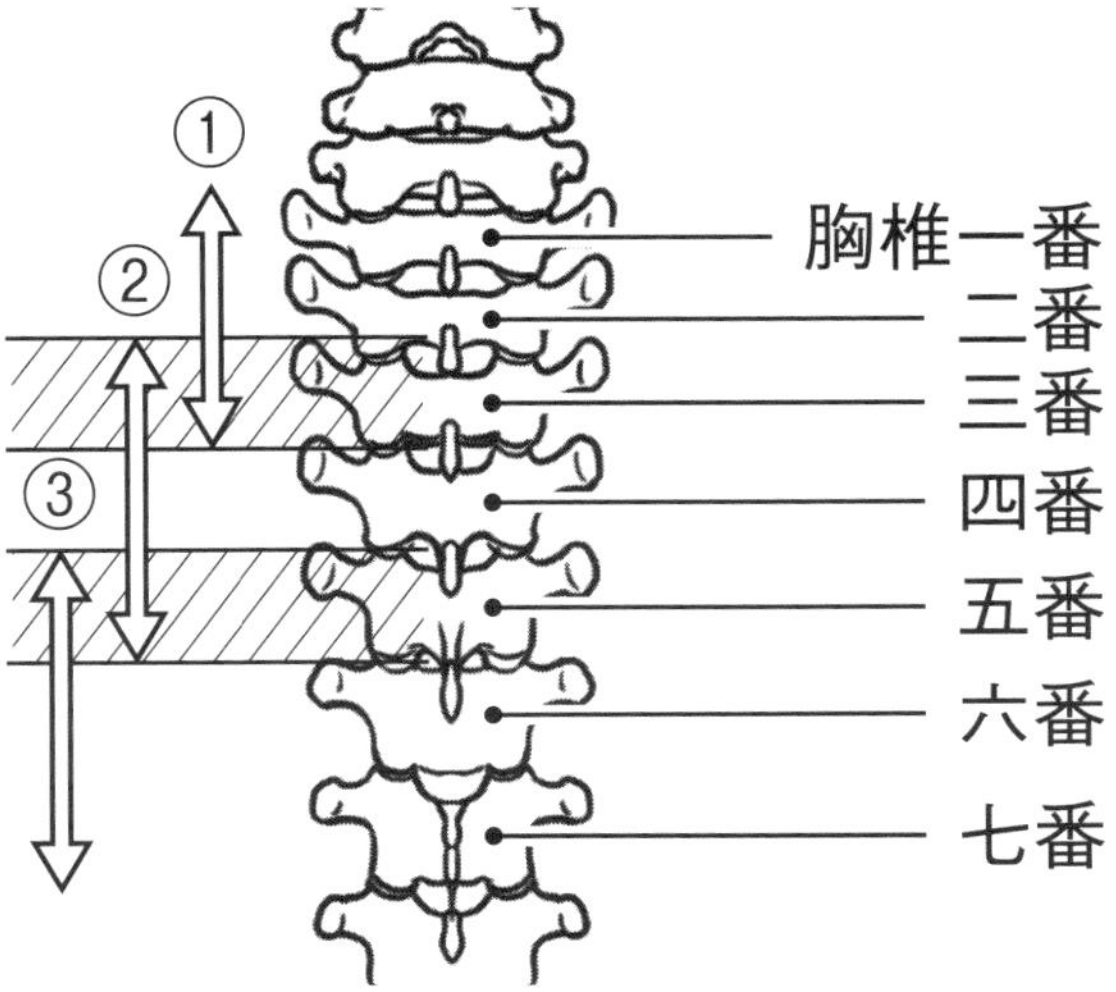

このやり方で、ゆっくり、丁寧に胸椎の下のほうまでやっていきます。

胸椎も下のほうに近づくにつれ、筋肉が分厚く、固くなり、なかなか「脊側」＝棘突起の脇に壁柱角がめり込みづらくなってきます。

こうなったとき、以下の二つのことに注意してください。

ひとつは、めり込みにくくなったことで、うっかりすると壁柱角で棘突起そのものをこすってしまう可能性が出てくるという点です。これは棘突起の骨膜を痛めたり、場合によっては棘突起が欠けてしまうこともありうる大変危険な行為なので、最大限の注意を払い、丁寧に、丁寧にやる必要があります。

もうひとつは、ここでこそ慌てずに、こする部分をよく脱力させることが肝心です。と同時に壁柱角が的確にその部分にめり込むポジションを工夫してつくることが大事です。

▶胸椎の下のほうを行う際の二つの注意点

①壁柱角で棘突起そのものを
こすらないように慎重に丁寧に行う

①慌てずに、こする部分をよく脱力させて、
壁柱角が的確にめり込むポジションを
工夫してつくる

背骨全体といってもいいし、体幹全体といってもいいですが、上手に丸めたり、反対に丸めすぎていたら少しだけ伸ばすように微調整しながら、その部分に壁柱角が的確にめり込んでいくポジションを見つけ出してください。

めり込ませることに成功してきたら、その分だけ上下にずらし幅を増やしてストロークさせます。

このワークは、自分の身体と壁柱角と自分の脳の三者の巧みな連動が問われるので、賢くやりこなすことが必要です。

実はこういうこと自体が、非常に重要な脳と身体の開発にもなるからです。自分の脳と身体と壁柱角が上手にコミュニケートしながら深まっていくこと自体が、間違いなく皆さんのスポーツ、武道、ダンスなどのパフォーマンスそのものを向上させる脳の使い方に直結していくのです。つまり、「壁柱角脊椎通し」が上達することが、そのままパフォーマンスを上げることになるわけです。

そういう意味で、「壁柱角脊椎通し」はかなり独特の開発法なのですが、これを胸椎の一番から腰椎の五番、仙骨まで丁寧にやっていってください。

腰椎も下になればなるほど難しくなってくるのですが、先ほど説明したとおり、背骨全体を丸めたり、丸めすぎたら伸ばすようにして、背骨の各段階に応じて体位の工夫をしながら、あの手この手で仙骨までたどり着けるようやってみましょう。

腰椎の一番下の骨は五番といいますが、この腰椎の五番は前方に向かって凹んでいるので、棘突起もわかりにくく、難しい骨ですが、じっくり気をつけて取り組んでいただきたいところです。

センター＝軸が通った感じ

さて、「脊側」は棘突起の両サイドにあるので、片側、例えば左側の胸椎の一番から仙骨までこすることができたら、残りの右側も同じようにやっていきます。

片側だけで3～4分ぐらいの時間をかけるペースからはじめてみましょう。片側で5分以上かけるのはちょっと負担が大きいのでおススメできません。

また、5分以内であっても、「ん？　少し皮や肉が痛いな～」と、少しでも痛みを感じだしたら、体重のかけ過ぎだと思ってく

▶ **筋肉に痛みを感じたら体重のかけ過ぎ**

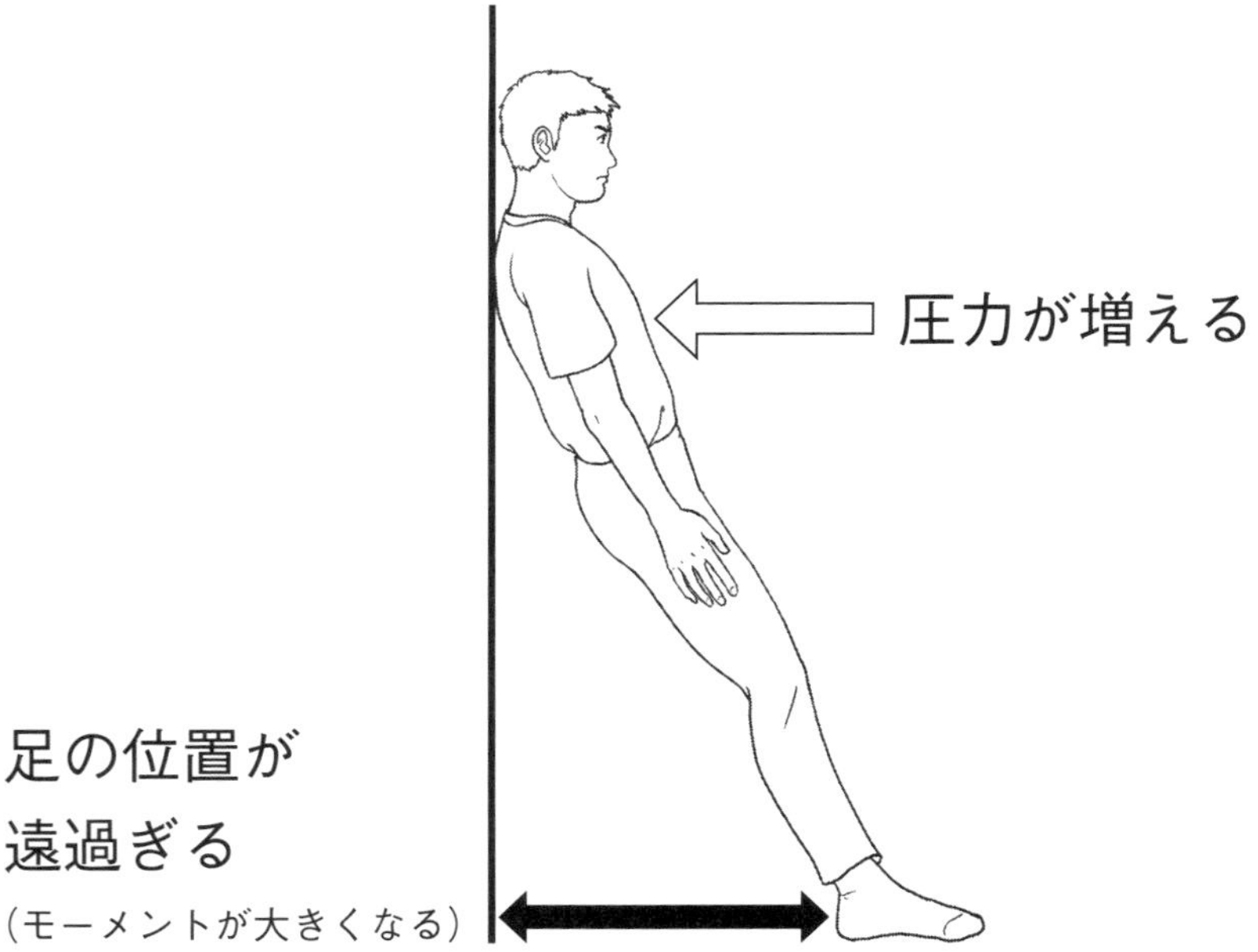

ださい。

体重をかけすぎる原因は、足の位置が壁柱角に対して遠いということが挙げられます。足をつく位置が壁柱角から30センチも40センチも離れていると、モーメントが増えて寄りかかる力が強くなりすぎて、壁柱角に接する部分の面圧が高くなり危険です。

だからどのくらいの距離でやるかも重要です（踵から壁柱角まで10〜20センチが目安）。

ただし、胸椎の一番から仙骨まで順番にこするときに、その踵と壁柱角との間の距離は変化させてもかまいません。さすがに10センチも20センチも変えることはあり得ませんが、5〜6センチの範囲なら微調整してかまいません。

こうして左右の「脊側」の「壁柱角脊椎通し」が終わったら、最初に行った「その場歩き」を30秒ほどやってみましょう。

どんな感じでしょう？　「壁柱角脊椎通し」をやる前と違いが感じられたでしょうか。

背中に何かがスッと通って立った感じがするはずです。それに応じて、センター＝軸が通った感じもするのでは？　さらにそれに呼応して、脚の動きが股関節を中心にしてよくなっている感じもするはずです。また、それに対応して肩甲骨から肋骨を含む、腕全体の動きがよくなったに違いありません。もちろん全身のバランスも良好で、脚の離地もスパッと上がって、サッと下り接地し、体重がきれいに支持されるということがくり返されているのにも気づくでしょう。

そして周囲を見渡すと、さっきよりも視野が広がって、より三次元的にくっきり見える感じがするはずです。

次は歩いてみましょう。5～6歩の範囲を数往復すればOKです。

ここでも同じようなことを味わってみてください。とくに運動の流れが違うと思います。「あれ？　前へ前へと進んでいく体重の乗り方や、足の自然なキックによる重心の移動や乗り方がすごくよくなったような感じがする」、こんな実感があることでしょう。

数歩歩いてターンをするときも、ターンしやすくなっているのがわかるはずです。はっきりとバランスがよくなって、軸が通った気がする……。

最後に自分の専門種目の動きもチェック。素振りでも、キックでも、ジャンプでも、何でもゆっくり試してみましょう。これも「その場歩き」や歩行で確認した点を意識しながら、味わってみてください。

注目すべきは、これらの変化が、たった一度、はじめての「壁柱角脊椎通し」による効果だったというところです。

一方で、実際にやってみておわかりのとおり、この「壁柱角脊椎通し」は意外に難しかったかもしれません。

「壁柱角脊椎通し」は背骨のうち、頸椎と仙骨より下には直接的な刺激を与えていませんが、胸椎＋腰椎＋仙骨の18個の骨だけでも、難しいところがいくつもあったことでしょう。

それでも胸椎の上の部分は、まだやりやすく、中間から下に向かうとかなり難しくなってきたのではないでしょうか。

やりやすかった胸椎の上の部分の深さを仮に「100」だとすると、腰椎の下のほうの部分は「10」ぐらいしかできなかったはずです。つまり90パーセント分もまだ開発し切れていないということです。

ところが、やりやすいと感じた胸椎の上の部分ですら、本当はまだ一桁以上の開発の余地が残っています。

それだけ伸びしろがあると思えば、希望があるし、うれしいではありませんか。

ここで紹介したこの「壁柱角脊椎通し」は、もっとも優しくて、入りやすくて、どうやったらいいかわかりやすくて、そして効果も大きい方法です。

スポーツや武道やダンスなど、あらゆる身体運動の原型が歩行運動であることは、科学的に解明されているので、「その場歩き」や歩行で効果がわかれば、必ず皆さんの専門種目のパフォーマンス向上に役立っていきます。

ぜひ積極的に取り組んでいただき、「その場歩き」や歩行でその効果を確認しながら上達していってください。

壁柱角脊椎通し（壁《へき》柱《ちゅう》角《かく》縦《たて》割《かっ》脊《せき》法《ほう》）

①左腕を挙げ、左手を背中に回し、胸椎一番から順番に下に向かって手が届くところまで胸椎の棘突起を触る。棘突起が確認できたら右側の筋肉（脊側）も左手で触る。

②次に左腕を下から背中に回し、左手で胸椎下部から腰椎までの棘突起と右脊側を触る。脊側を触るときは、指を立てるように行うのがポイント。だんだん下のほうへずらして腰椎の五番、仙腸関節まで行う。

③壁柱角を左手で「頼むよ」と言いながら、壁柱角が自分の脊側によくよくなじむようなつもりで触る。

④美しいシルバーの地芯上空６０００キロに乗って立ち、壁柱角の中心面に指先を向けて上下になぞる。

⑤胸椎の一番から三番にかけての脊側を壁柱角にゆっくりと丁寧に当てて、上下にストロークさせる。皮と肉の間を丁寧にずり動かす感じで行うのがポイント。３分の2ずらしを使って、胸椎一番から腰椎五番、仙骨までケガをしないように丁寧に行う。

⑥両手は両脇に自然に垂らすか、腿の外側あたりにさりげなく置く。両手をそれぞれ頭部と下腹部の前に置き、センターをサモンするのもよい。腰椎から下をストロークするときには、両手を前に重ねて置くとやりやすい。

⑦こする位置を下に下ろしていったときに自然に脊椎が丸まるのはよいが、意図的に丸めるの

▶壁柱角脊椎通し（壁柱角縦割脊法）

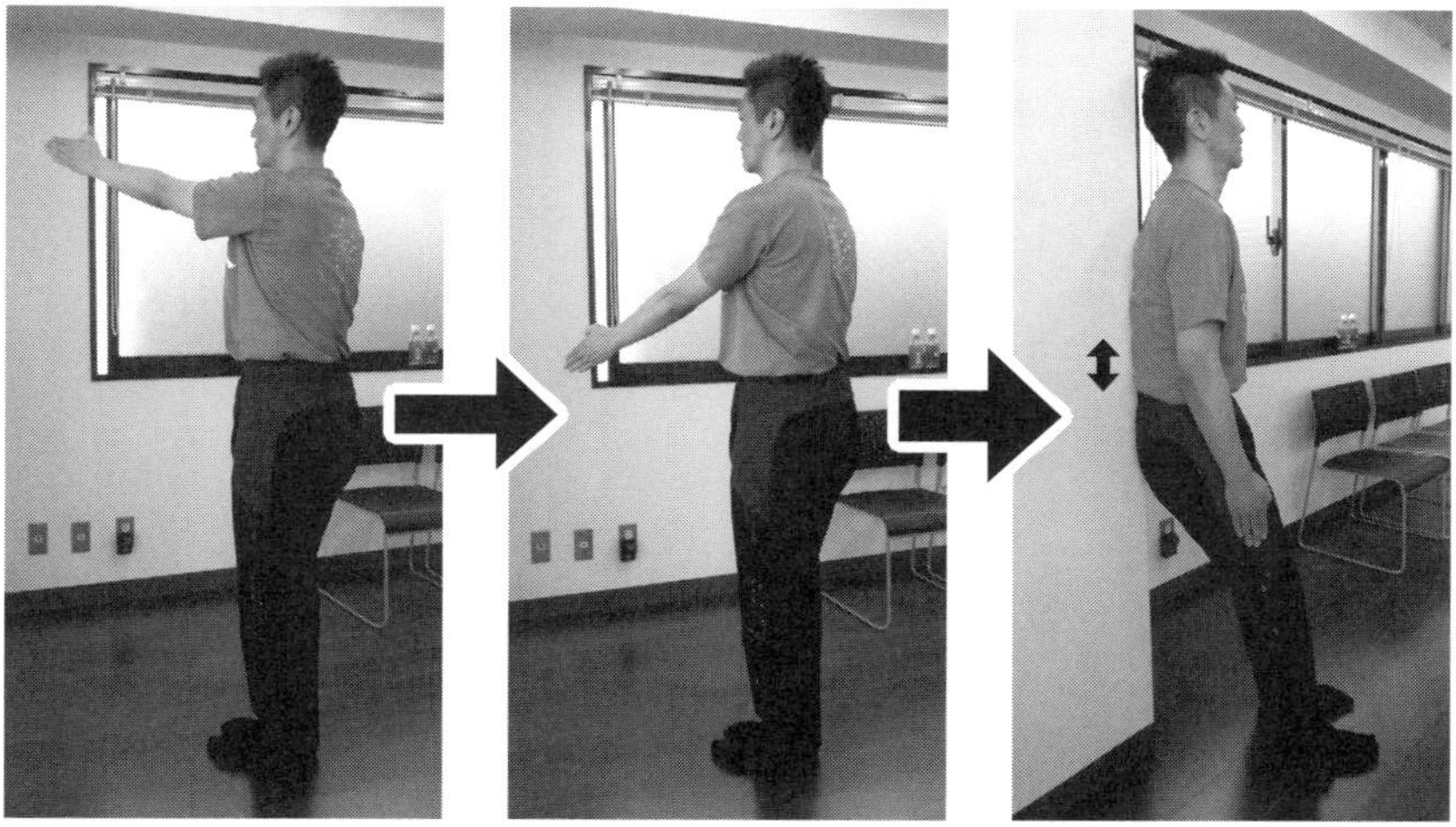

壁柱角の中心面に指先を向けて上下になぞる

脊側を壁柱角に当てて上下にストローク

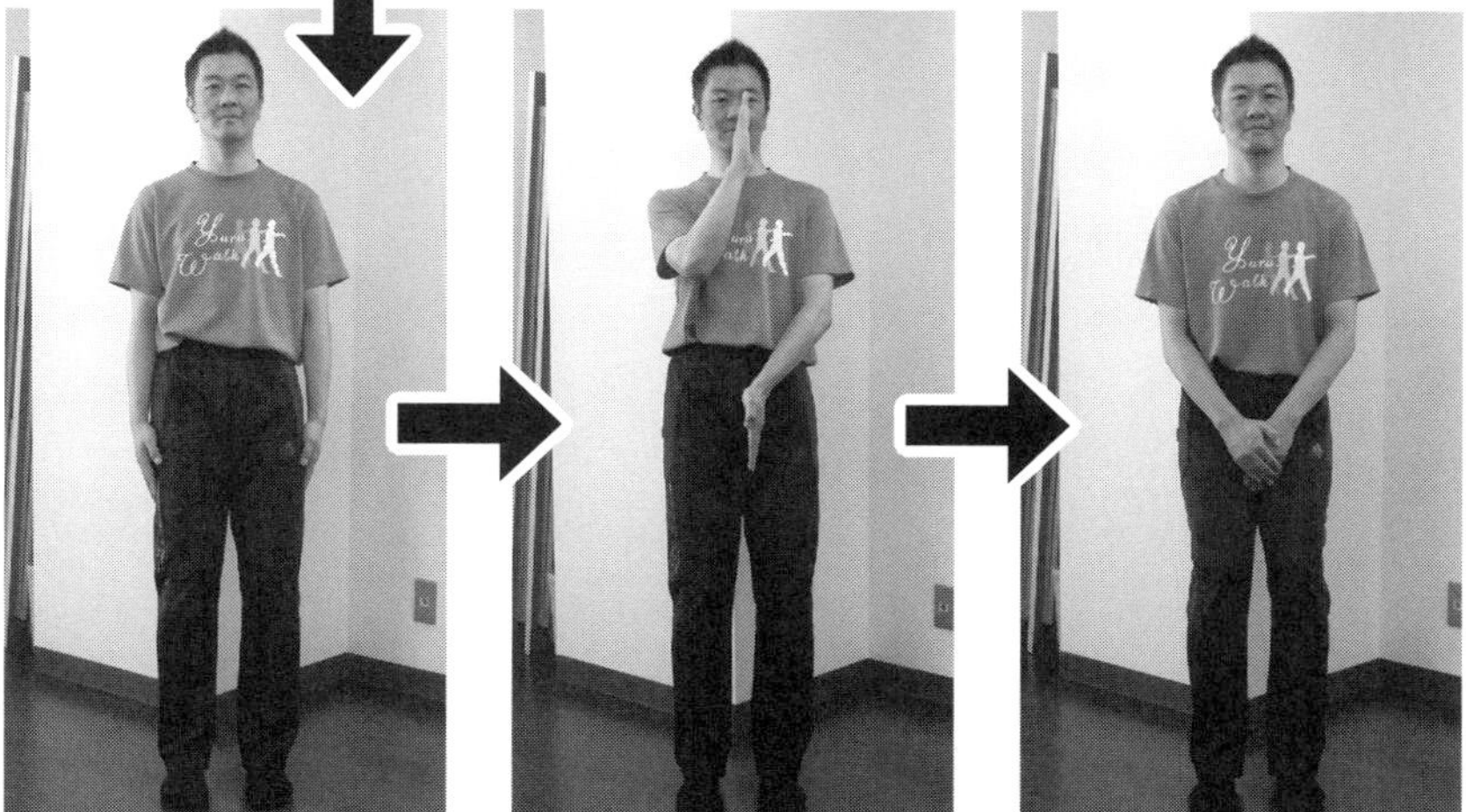

両手は自然に垂らすか、腿の外側にさりげなく置く

センターをサモンするのもよい

腰椎から下をやるときは、両手を前に重ねるとやりやすい

はＮＧ。
⑧一通り済んだら、左の脊側も同様に行う（棘突起と左脊側は右手で触る）。脊側を右⟷左と交替するときに壁柱角で棘突起とその周囲を傷つけないよう、とくに注意して丁寧にやることが大切。

第2章

背骨こそ運動上達の巨大でしなやかな柱

高度化するための「立甲《りっこう》」化

魚類の時代にもっとも発達した脳の部分とは？

皆さん、第1章の最後に紹介した実践トレーニングはいかがでしたでしょうか？
背骨の左右両脇を柱や壁の角でわずか数分間、こすってほぐしただけのことです。それだけで、快適で身体運動のパフォーマンスがもっともっと深く、高く、豊かに開発できるとしたら、大変素晴らしい成果ではありませんか。

ではなぜそんなことが可能になるのでしょう？

実はそのことを知ることが、背骨についてのトレーニングを進め、深めるうえでどうしても必要な情報になるのです。

第1章でも触れたように、背骨は肩甲骨どころか、股関節よりもさらに何十倍もわかりにくい存在であることが、その理由として挙げられます。

背骨には、非常に深くて豊かな可能性があるといわれても、それだけわかりにくければ、そのことは逆に、大変なストレスになって返ってきます。

例えば、これが背骨以外の大して開発の余地がない部分だとすると、「開発に取り組んでみたけど、やっぱり大きなリターンは得られなかった」となれば、そのトレーニングは、止めてしまえば済む話です。しかし、肩甲骨や股関節よりもさらに深くて豊かな開発の可能性があるといわれたら、あの手この手で開発したくなるのが人情ですし、それに取り組んだ結果、非常にわかりにくいままだとしたら、「一体どうすればいいんだ」と叫びたくなります。

だからこそ、なぜあの「壁柱角脊椎通し」は簡単お手軽なのに、パフォーマンス向上にすぐ役に立ったのかということを、どうしても知る必要があるのです。

そこでこの第2章では、その情報についてお届けすることにいたします。

背骨は魚類の時代に発達し、いわば脊椎動物としてその原型が完成した骨格構造です。その背骨という骨格には、あの魚類の見事な全身運動と認知機能を担うだけの筋肉がそなわり神経系が通っています。

それを私たち人類は、遺伝という形で進化の歴史においてずっと引き継いできており、今日に至っているわけです。

その背骨の運動をもっとも発達させた魚類は、脳のどの部分をもっとも発達させて、あの運動を行っていたか、想像してみてください。

大脳？　大脳新皮質？　これらは魚類では発達していません。とくに大脳新皮質は、人類に至って非常に高度に発達を遂げた脳の部位です。魚類で発達していたのは、脳の一番後ろの部分、後頭部の下に位置する小脳です。

この小脳が、今日の人間の身体運動に関して、どういう機能、働きを果たしているかというと、脳のさまざまな部位と情報を交換し合って、とくに大脳から出された運動の命令に対して、さまざまな感覚情報を利用しながら、運動をなめらかに、しなやかに行うよう調整する働きが主たるものとされています。

運動のなめらかさやしなやかさは、優れたアスリートとそうでない人では、一番顕著に差が表れるところです。

一方、第1章でも語ったようにコストパフォーマンス、この場合は身体資源を分母にして、パフォーマンスを分子にして割ったその値、これが非常に重要です。このコストパフォーマンス値の中身、これが極めて大事であって、これは運動のなめらかさ、しなやかさと直結しています。

もちろんそれ以外にサッカーやラグビー、

魚類でもっとも発達したのは小脳

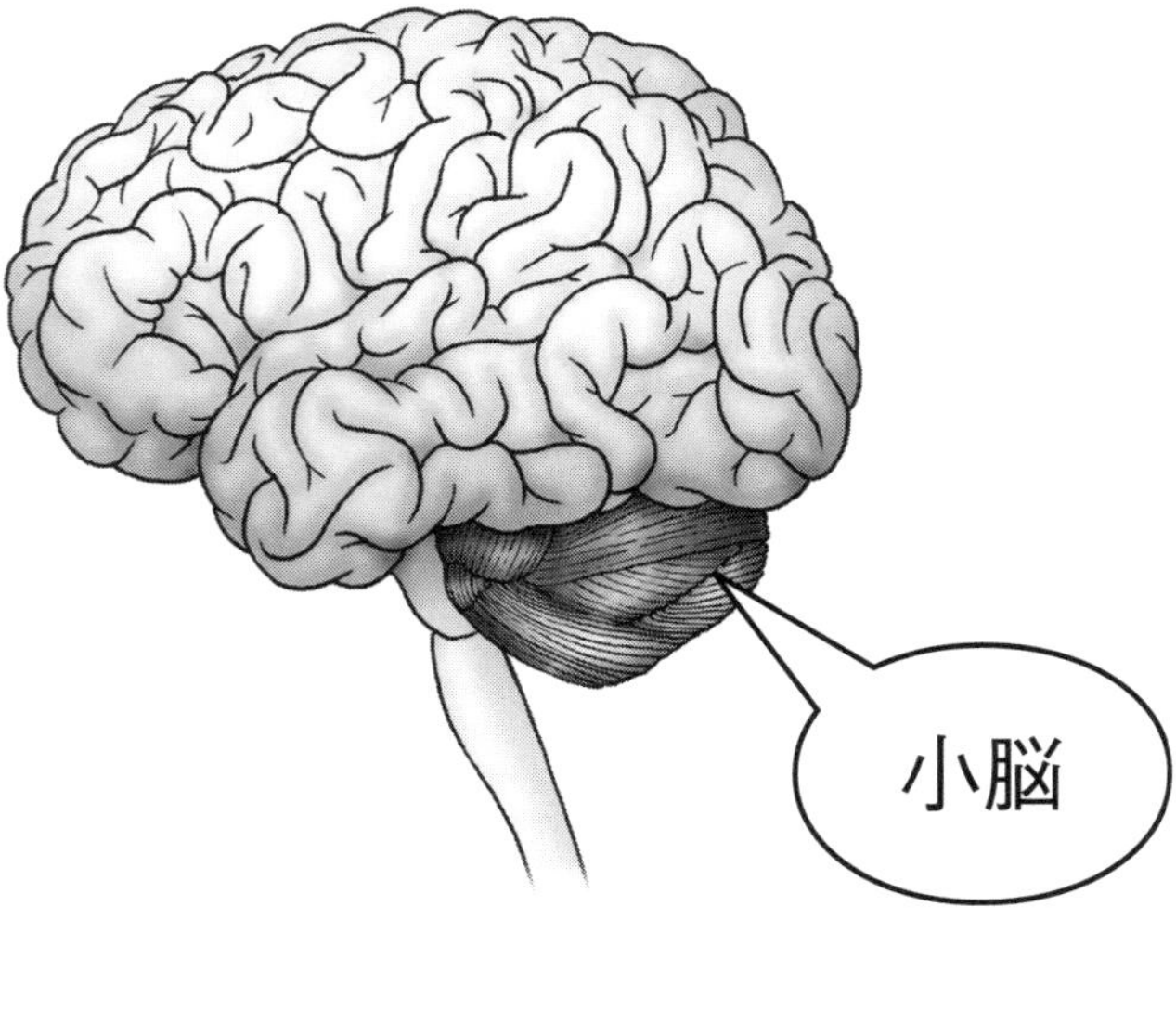

バスケットボール、他のさまざまな団体競技のフィールドやピッチにおいて、その全体像を見渡して、時々刻々瞬時に変化していくたくさんの状況から必要な知覚情報を得て、判断を下していく、いわゆる認知判断機能が重要なことはいうまでもありません。しかし、このことにも実は小脳が深く関わっているのです。

「古小脳」が背骨の運動を司っていた

このことと魚類、そして背骨はどのような関係にあるのか。肝心なのはその点です。先ほど少し触れたように、魚類の時代にもっとも発達した脳は小脳です。一方、魚類以後、他の脳領域と合わせ人間に至るまで小脳は発達するわけですが、その中で魚類の時代に発達した小脳である「古小脳」がどういう働きをしていたかというと、まさに魚類の運動のほぼすべて、あの圧倒的になめらかでしなやかな背骨の運動を、司っていたのです。

そしてさらに眼球の運動から視覚情報を得て、背骨の運動につなげていく働きを古小脳が担っていたのです。

したがって、もし魚類が使っていたように、人が古小脳を働かせて、背骨を自由度豊かに使うことができるとすると、それが人間的な小脳の領域と大脳が連動し助け合う形となり、スポーツや武術・舞踊の圧倒的になめらかでしなやかな高度パフォーマンスをもたらす根本条件となるはずなのです。そしてこの命題は、すでに多くの実験により正しいことが実証され、一般に利用可能な体系的トレーニング法として、確立されるまでに至っています。

そして同様に、背骨を魚類のようになめらかに、しなやかに使うことによって、高度な認知機能、具体的には広く全体を見渡しながら、部分部分も見えている状態、とくに動くモノに関する運動情報を得られる機能が急激に高まることも、研究によってわかっています。


こうしたことからも、この背骨に関しては、先に紹介した私の二冊の著書、「肩甲骨本」「股関節本」に比べても、さらに進化の歴史を大いに遡って語っていく必要性があるといえます。「肩甲骨本」「股関節本」では、四足動物の時代にまで遡って解説しました。それでも一部の読者にとっては驚きの情報だったと思われますが、背骨について語るとなると、さらに進化の歴史を遡る深さは、とんでもないところまでいくことになります。我々脊椎動物の原型のところまでたどり着くことになるからです。

しかしそれによって、背骨の運動と小脳の関係、そして認知判断機能との関連までがトレーニングの課題として明らかになったのですから、興味はつきないことでしょう。また、肩甲骨と腸骨、肩関節と股関節などのいわゆる四肢同調性、あるいはそれに支えられた連動と背骨の関係も、魚類の時代というものがなかったら生まれなかった能力ですから、連動への理解を抜本的に進め、トレーニングの深化に役立つことも間違いありません。

魚類は人間がクロールで泳ぐときのように腕を回したり、犬が犬掻きをするときのように胸びれで水を掻いて、その反作用として体幹を前進させるようなことはありません。魚類の胸びれは直接的な推進力を生む器官ではないからです。

しかし、胸びれの操作性運動と背骨の連動について研究が進み、それが人でいえば下半身の位置にあたる、尾びれに起こす運動が、四肢同調性の根底を担っていることが解明されたのです。

これらのことから、人の優れた運動の根本を担っている深い連動を現わすしなやかさは、その最深層が魚類の背骨の運動からきていることがわかったのです。

そして、全体を見渡しつつ、細部についても同時に見渡し、それを認知し運動に変換していく能力も、魚類のあの背骨が関わっています。さらにスポーツや武道、そして武術などでもっとも重要な反応力も、魚類の背骨にその根底が支えられていることも明らかになってきているのです。

▶古小脳を働かせて背骨を使えれば、圧倒的なトップ・オブ・トップの運動能力がめざめる

古小脳を働かせて背骨を使う

↓

古小脳が人間的な小脳の領域と大脳と連動し助け合うことで、高度に優れた運動が可能に

↓

さらに高度な認知機能が急激に高まる

人間の身体運動の高度化のためには「立甲」化が不可欠

だとすれば、魚類の背骨に近い運動あるいは能力といったものを、今日まったく違う条件下で暮らしている人類が、どうやって体現していけばいいのか。これがもっとも現実的な大きな課題になってきます。

私たちのルーツである哺乳類の四足動物の運動器官である前肢・後肢、その付け根にある肩甲骨や股関節の運動機能ならば、魚類の背骨の運動に比べてまだわかりやすいといえます。

人類は四足動物と違って、日常的に腕で体重を支えたり、歩いたり走ったりはしていませんし、体幹も四足動物は地面に水平、人間は垂直と、体幹の向きも大きく異なりますが、それでも肩甲骨や股関節の運動は、四足動物の運動と極めて近い状況にあります。

魚類と人類の違いと比べれば、四足動物と人類は、ほぼ同じといってもいいぐらいでしょう。肩甲骨については、肋骨の形が縦に扁平か、横に扁平かといった違いと、それに伴う方向の違いぐらいなものです。股関節についても、骨盤骨がどちらの方向に扁平しているか、という程度の違いしかなく、あとは腕が常時体重を支えるのに使われているか、フリーになっているかという違いしかないのです。

そういう意味で、魚類の身体と比較したらたいした違いではないのです。それでも肩甲骨・股関節を開発し、四肢同調性を上手く活用するには、さまざまな工夫が必要でした。

例えば、肩甲骨は90度変換すると「立甲」になります。その「立甲」のためのさまざまな方法を「肩甲骨本」で紹介してきたわけですが、四足動物にはそのトレーニング法は不要だったわけです。四足動物は生まれながらに「立甲」ができているので、「立甲」になるためのトレーニングをしている四足動物は存在しません。キツネであれば、兄弟同士でじゃれ合いながらだんだんと運動開発をしていく。親ギツネも子ギツネの運動開発のためにいろいろなことを教えていくということはもちろんありますが、肩甲骨を「立甲」化することは教えたりしません。

その部分でいえば、人間は身体運動の高度化のために「立甲」化することが不可欠であり、ごく稀に天性でそれができてしまう人がいるにせよ、今の時代では小学生から中学生になる頃には肩甲骨が固まってきて、「立甲」を失っていくのが普通です。

それが天性の能力で、幼少の頃の柔らかい肩甲骨をキープしながら、それを人間らしい大人の身体運動として使いこなせる人もいます。それは間違いなく、一流のアスリートのあの高度な、優れたパフォーマンスの支えになっています。

そうした例外的な人たちを除き、普通は「立甲」になれないので、専門的なトレーニングが必要になるのです。

「立甲」のトレーニング

その「立甲」のトレーニングは、スポーツや武道、ダンスをただやればいいというだけのことであれば絶対に必要というわけではないのですが、それらの身体運動を高度化するためには、まさに絶対不可欠な要素となります。

前後で扁平な体幹のY・Z平面的な背中に、Y・Z方向に肩甲骨がついている状態から、X・Y平面の方向に肩甲骨をはがして、立てていくのが「立甲」です。最初は戸惑うかもしれませんが、理論としてはわかりやすく、イメージもしやすい話です。できている人の写真を見れば一目瞭然で、「こうすればいいのか」「なるほどな」といった具合になります。

それに比べて背骨は？

背骨については「立甲」のような理解の仕方は、残念ながらできません。

したがって、第1章でどういうトレーニングをしていただくかというのは、極めて重要な問題だったのです。

そこで私が選び抜いたのが、あの「壁柱角脊椎通し」だったわけです。

「壁柱角脊椎通し」のワークで実際に行っていただいたのは、背骨の棘突起の左右1〜1・5センチぐらいのところを、胸椎の一番から仙骨付近まで、上から下に縦方向に解きほぐすことです。はじめからきちんとできたところはなかなか少なかったかもしれませんが、そのことによって結果がこうなるという対応関係こそが重要で、そこを手がかりに入っていくしかないのが背骨なのです。

ではなぜ「壁柱角脊椎通し」をやると、短時間でその場歩きや専門種目のパフォーマンスが向上したのか。

背骨の構造についてはすでにお話ししたとおりで、よく見ると実に面白い形をしています。人間の体幹からいえば、背骨全体の前の部分、ここが椎骨あるいは椎体といって、餅つきの臼

背骨の形状

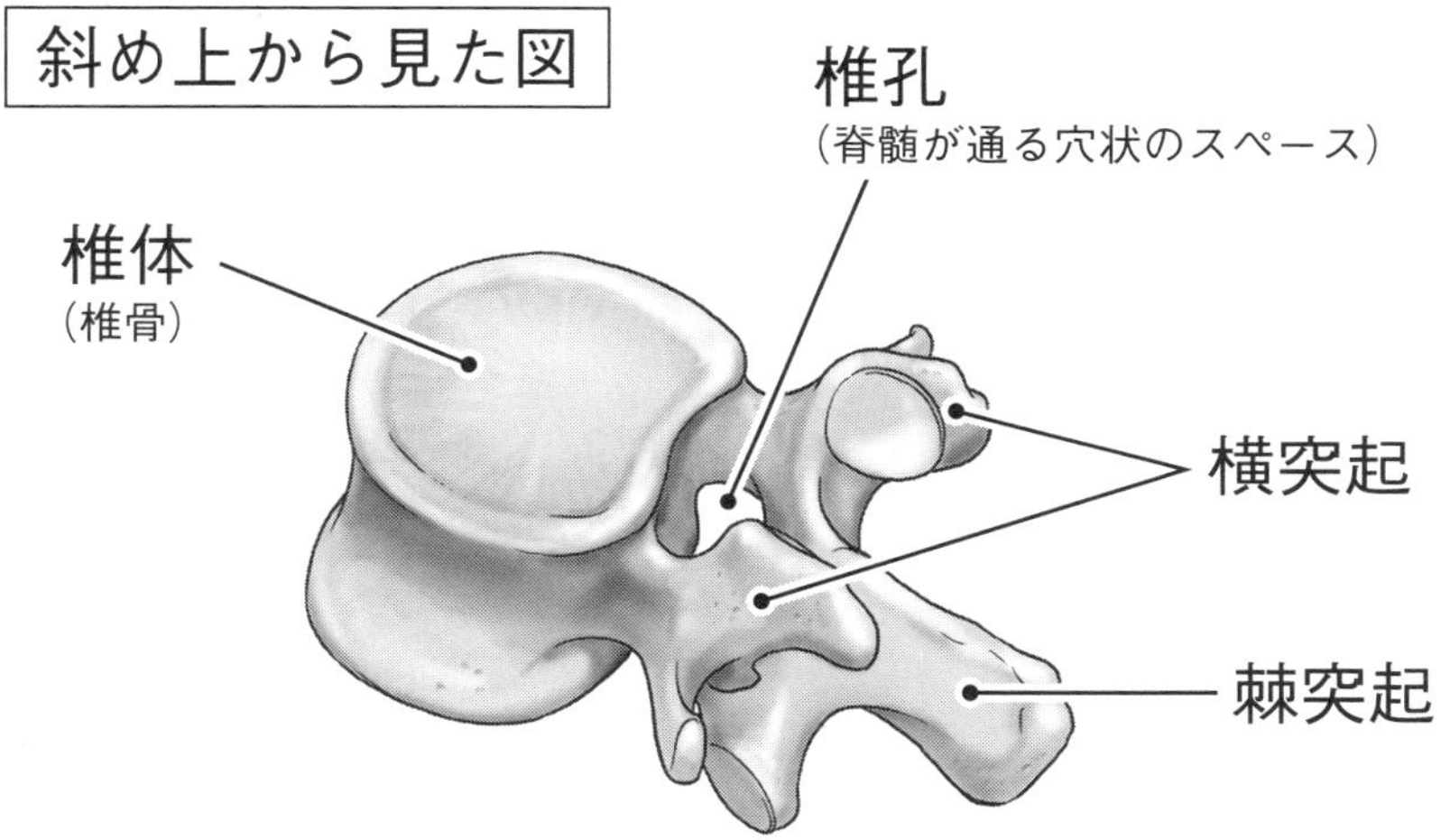

斜め上から見た図
椎孔
（脊髄が通る穴状のスペース）
椎体
（椎骨）
横突起
棘突起

脊柱管

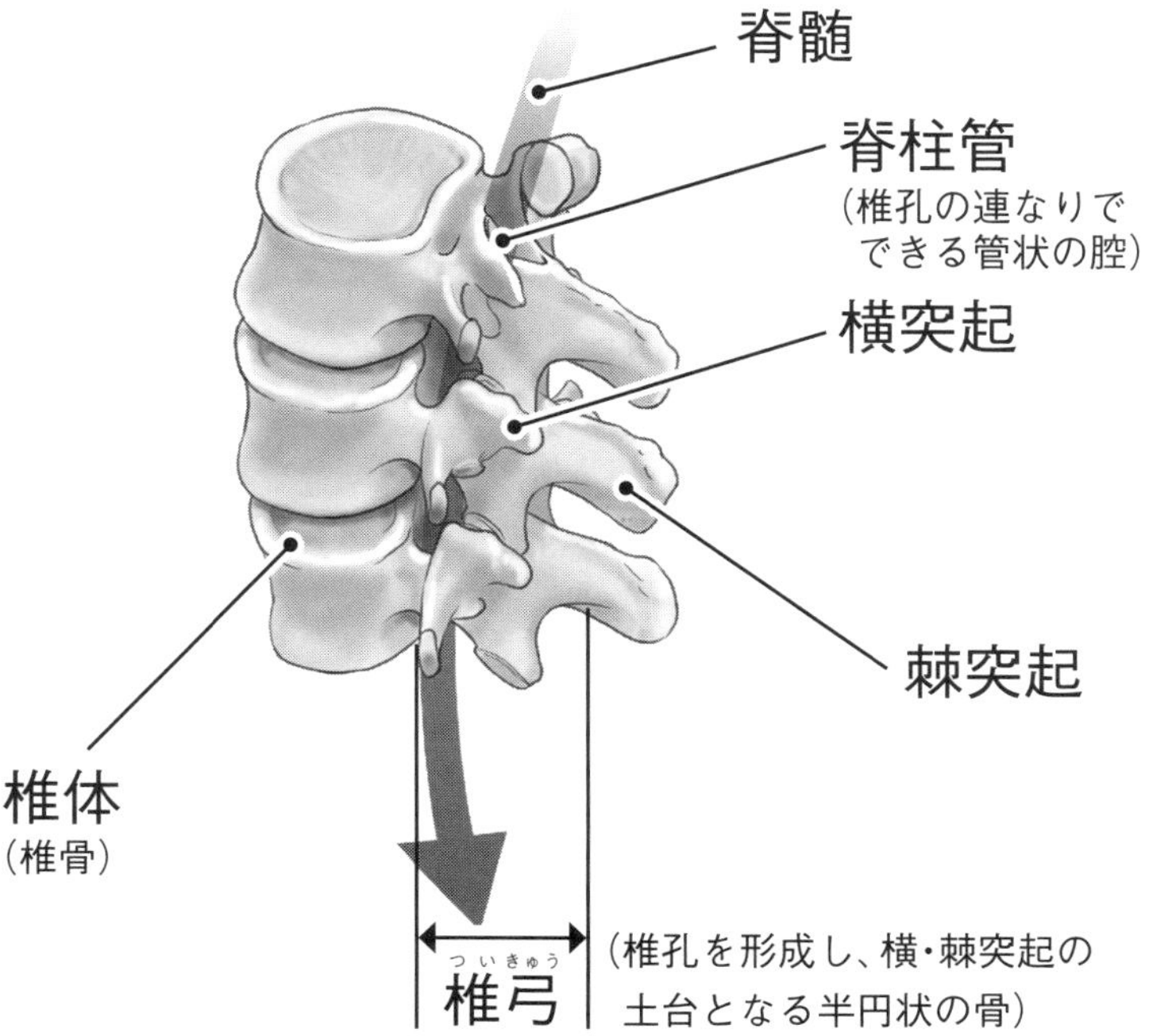

脊髄
脊柱管
（椎孔の連なりでできる管状の腔）
横突起
棘突起
椎体
（椎骨）
椎弓《ついきゅう》
（椎孔を形成し、横・棘突起の土台となる半円状の骨）

というかドラム缶を半分に切ったような、臼状構造をしています。かなり身体運動に関心がある人でも、背骨＝円柱状のものがいくつかつながっているというイメージが強いはずです。身体の解剖学的な図や標本まできちんと見たことがあるという人ならば、「円柱状の骨から何か生えていた」という記憶があるでしょう。

そうです。確かに何かが生えています。ではそれはどこから生えているのでしょう。

63ページのイラストのとおり、椎骨は臼状で丸い形をしていますが、棘突起はそこから直接生えているわけではありません。

また胸郭の高さであれば肋骨につながる突起も、椎骨からは生えていません。そしてさらに気になるのは、椎骨の後ろにある円形に空いている穴の部分です。この穴はなんだと思いますか？　これこそ脊髄が通る椎孔です。これが20個以上積み重なって、トンネルを作っているのです。

つまり背骨というのは臼状構造をした椎骨が、だーっと積み重なっているだけではなく、また、そこから突起が出ているわけではなく、椎骨の後ろに穴をずっと並べて作り上げたトンネル構造をしているわけです。そのトンネル＝脊柱管を通っている脊髄は、脳と合わせて中枢神経の代表です。全身からの感覚情報を得て、脳からの命令・指令を伝えていく役割があります。その重要度は神経系では比類なきレベルです。

背骨の構造と筋肉

「脊髄トンネル」

一方で、このような話を聞いたことはないでしょうか。

「中枢神経の代表である脳の中の、運動野が傷つけられると運動ができなくなるし、感覚野が傷つけられれば感覚を失ってしまう。言語野が傷つけられればしゃべれなくなる……」

また脊髄に関しても「脊髄のどこか一部が傷つけられると、まさにそれが支配している部位、例えば右脚を支配している運動神経であれば、運動ができなくなる。脚そのものは無事なのにまったく動かせなくなる。感覚神経が傷つけられると、まったく感覚がなくなってしまう。熱いものに触っても、冷たいものに触っても、何かにぶつかったとしてもまったく感じない……」

そうなのです。だから脳・脊髄の中枢神経は、最優先で守らなければならない部位なのです。

そのために脳は頭蓋骨で囲まれて厳重に保護されています。まさに頭蓋骨は脳を守るヘルメットです。

この頭蓋骨の中には、頭蓋腔という空間があります。その空間に収まることで、脳ははじめて守られるのです。

脊髄にも同じように脊髄を守るための空間が必要になります。その空間が、解剖学で脊柱管と呼ばれるトンネルです。その名称が適切かどうかは疑問が残るところで、私自身は正直ピンと来る名称だとは思っていません。自分が解剖学を学んだ中で、たくさんの概念、専門用語を覚えてきましたが、いつも頭に浮かんでこないのがこの脊柱管で、何か他の言葉で表現したくなる厄介な存在なのです。こうしたピンとこない言葉というのは覚えづらいものですし、そのことからも私は脊柱管というのは適切な言葉ではないと考えています。

脊柱管と呼ぶぐらいなら、まだ「脊髄管」のほうがいいでしょう。さらにいえば、「脊髄トンネル」でもいいぐらいです。これなら一度聞いたら忘れないでしょう。

いずれにせよ、この腔＝トンネルがなければ、脊髄を守ることはできないわけです。

というわけで、背骨という構造は、丸い椎骨が縦につながっていることがまず重要です。何しろ体重を支えて、体幹を維持するために椎骨はどうしても必要です。

一方で、脚から体幹までを機能として働かせるためには、どうしても脊髄神経が通るトンネルが必要になります。こちらが先の脊柱管です。

筋肉はどこにつながっているか

ここまでご理解いただいたところで、皆さんに質問です。

背中の方向に生えている棘突起はどこから生えているでしょう？

これはまさに脊柱管の後ろ側から生えています。そして横に向かった突起は？　この突起の名称はいくつかあるのですが、本書では「横突起」に統一します。

つまりひとつの背骨には、ひとつの棘突起と左右の横突起、合わせて3本の突起があるということです。

このような背骨に対して、筋肉はどこにつながっているか考えてみてください。椎骨につながっていると思いますか？　体重を支える中心の骨＝椎骨に筋肉がつながっていると、いろいろ便利だと感じるかもしれませんが、実はこの棘突起・横突起こそ、筋肉をつなぐために存在する骨なのです。

これには大きな二つの理由があります。どちらも実体的な構造に関わる理由です。

ひとつは、それだけたくさんの筋肉があるからです。もし背骨に棘突起・横突起がなかったら、どうでしょう？　椎骨と穴状構造だけだとすると、ツルッとしたコケシのような形になってしまって、筋肉がつく場所がすごく少なくなってしまいます。

しかし、三方向に突起が出ていれば、筋肉のつく場所が圧倒的に多くなります。枝のように、しかも太い枝のように骨が出ているわけですから。これはとても大事なことなので、よく覚えておいてください。

二つ目は方向性です。椎骨を中心として考えれば、そこから後方に突起＝レバーが伸びているということは、そこにモーメントが生じます。このモーメントの働きで、小さな筋力でもそれが大きく拡大されます。

例えば、軸まわりに背骨をひねろうとしてみましょう。あらゆるスポーツで背骨の回軸（軸の回転のこと）運動は必要になります。そのとき、背骨に力を加えずに、回転することは可能でしょうか？　そんなことはあり得ません。ではどこに力を加えればいいのか。椎骨自体に筋肉がついていたとしたら、ほとんど背骨を回すことはできません。上下に一段違いの椎骨に対して、真横方向に筋肉がついていたとしても、背骨を回軸する力は役立つほどにはなりません。

ところが、椎骨から後ろに向かって伸びている枝状の棘突起に筋肉がついていて、それを横方向に引っ張れば、レバレッジが働いて小さな力でも大きく椎骨を回すことができるわけです。

その棘突起の上下に筋肉がついていれば、いわゆる煽る運動、後ろや横方向に反るよう

筋肉が棘突起と横突起につながっている二つの理由

①たくさんの筋肉がある

②モーメントの働きで小さな筋力が拡大される

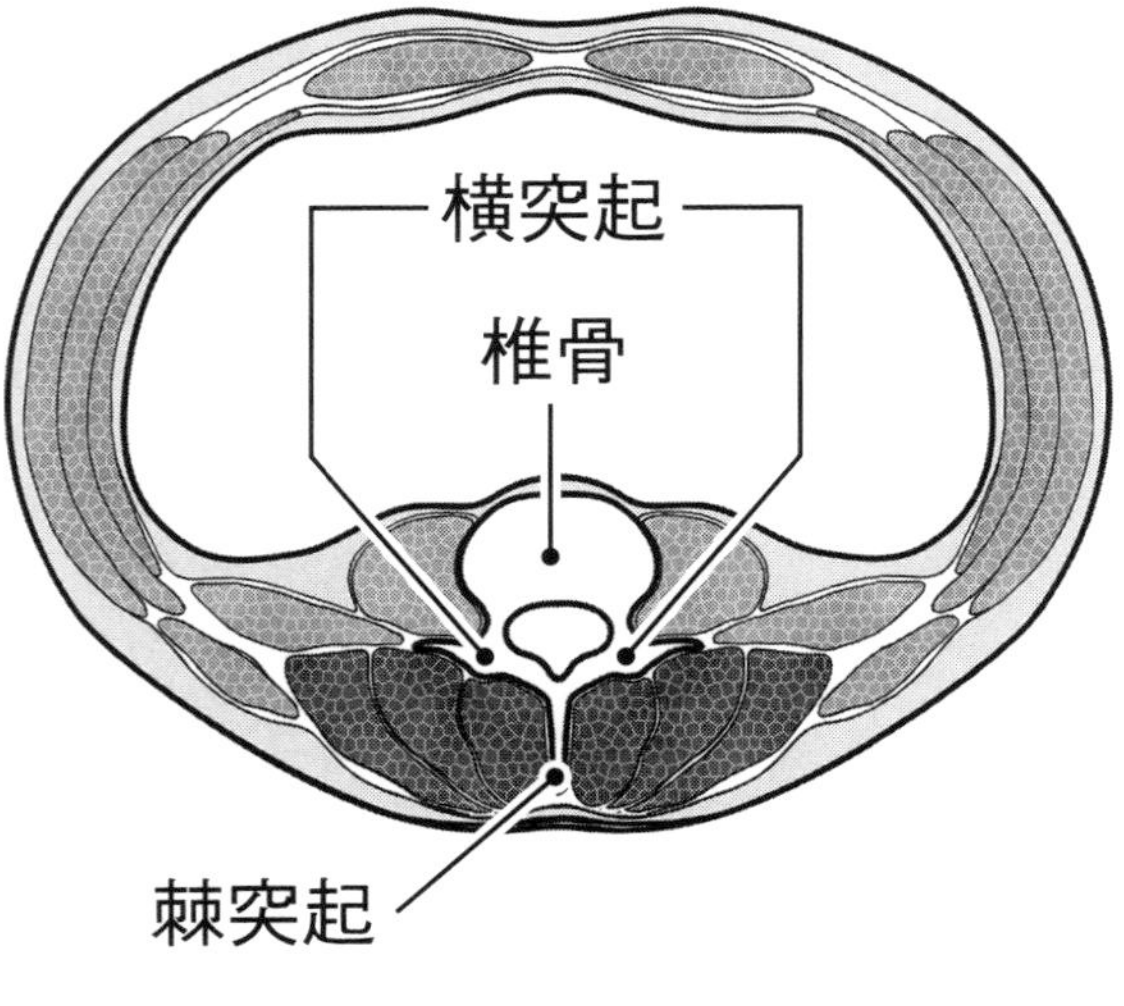

な動きや、それを解放してその反作用で反対方向に向かう動きを生み出す、後ろや横に反るための力は、より小さな筋力でも強くなります。

しかもその棘突起は椎骨に直結しているわけではありません。もしも椎骨と棘突起が直結していたとすると、棘突起の先端と椎骨の中心までの距離が短くなるので、その分だけモーメントも小さくなってしまいます。しかし、椎骨には脊髄を通すための穴状構造が備わっているので、その穴状構造の分、長さがプラスされています。その結果、より大きなモーメントが得られる作りになっているのです。

さらに、棘突起と横突起は合わせて3本もあって、それぞれは直角に交わっています。これによって、回軸運動など背骨同士の三次元の動きが可能になるのです。しかも、そこにはモーメントが加わっているので、小さな力でも大きな力として使えるわけです。

このように背骨というのは実に奇跡的なほど見事にできているのです。

したがって、背骨というのは臼のような、あるいはドラム缶を半分にしたような骨が、だーっとただつながっているだけの構造ではないのです。もし仮にそんな単純な構造だったとしたら、まったく身体運動には役立たないものになります。高度な身体運動はもちろんのこと、ただ歩けばいいといった運動でも上手くできなくなるはずです。

しかも脊髄神経を通し、それを守る仕組みもなければ……。

「なるほど。人間の背骨って、なんて上手くできているのだろう」と、思ってください。

魚類の背骨の秘密

ところで皆さん、尾頭つきの焼き魚をきれいに食べるのは得意でしょうか。中骨に沿って身に箸を入れて、肉をきれいに剥がしてしまうと、骨だけが残ります。その骨をよく見ると、上下の幅のちょうど中間のところに背骨が通っているのがわかります。そこから伸びている棘突起に当たる骨の長さはどうでしょう？　かなり長いものになっています。

魚類の棘突起の長さは、そこに大量の筋肉をつけることができたことを意味しています。魚類は駆動力の源泉として使える手足を持たない代わりに、背骨に関わる骨を巨大化させることによって、それをフォローしていたということです。

魚の場合、横方向にも背骨から骨が出ていて、左右の筋肉のモーメントを大きくすることに役立っています。この骨が食事のときにうっかりすると一番喉に刺さりやすい骨です。

これらのことから、その構造を人間が引き継いでいるということが想像できるはずです。魚類が背骨を身体のど真ん中にレイアウトして、そこから上下左右に長い骨を伸ばし、そこに筋肉をびっしりと貼りつけていることには、こういう意味があるのです。

「魚って、食べやすい身体をしているな。食べられるためにこういう身体をしているのでは」と思っていた人もいるかもしれませんが、実は背骨だけで運動を完成させることに特化した結果、こうした骨格になったのです。

背骨と身体運動の関係

四足動物の背骨は水平方向

こうした魚類の背骨の秘密がわかってくると、もうひとつ疑問が湧いてきます。それは、魚類が発達させた長い棘突起にあたる骨は、進化のどの段階で短くなったのかという疑問です。調べてみると、哺乳類の四足動物たちは、すでにかなり短くなっています。つまり魚類が必要としたような、椎骨から上の空間は小さくなっていったということです。

実はそれが四足動物が選んだ道だったのです。

これには重力が大きく影響しています。四足動物の身体には、重力がどのような方向から働いているか考えてみてください。

四足動物の場合、背骨に対して直角に重力が働いています。そして四本の足は地面に対し垂直です。つまり重力の方向です。

しかし、背骨は魚類から引き継いだので、長々しく前脚と後ろ脚の間に存在しています。

結果として、すべての背骨に対して重力は脚の方向と同方向に働いています。全体としての背骨の方向に対しては直角に重力がかかっているので、背骨の中央が垂れ下がって、いわゆる逆アーチ構造になっています。逆アーチ構造になることで、手足のついている背骨の位置同士の距離が必然的に縮まっていきます。

さて、ここでひとつの実験をしてみましょう。四本の足＝棒に長方形の布を張って、そこに何か荷物を載せたらどうなるでしょう。布の中央が垂れ下がって、それに伴い四本の足も中央に集まって斜めになってしまいます。

四足動物でも本来はそういう立ち方になってもおかしくないのに、背骨は中央で垂れ下がっていても、足は垂直をキープしているではありませんか。

このような立ち方をするために、筋肉と骨格をどのように配置したらいいか考えてみてください。

まず背骨、いわゆるチェーン構造になっている椎骨の上側は、構造を必要としません。背骨の下側に骨や内臓を配置させつつ、筋肉

▶四足動物の背骨と四肢と支持線と重力線との関係

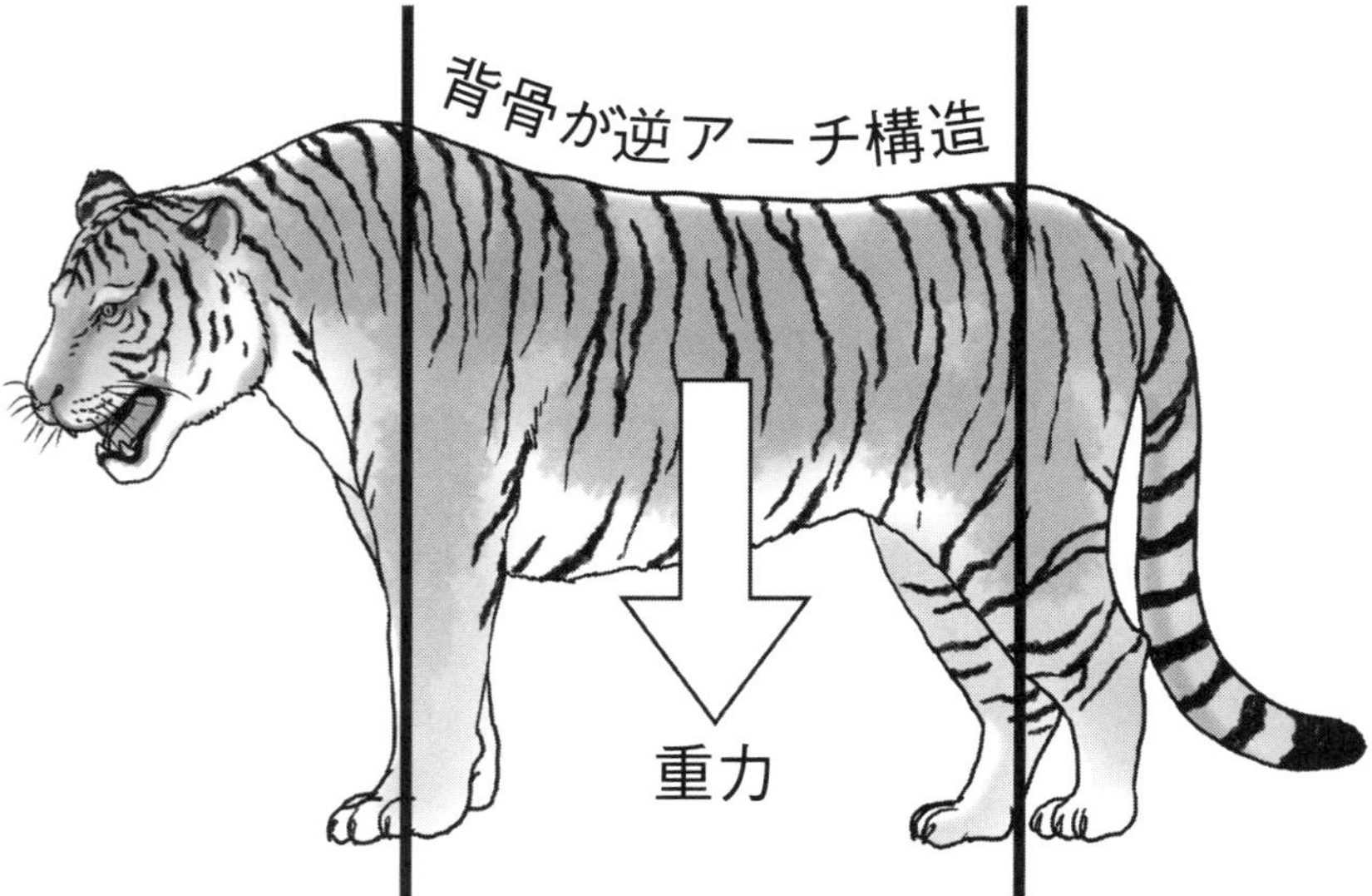

を張り巡らせることが重要です。

とくに骨は椎骨のチェーンの部分よりも下側に、より長く配置することが大事です。中でも肋骨は、人間でいえば前後方向、四足動物でいえば上下方向に長いほうが有利です。

だから四足動物の肋骨は左右が狭く上下に長い楕円になっているのです。そうした肋骨に肩甲骨が張りついて、肩甲骨が立った状態＝「立甲」になっているということは、非常に整合性がとれた話になります。

骨盤はどうなっているでしょう。人間の腸骨は横広がり（Z軸方向）ですが、四足動物の骨盤は左右で扁平になって、人間でいうX軸方向、前後に長く左右に扁平な形になっています。

脚はそこから真っ直ぐ伸びて、ほぼ垂直に立っています。

これらの骨と骨を結びつける、とくに前後

▶人間と四足動物における肋骨と骨盤の形状の違い

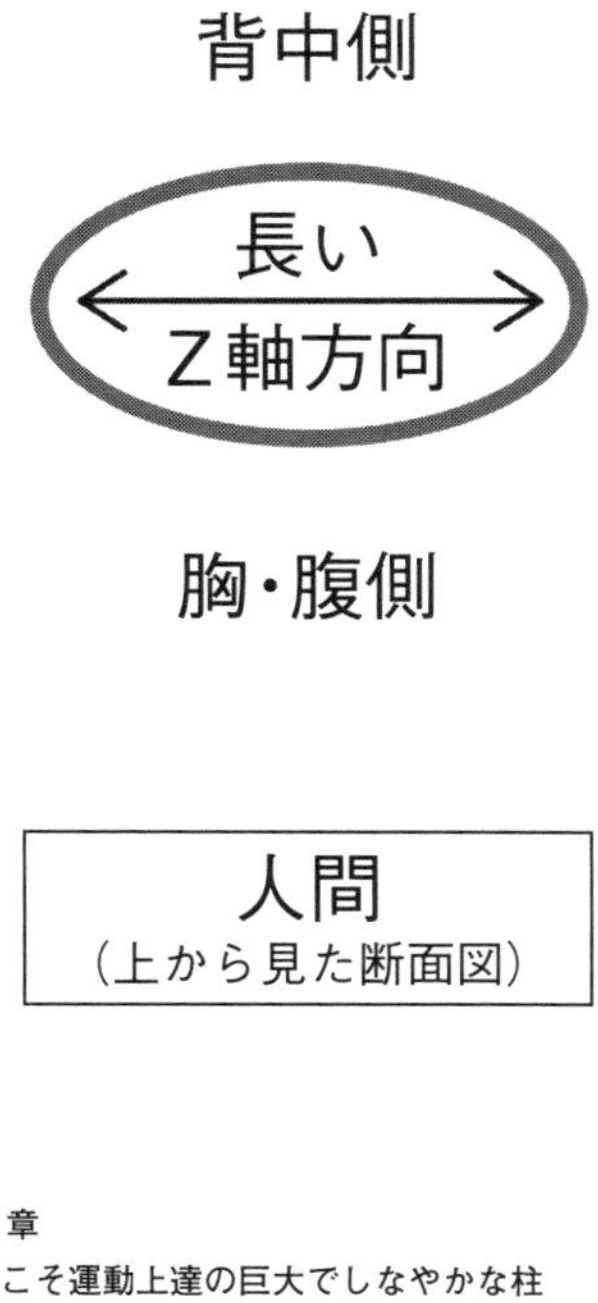

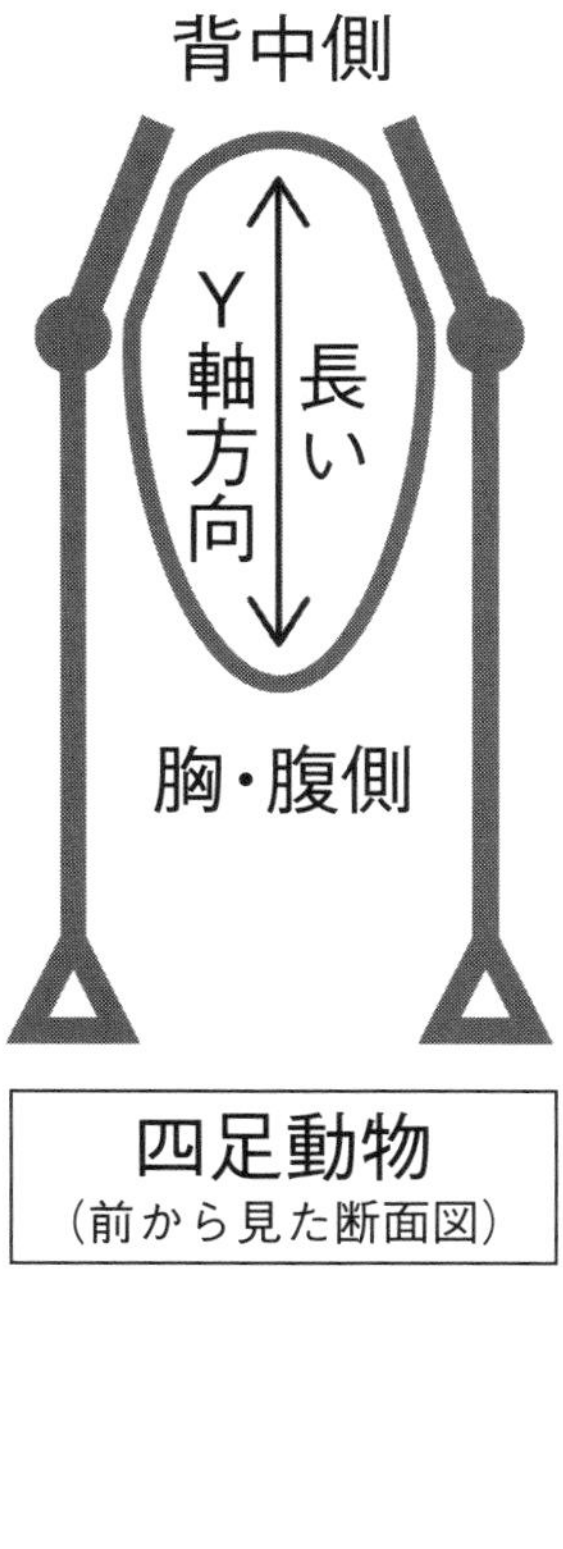

に強く結びつける筋肉は、非常に発達しています。

その反面、背骨より上側はあまり筋肉が発達していません。移動することなく、ただ体重を支えるだけで、そこにじっとしている状態であれば、筋肉はいらないといってもいいぐらいだからです。

実際には、歩いたり走ったりするので、とくに走るために体幹を強く反らせるための背面側の筋肉も発達しています。一方、腹面側の筋肉は体重を支えるため、生きていくための体位を保つために絶対に必要な筋肉で、かなり強力に発達しています。これは当然、走るときにも大きな役割を担っています。

四足動物が走る運動については、私が「フラップ運動」という学術用語を与えています。フラップ運動とは、どのような運動なのかご理解いただくために、手を広げてみてくださ

フラップ運動とは

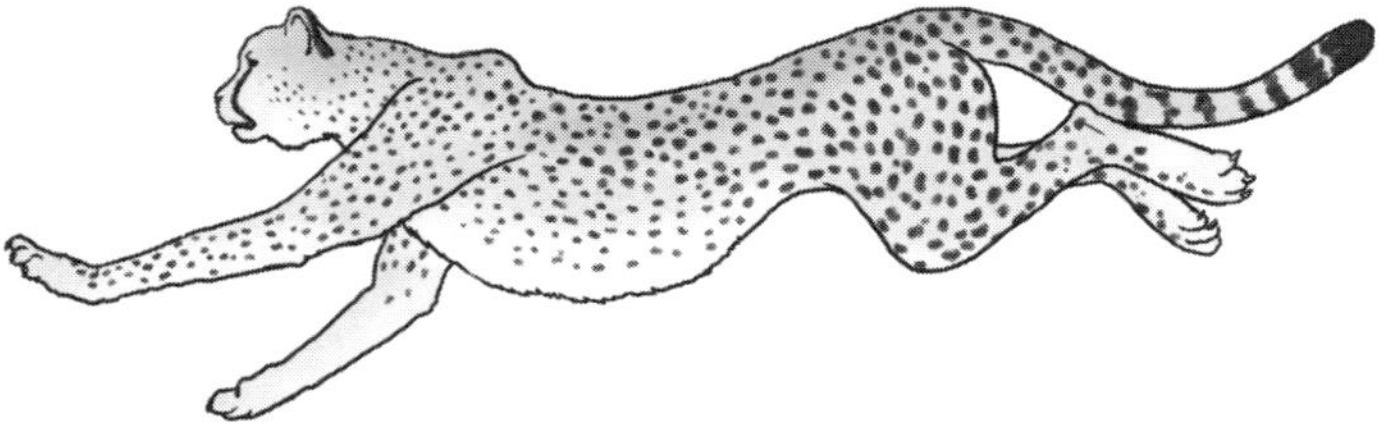

背面側の筋肉の収縮による動き

腹面側の筋肉の収縮による動き

い。五指をそろえて手を広げ、それをそのまま握ったり開いたりしてみましょう。このパタパタした運動がフラップ運動のモデルで、ちょうど四足動物が走ったときの体幹の運動と同じになります。

手をパタパタさせるこの実験では、当然、手で体重を支える必要はありません。それでもこのフラップ運動の主動筋は、体幹でいえば腹面側と背面側の筋肉が握っていることはよくわかることでしょう。

四足動物の背面側と腹面側の筋肉も、これと同じような状態になっているのです。

腹面側に比べると背面側は、相対的に強力な作用が必要なく、多量の筋肉を装備する空間の必要性が少ないために四足動物の棘突起は短くてもいいのです。

人間の身体は放っておくと前に倒れてしまう

翻って、人間はどうでしょう。

四足動物の背骨は水平方向でしたが、人間の背骨はそこから90度変換し、垂直方向に立ち上がりました。

体幹を支えていた2本の前脚も役割を失って、腕になってしまいました。その腕も含め、脳が発達したため頭もますます重たくなり、それを背骨で支えなければならなくなったわけです。

しかし、人間の身体を横から見ると、内臓をはじめ主な器官、パーツはほとんど背骨より前に集中しています。それらすべてに重力が働いているので、放っておくと身体は前に倒れ、崩れ潰れてしまいます。

それに、つねに対抗し続ける必要があるので、四足動物の背骨の上側、棘突起側の働きと全然違うことが要求されるのです。

四足動物の場合、腹面側が働いていないと背骨が地面に向かって崩れ落ち、身体がくしゃっと折れることになりますが、人間の場合、そうした心配がない代わりに、身体が前下方に倒れ潰れないように背骨の棘突起側の筋肉がつねに働き続けることが必要になってきます。

棘突起側に筋肉をたくさんつけて、常に体重を支えなければならないのです。

固有背筋の役割

人間の背中側の筋肉といえるものには、皆さんもよく知っている僧帽筋とか広背筋や、「肩甲骨本」でも紹介したインナーマッスル

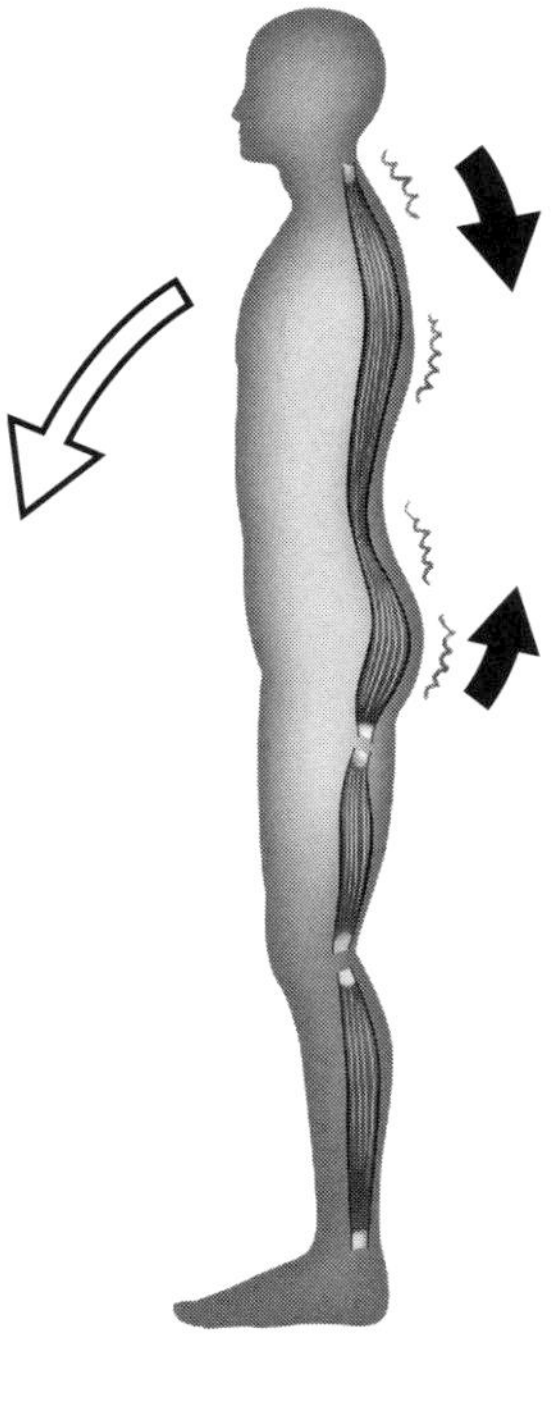

人間は身体が前下方に倒れ潰れないように背骨の棘突起側の筋肉がつねに強力に働き続けなくてはならない

の菱形筋《りょうけいきん》なども脊椎系の筋肉といえないこともないのですが、これらは固有背筋に含まれていません。

固有背筋というのは解剖学の概念で、背骨そのものの働きのための筋肉のことを意味しています。

僧帽筋や広背筋、後鋸筋《こうきょきん》（上後鋸筋・下後鋸筋）といった筋肉は、腕の運動、肩甲骨の運動、あるいは肋骨の運動などを行う筋肉なので、固有背筋とは呼ばないのです。つまり背骨そのものの運動を行う筋肉ではないということです。

逆にいえば、重力によって身体が前にぐしゃりと潰れそうになるのを防ぎ、背骨を利用して体重を支えているのが固有背筋の役割になります。

同時に背骨が高度な運動、あのしなやかでなめらかな運動を起こしたり、四肢同調性の源であったり、それを支えながら運動を起こす源であったりします。さらには、眼球を中心に高度な認知機能を発揮するための背骨の存在と機能を担うのは、上肢系の筋肉ではなく、固有背筋なのです。

ここで固有背筋の断面図（次のページ）を見てください。

このようにけっこうたくさんの筋肉があります。ちょうど棘突起と横突起が作り出す空間プラスαのところに、固有背筋はびっしりと集まっていて、ものすごくたくさんの種類、あるいは本数の筋肉が重なり合ってできあがっています。

解剖図でこの背中側の固有背筋を正確に見ていこうとすると、４枚の解剖図でもまだ足りず、

固有背筋の解剖図・断面図

固有背筋の解剖図

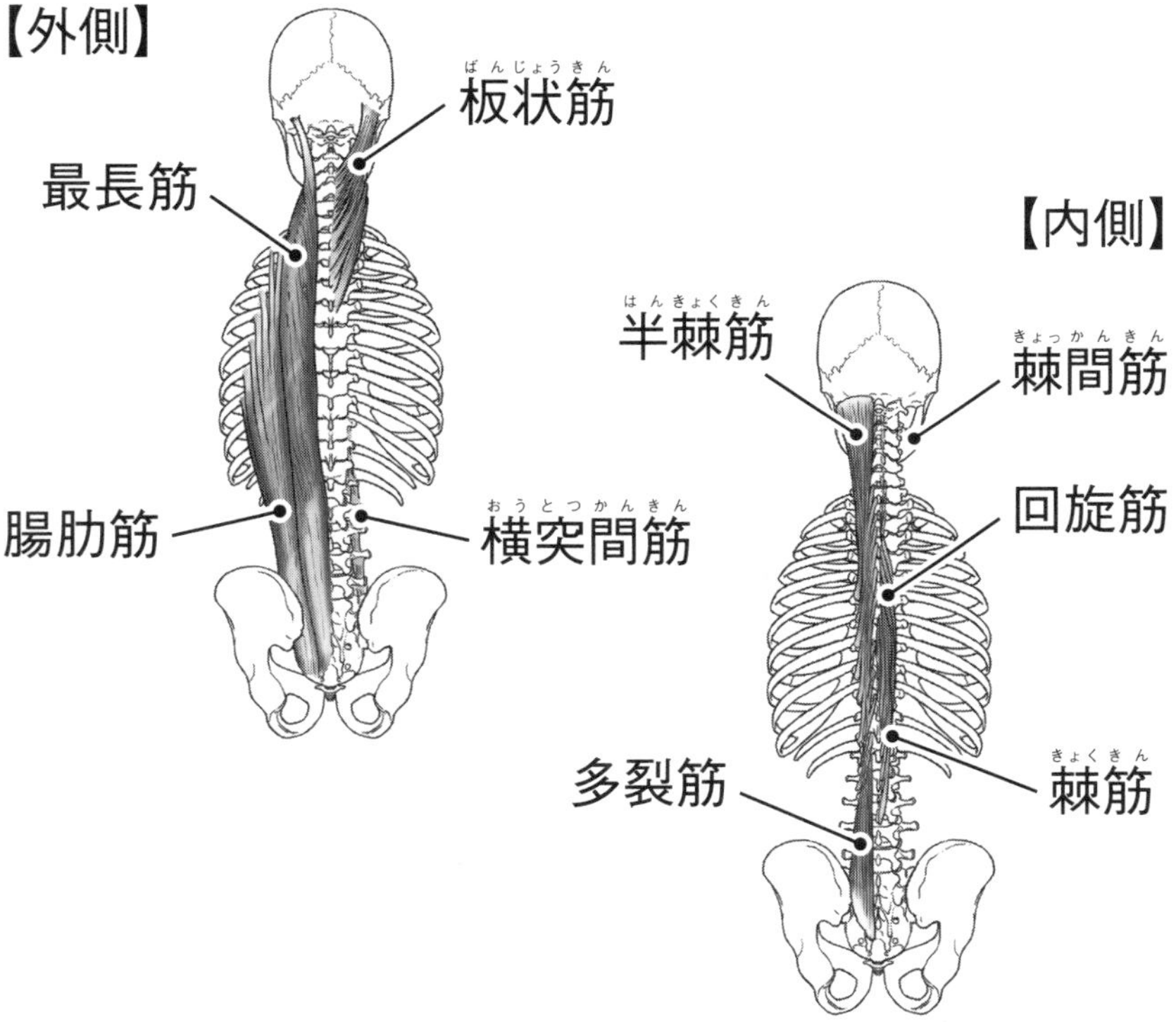

断面図

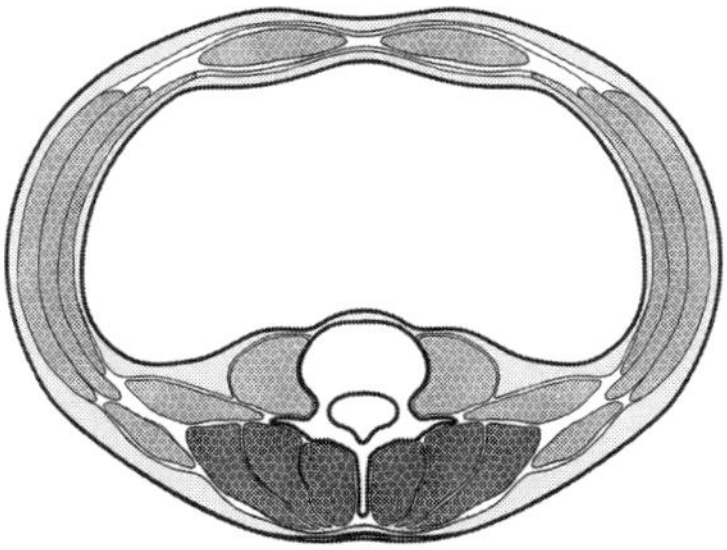

固有背筋

5枚の解剖図が必要になるくらいです。

タマネギの皮を剥くように、一枚目は表層筋です。ここでは僧帽筋や広背筋がまず見えてきます。それを剥がして二枚目にいくと菱形筋などが見えてきます。さらに三枚目にいくと、解剖学で浅背筋と呼ばれる僧帽筋や広背筋、菱形筋、肩甲挙筋などが取り除かれて、中間的な深さになったとき、ようやく後鋸筋のようないわゆる棘肋筋＝棘突起と肋骨を結んでいる筋肉が、深背筋として出てきます。しかし、これらはまだ固有背筋ではないのです。

これを剥がして四枚目にいくと、ようやく大きな意味で背骨固有ではない筋肉を排除した状態で、はじめて出てくる固有背筋が出てきます。

例えば、分厚く大きな筋肉の板状筋や、さらにもっと大きな背骨まわりのもっとも質量のある体幹を起立させる筋肉としても知られている脊柱起立筋が出てきます。脊柱起立筋とは、腸肋筋・最長筋・棘筋の三つからなる筋肉で、通常、背骨まわりの筋肉というと、このことを指します。

これらは主に体重を支え、体幹や頭、上肢の重みを支え、前に潰れ倒れないように、とにかくまず直立位を保ち、体位と生命を保つための最重要な筋肉です。

背骨の両側についている脊柱起立筋の役割

格闘技でいえば、首に手を回されて、前に向かって潰されるような状態になったとき。相撲でいえば「はたき込み」になったような状態。柔道でいえば背負い投げを喰らいそうになって耐えようとしたとき、圧倒的に働かなければならない筋肉です。

さらには、バスケットボールやサッカーなどで、前に力強く前進しているときに急ブレーキをかけるような場面では、この脊柱起立筋が全力で働き、次の瞬間には腹筋系の前に向かう筋肉に力が入りつつ、この脊柱起立筋は弛緩していきます。

またこの脊柱起立筋は、背骨の両側についているので、片側だけが働けば、そちらのほうに体幹が傾き、倒れていきます。

このように大きく身体を傾け、体幹そのものをグニャリと大きく曲げる運動は、いわゆるそれを表現運動として行う新体操やダンス系を除き、それほど多くはありません。しかし、体幹を屹立《きつりつ》させた状態で、背骨を比較的真っ直ぐにしたまま、身体をスピーディーに左右へ激しく動かすことは多々あります。球技などでは、この動きがなければ成り立たないぐらいです。サッカーでいえば、ディフェンスを抜くためには前方への突進力ももちろん重要ですが、それを左右へ振ってかわす運動も肝心です。ディフェンス側も、相手に抜かれないように、同じく身体を左右に振る必要があります。

こうした動きは、この脊柱起立筋で行うのです。

しかし、ここまで語ってもあの魚類らしい、あの運動の話は出てきません……。

横突棘筋は三層の筋群から成り立つ

実は、この四枚目の筋肉群をさらに剥がすと、皆さんご期待のあの魚類の背骨まわりの運動、あのなめらかでしなやかな波をえがいて動くあの波動運動を人が行うための筋肉が、ようやく現れてくるのです。

これが横突棘筋。つまり背骨から横方向に伸びた横突起と後方向に伸びた棘突起をつなぐ深層の筋肉です。

とはいえ、ひとつの椎骨に対し、棘突起が一本、横突起が左右に一本ずつあるわけですが、そのひとつの骨をつないでも運動は何も起きません。

ではどことどこがつながっているのか。

椎骨は何段にもつながっていて、棘突起、横突起も何段にもつながっています。ひとつの棘突起から見ると、上の棘突起もあれば下の棘突起もあり、さらには棘突起から見て、より上の横突起もあれば下の横突起もある。こういう関係になっています。

このようにひとつ椎骨が違えば、それは別の骨ですから、それらを筋肉が結び、収縮すれば運動が起きます。動きはなくても、格定（高度な目的にしたがって骨同士を筋肉で固定する作用）することもあるし、瞬時に脱力させることもあります。片側だけが働けば……、と実に多様な働きがあります。

こうした横突棘筋には三層の筋群があって、より浅層の筋群を半棘筋、中層の筋群を多裂筋、より深層の筋群を回旋筋といいます。さらに回旋筋には、長・短の二種類があります。

さあ、面白くなってきました。

何が面白いかというと、これらの筋肉はひとつの横突起から、それとは別の椎骨の棘突起、それもより上の棘突起とつながっています。

つまり横突起から横突起につながっているのではなく、横突起から棘突起につながっているということです。


イラストを見ればわかるとおり、三つの横突棘筋のうち半棘筋は、上方およそ6〜8個以上先の棘突起につながっています。間がかなり開いているので、これが片側だけ収縮するとわずかに回軸運動が起こりつつ身体が横へ曲がっていき、両方が働けば背中が反っていくことになります。

もうひとつの多裂筋も横突起から棘突起につながっています。では何個先の棘突起とつながっているかというと、多裂筋は3〜5個となっています。要するに多裂筋はひとつの横突起から上方3個先、4個先、5個先の椎骨の棘突起につながっているということです。

▶横突棘筋の構造

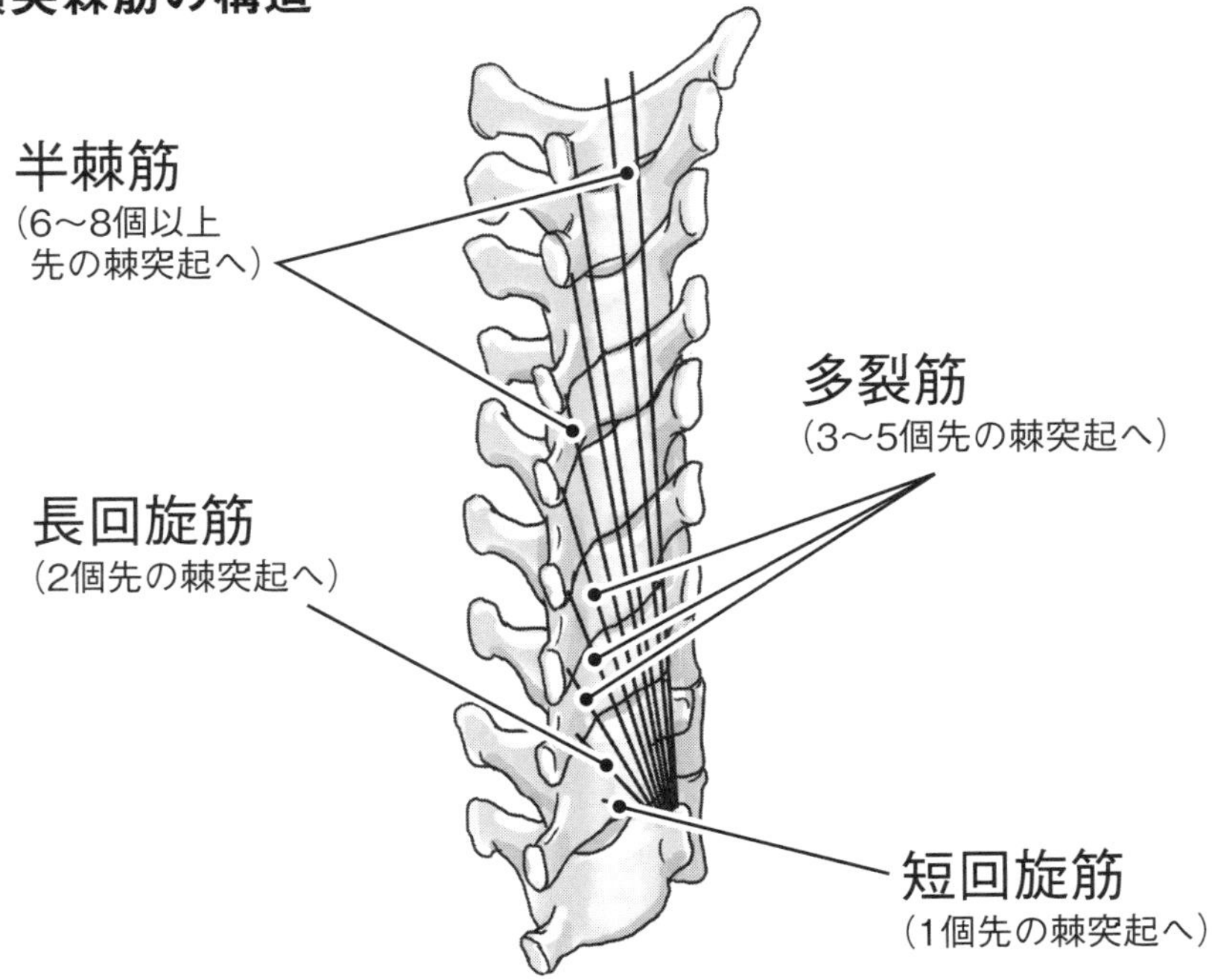

つまり1カ所の横突起から、複数の棘突起につながっています。これは半棘筋も一番短い回旋筋も同じです。半棘筋は、およそ6個先、7個先、8個先以上の棘突起へ、そして多裂筋は同じ横突起から3個先、4個先、5個先へつながっています。このようにおおむねきれいに役割分担ができているのです。

では、もっと手前の棘突起へつながるのは？　そうです。それが回旋筋です。回旋筋は同じ横突起から出発して、上方1個先、2個先へつながっています。1個先につながっているものを短回旋筋、2個先につながっているものを長回旋筋といいます。

このようにひとつの横突起から、長短3種類の筋肉が1～8個以上先の棘突起につながっていて、驚くべき構造的な美しさを持ち合わせています。

その働きは、長ければ長いほど長軸方向の力、つまり椎骨が積み重なった方向に対して、それを曲げる働きになります。一方、近ければ近いほど、その働きは相対的に弱くなり、横突起と棘突起を結んでいるので、長軸に対して直交する——すなわち、軸まわりで回転する方向に、回軸運動として働きます。

わかりにくいので、長軸に対して直交している面（X・Z平面）を想像してみてください。人間でいえば背骨の長軸はY軸になります。それに対して前後がX軸、左右がZ軸なので、回旋筋はX・Z平面上の動きを生むわけです。

つまり、一段ないし、二段違いの背骨同士を回しずらすような運動になります。上下に接する椎骨同士で、回りながらずらしあうような運動です。それが積み重なって脊椎全体の回軸運動になるのです。

背骨を回しずらす回軸運動

こうした筋肉の働きと具体的な運動の関係を見ていきましょう。

ひとつは野球のバッティングです。そして、サッカーの蹴る運動。インステップキックを使ってシュートするような動きは、下半身を使った典型的な運動です。この二つで、「背骨を回しずらす回軸運動」はほとんど説明がつきます。

さあ、いよいよ背骨と身体運動の関係を理解する佳境に入ってまいりました。

まずバッティングです。右バッターとしましょう。このバッターはどのようにバッティングをするでしょうか。

身体の上部、上半身というと大雑把すぎるので、腕のついているあたりの部分、そして身体の下部は、股関節のついているあたりの部分、言い換えると、肩甲骨から肩関節のあたりの高さと、股関節と腸骨あたりの高さとで比較していきましょう。

右バッターがテイクバックするときは、まず腰を回し、それに連動するかたちで体幹の下のほうから上のほうへその運動が伝わっていくように回し動いていきます。

わかりやすくいうと、骨盤部分が先に運動して、それは右回転していくので、左の骨盤がより前の右方向、右の骨盤が後ろの左方向に動いていきます。

その結果、左側の横突棘筋が働きます。左の骨盤が先に進むということは、一番下の背骨はそれに連れられて左の部分、左の横突起が先に進んでいくことになります。そのときに遅れたひとつ上の、あるいは二つ上の棘突起はストレッチされます。ストレッチされながら筋収縮がはじまります。いわゆる伸張性筋収縮がそこではじまるわけです。そうすると、非常に質のいい強い力がそこで生まれます。その運動が下から上へどんどん順番に起きていき、やがてより上のほうの背骨が、下のほうの背骨を追い越して右回軸していきます。

したがって理想的には、左の横突起につながる回旋筋が主導権を握って、螺旋状に回転していくわけです。

これが背骨の一番深層部で起きている運動なのです。

横突棘筋は前述のとおり、体表側から四層も剥がしてようやく出てくる筋肉です。当然その大きさは、その外側の大筋群に比べれば小さな筋肉です。しかし、数は大変多く、一個の横突起から、8本以上も出ています。それがお互いにタイミングを計りながら、絶妙に収縮していくわけです。その一番の主導権を握る役割を担っているのは、回旋筋です。1個上、2個上の棘突起とつながっているあの最深層の最短の筋肉です。

元メジャーリーガーのイチローの絶頂時が典型的です。彼は細い身体で、全体としての筋量は少ないにもかかわらず、メジャーリーグで一番といわれるようなバッティングスピードを体現し、レーザービームといわれる返球速度を誇りました。

そのときの身体というのは、大変しなやかだったではありませんか。誰が見てもそのなめらかさ、しなやかさがわかります。そして、それこそ最高打数を誇った時期には、当然のことながら、目を使った認知能力にも優れていたわけです。そこから得られる選球眼も最高でした。あれだけのパフォーマンスを生み出すには、筋肉の最主導権が横突棘筋3種類の中の最深部の回旋筋まで到達していないとできないのです。

同じようにサッカーでいえば左足のキックのシーンで、右足が踏み込んで、左足が後ろに残っているような状態が、ちょうどバッティングでいうテイクバックの状態です。

その状態も右バッターのテイクバックと同じように、横突棘筋が下からひとつずつずれて働いていくと最高のパフォーマンスになるわけです。

これもまた、あのメッシの全盛期、シーズン73ゴール、そして異次元のドリブルで度肝を抜いた、２０１１－２０１２シーズンの最高のパフォーマンスは、この長短の回旋筋によるものです。背骨でいえばひとつ上、さらにもうひとつ上の棘突起につながっている回旋筋が主導権を握って、そこがきちんと働きながら、他の多裂筋や半棘筋に対してまさにリーダーシップをとっていく。それができなければ、あのパフォーマンスにはならなかったのです。

「壁柱角脊椎通し」をもう一度丁寧に

ここで思い出してほしいのは、皆さんが経験した実感です。これが非常に重要です。第1章の最後にやったメソッド、「壁柱角脊椎通し」がどこに効くのかを考えてみましょう。

壁柱角が、棘突起の左右、私が「脊側」と名付けた部分に上手にズブズブズブと潜っていって、それを上下に上手くストロークさせながらやっていき、「なんか解れてきて、いい感じ」「だんだん深くなってきた。深いところが解れてきたな」と感じたとしたら、その部分はわずかかもしれませんが、横突棘筋まで届いている可能性があります。

一方、「ズブズブという感じもしなければ、なんかカチカチで、固いものの上を行ったり来たりしているだけ」という部分があったとしたら、横突棘筋にはまったく届いていないということになります。

固有背筋の最初の部分、脊柱起立筋の浅層部・表層部で跳ね返されてしまっている状態です。とはいえ、胸椎の一番から始まって、ずっと腰椎の五番までやってみると、腰椎の下のほうは全然届いた気がしないと思うかもしれません。それでも丁寧に丁寧に片側3分ぐらいかけて、両側をやっていくと、部分的には横突棘筋に入っていっているはずです。

さすがに回旋筋に届いているとはいえませんが、横突棘筋の半棘筋あたりには、何本か届いていることでしょう。多裂筋についてはわずか。回旋筋については、さらにわずかになりますが、丁寧に熱心にやれば横突棘筋にまったく届いていないということはないはずです。

もう一度くり返しますが、ズブズブズブといって「なんか気持ちいいな。やればやるほどゆるんで深いところに入ってきているな」というところは、横突棘筋に届いている可能性があるのです。半棘筋に一番届いて、次が多裂筋で、回旋筋は残念ながら本当になかなか届きませんが、もしかするとほんのわずかに届いているかもしれません。

というのは、この横突棘筋の三層の中で、浅層・深層でいえば、一番長い距離をつないでいる半棘筋がもっとも表側にあり、その下に多裂筋があり、さらに深いところに回旋筋があるからです。

このことを知った皆さんは、「壁柱角脊椎通し」をもう一度丁寧に、もっと深いところまでやれるように挑戦したいと思われたことでしょう。是非さらに丁寧におやりになってください。

これが理屈を知る、メカニズムを知ることの重要さなのです。これを知ってしまったら、誰もがやりたくなるはずです。

「壁柱角横割脊法《へきちゅうかくよこかっせきほう》」

やさしくソフトに丁寧に

このメソッドは、第1章で紹介した「壁柱角脊椎通し」の発展形です。第1章で取り組んでいただいたトレーニングは、壁や柱の角で、脊椎の脇を縦にこする方法だったので、あれを「縦割脊」と言います。

それに対し、こちらで紹介するのは「横割脊」となります。荒っぽくやると棘突起まわりを大いに傷つける危険があるので、絶対にやさしくソフトに丁寧に行ってください。ですからこれをはじめるのは「縦割脊」にかなり慣れてきたら、ということにするのがいいでしょう。

ここでも美しいシルバーの地芯上空6000キロに乗って立つことを忘れずに行ってください。

①縦割脊で頸椎の七番、胸椎の一番、二番を上下に丁寧に動かしゆるめる。ゆるんだら胸椎の一番、二番をゆっくり丁寧に壁柱角にもたれかけて、頸椎の七番だけを壁柱角から浮かせる。頸椎の七番と胸椎の一番の間が左右にずれるように、浮いている頸椎の七番を左右に丁寧に

動かし横割脊を行う。これを4～5往復くり返す。脊椎の動きが意識しづらいと感じる方は、手を後ろに回して指先で各々の脊椎（の棘突起）をよくこすり、さらに身体の前側から頸椎の七番を指で（指し示すように）サモンしてやると動きが意識しやすくなる（以下可能なところは同じようにこすり、指し示すようにサモンするとよい）。

②縦割脊で胸椎の一番、二番、三番を上下に丁寧に動かしゆるめる。ゆるんだら胸椎の一番、二番、三番をゆっくり丁寧に壁柱角にもたれかけて、胸椎の一番だけを壁柱角から浮かせる。胸椎の一番と二番の間が左右にずれるように、浮いている胸椎の一番を左右に丁寧に動かし横割脊を行う。これを4～5往復くり返す。

③以下脊椎を1個ずつ下りながら①②同様に行う。脊椎3個を1セットとし、縦割脊で上下に動かしゆるめる。ゆるんだら下の2個の脊椎をゆっくり丁寧に壁柱角にもたれかけて、一番上の脊椎を浮かせる。1番目と2番目の脊椎の間が左右にずれるように、浮いている1番目の脊椎を左右に丁寧に動かし横割脊を行う。これを4～5往復くり返し、3番目の脊椎が腰椎五番に達するまで同様にくり返す。

④最後に仙骨を含めて同様に行う。まずは縦割脊で腰椎の五番と仙骨を上下に丁寧に動かしゆるめる。このときに仙腸関節の位置に合わせる必要はなく、今まで通してきた幅で行うようにする。ゆるんだら仙骨をゆっくり丁寧に壁柱角にもたれかけて、腰椎の五番を浮かせる。腰椎の五番と仙骨の間が左右にずれるように、浮いている腰椎の五番を左右に丁寧に動かす。これを4～5往復くり返す。

壁柱角横割脊法

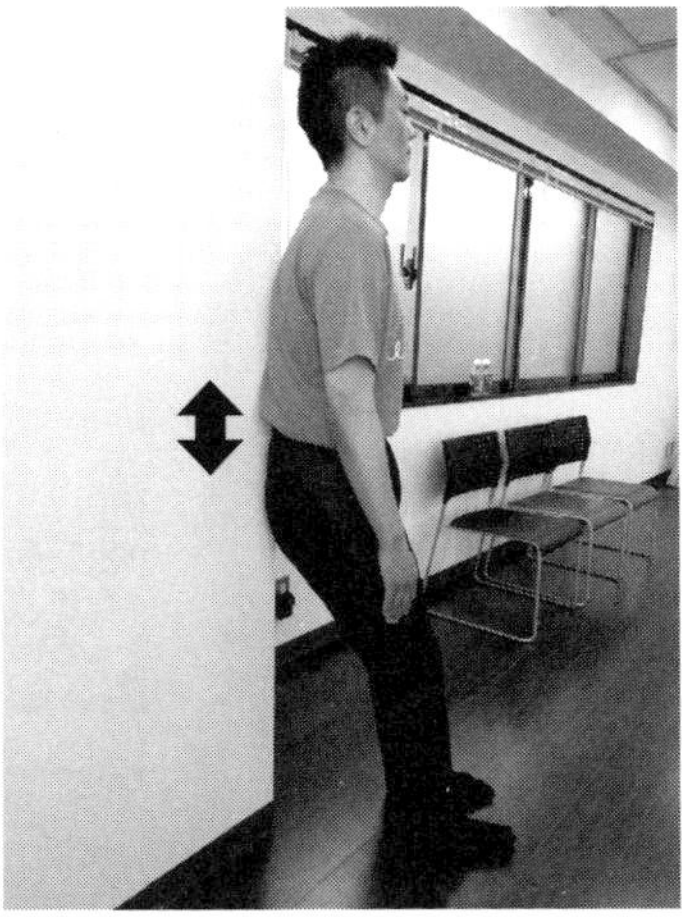

3個の脊椎を1セットにして縦割脊で上下に丁寧に動かしてゆるめる

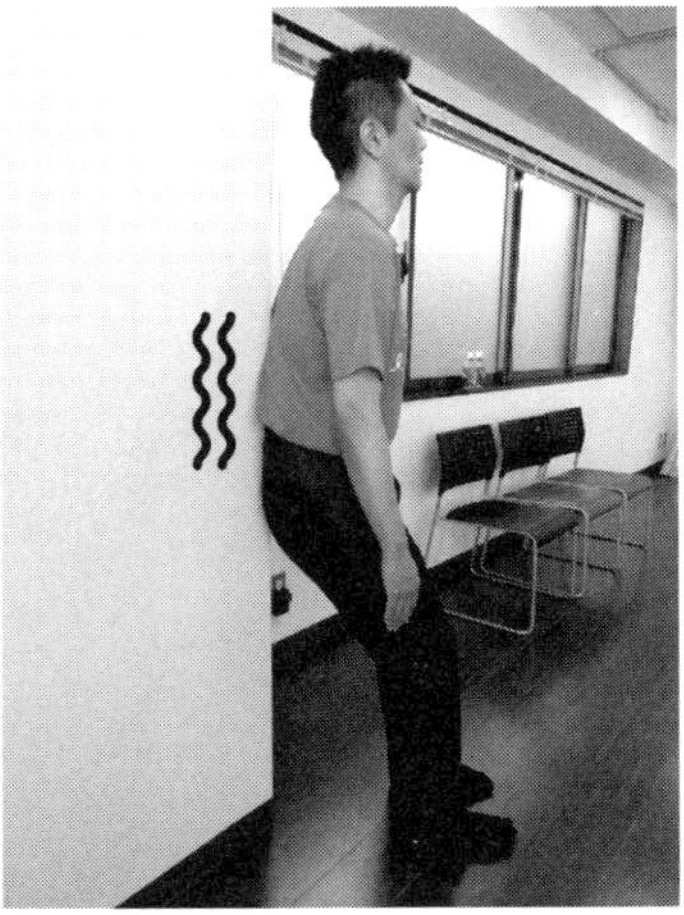

3個の脊椎のうち、一番上の脊椎を浮かせ、その下の脊椎との間がずれるように左右に丁寧に動かして、ゆるめる

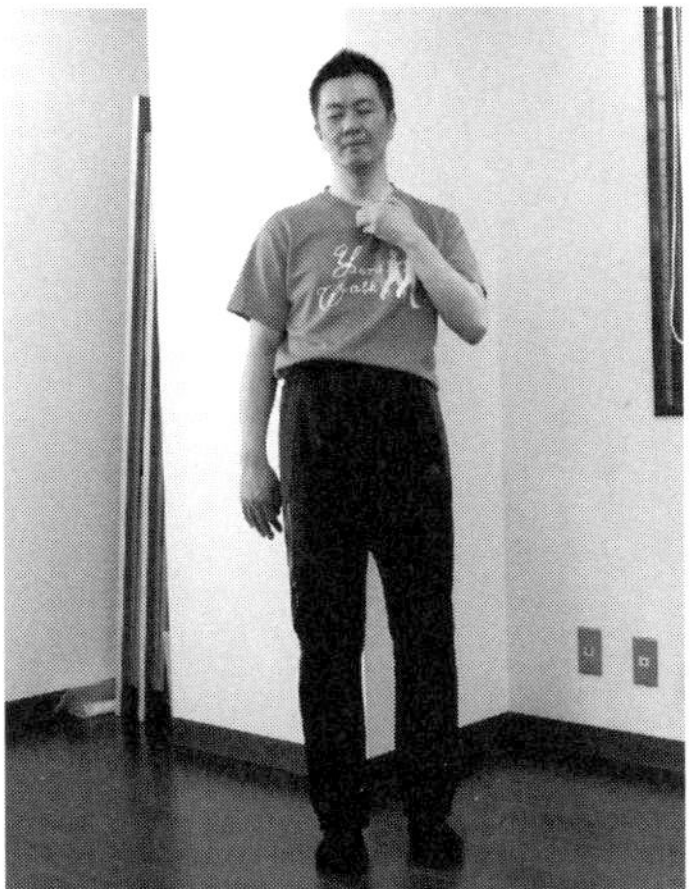

脊椎の動きが意識しにくい場合には、手で脊椎をこするか、前側から脊椎を指でサモンしてやると意識しやすくなる

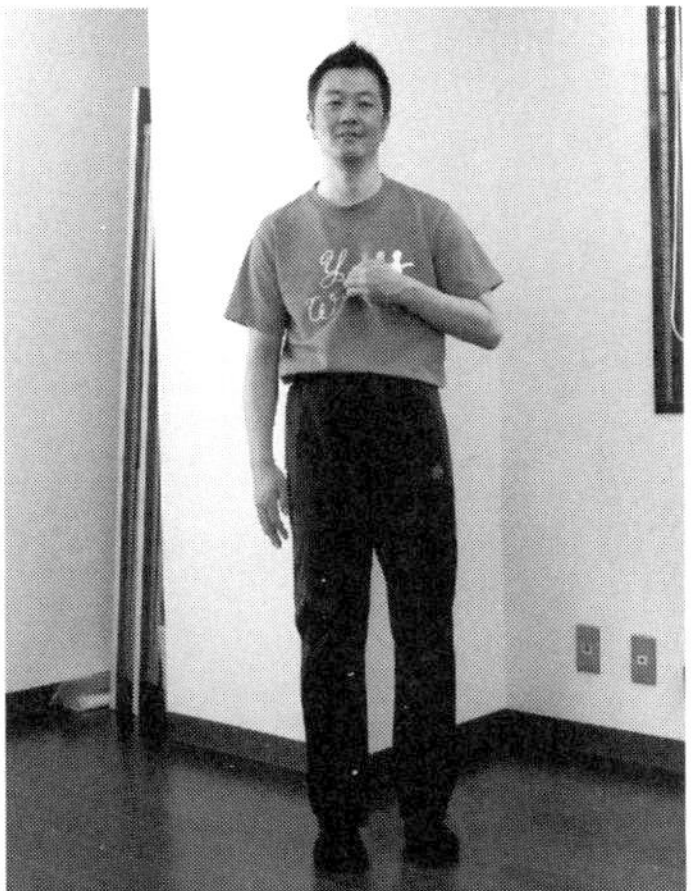

可能なところは、同様に脊椎をこする、もしくは、指し示すようにサモンするとよい

「頸《けい》椎《つい》刻《こっ》回《かい》軸《じく》法《ほう》」

往《おう》降《こう》復《ふく》昇《しょう》法《ほう》　立位

立位、往降復昇法すべての作業をとても丁寧に行うことが大切です。またいずれも美しいシルバーの地芯上空６０００キロに乗って立つことを忘れずに行ってください。

①首の左右の乳様突起《にゅうようとっき》の下端を両手の人差し指と中指の先で軽く挟む。その奥に頸椎の一番（環椎）がある。（その指を真後ろに回すと、頸椎一番の真後ろに来るが、そこから直接一番である環椎に触れることはできない。触れることができるのは、二つ下の頸椎三番から）。

②両手で乳様突起の奥にある環椎を右に回す（頭も右向きに）。回せるところまで回すのではなく、だいたい限界の６割ぐらいまで回す。

③次に左手の人差し指と中指を頸椎の二・三番のあたりに移動し、その（中指の前方にある）頸椎の二番を限界の６割ほど右に回す。そのときは左手で首裏に触れたまま行うようにする。戻るときも左手で触れたままで行う。

④同じように頸椎の三・四番を触って、限界の6割右に回す。
⑤頸椎の四・五番を触って、右に6割回す。
⑥頸椎の五・六番を触って、右に6割回す。
⑦頸椎の六・七番を触って、右に6割回す。
⑧頸椎の七番＝大椎・胸椎一番を触って、右に6割回す。これは上から下に降りていくやり方なので、「往降」と言う。

次は、同じく左手で触ったまま、頸椎を回し戻しながら昇っていきます。これを「復昇」といいます。「復昇」では回す部分はさらに脱力を深め自然に回り戻る感覚で回し、回さない部分は脱力したまま回軸角度をキープするように行います。

①右に6割回した頸椎の七番が、左回りで真正面＝元の位置に戻ってくる。

▶頸椎刻回軸法〔往降復昇法 立位〕

左右の乳様突起の下端を両手の人差し指と中指の先で挟む

頸椎の一番（環椎）から1個ずつ限界の6割ぐらいまで右に回す

右の写真は頸椎一～五番にかけてを行っているところ

⬅ 頭の回転方向　⇦ 頸椎の棘突起のずれ方向
← 頸椎1個ずつの棘突起の動き

②同じく頸椎の六番が真正面に戻ってくる。
③同じく頸椎の五番が真正面に戻ってくる。
④同じく頸椎の四番が真正面に戻ってくる。
⑤同じく頸椎の三番が真正面に戻ってくる。
⑥同じく頸椎の二番が真正面に戻ってくる。
⑦同じく頸椎の一番が真正面に戻ってくる。
⑧同じく一番まで戻ったら、手を下ろす。

実際にやってみると、戻りのとき、頸椎の七番、六番、五番を戻したあたりで、もう戻す分がなくなっていることがよくあります。でも、できるだけ戻す分があったほうがいいのです。

つまり、「往降」のときに頸椎の一番を6割回したとすると、その分をきちんと残しておくということです。

残すためにはコツがあって、頸椎の一番＝環椎を回すときに、頸椎の二番目＝軸椎に対して環椎を回します。この軸椎を回すときうっかり一番目の環椎の回した分が戻りやすいのですが、環椎は戻さないようにします。そこを意識してキープしておくわけです。次に軸椎を回すときは、頸椎の三番に対して回し、一番と二番はキープします。四番を6割回すときも、一番、二番、三番はキープです。以下、五番、六番も同じです。「そんなに回せないのでは」と思うか

乳様突起の位置

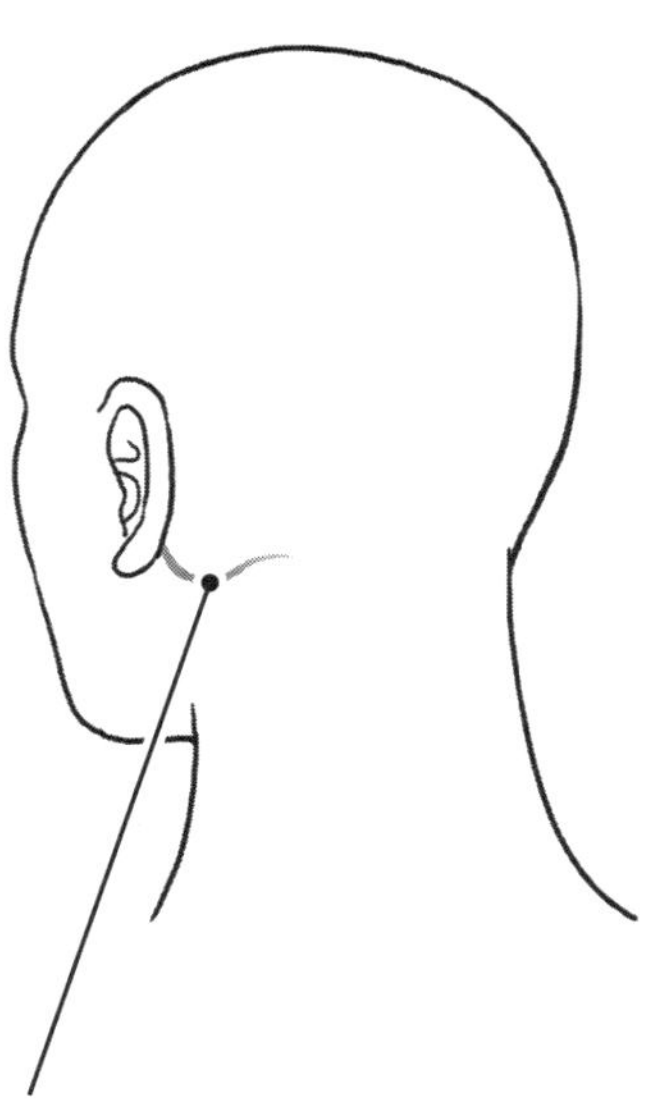

もしれませんが、大丈夫です。なぜならいずれも限界の6割までしか回さないからです。

六番を七番に対して回すと、一番から五番が全部6割のままキープされているので、相当に首は右のほうを向くことになります。七番まで回したら、今度は戻します。

まずは七番だけを戻し、このとき六番、五番、四番、三番、二番、一番は戻しません。次に七番に対して、六番だけを戻すようにします。このとき五番、四番、三番、二番、一番は回さないようにキープしておきます。同じように六番に対して五番を戻し、四番、三番、二番、一番は残しておき、五番に対して四番を戻し、四番に対して三番を戻し……と一番までやっていきます。

これをやるときは、力を抜かないと上手くできないので、とにかく脱力するようつとめてください。

また、限界の6割といっても、回軸の柔軟度に個人差があるので、その角度は一人ひとり違います。あくまで6割というのは主観でけっこうです。

限界＝10割でやろうとすると怪我をする可能性があるので、他の人と回軸度の大きさを競うことをせずに自分なりの6割でやることが大事です。一方、各脊椎ごとの回軸で上手く回せるところと、回せないところを他の人と観察し合って発見することは、別の意味で大切です。

左手で触る「右回《うかい》往降《おうこう》左回《さかい》復昇《ふくしょう》」をやったので、次は往復とも右手で触る「左回《さかい》往降《おうこう》右回《うかい》復昇《ふくしょう》」をやはり丁寧に行ってください。

往《おう》昇《しょう》復《ふく》昇《しょう》法《ほう》　座位

今度は座位で、下から丁寧に攻めていきましょう。

美しいシルバーの地芯上空6000キロに座っているつもりで行います。

①まず右手の人差し指と中指で頸椎の七番と胸椎の一番を触る。

②頸椎の七番を胸椎の一番に対して限界の6割まで左に回す。

③以降右手を1個ずつ上にずらしながら同様に行う。頸椎の六番を七番に対して左に6割回す。

④頸椎の五番を六番に対して左に6割回す。

⑤頸椎の四番を五番に対して左に6割回す。

⑥頸椎の三番を四番に対して左に6割回す。

⑦頸椎の二番を三番に対して左に6割回す。

▶ 頸椎刻回軸法〔往昇復昇法 座位〕

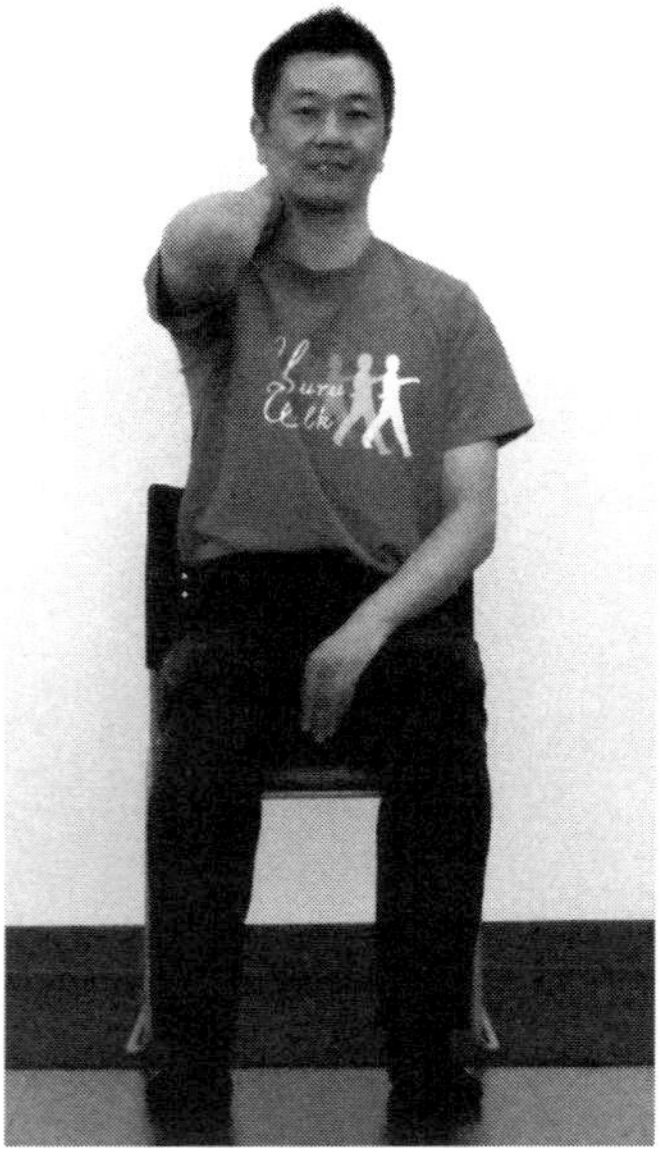

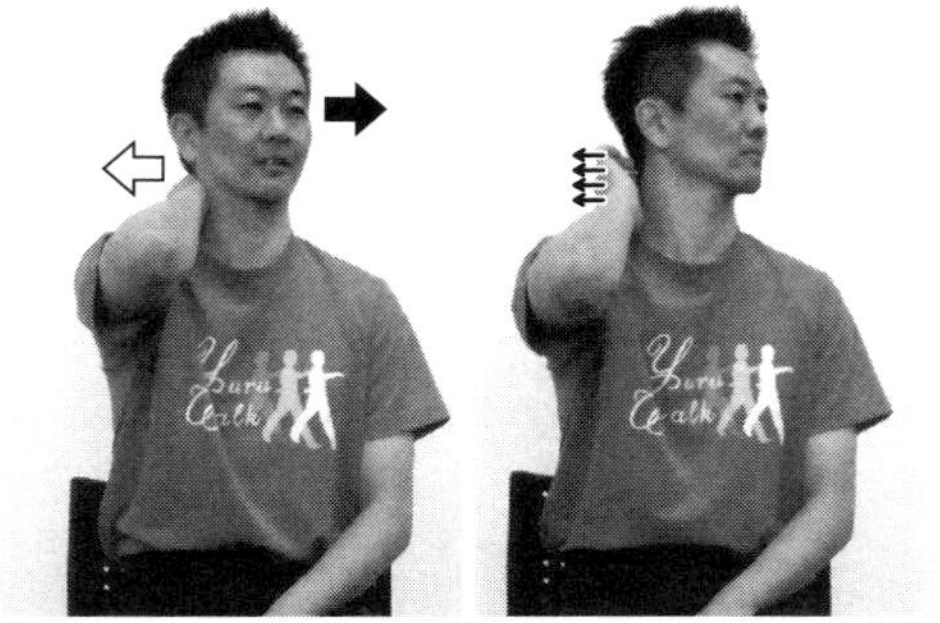

顔の回転方向

頸椎の棘突起のずれ方向

頸椎1個ずつの棘突起の動き

⑧頸椎の一番を二番に対して左に6割回す。

ここまでが「往昇」です。
今度は「復昇」です。

①頸椎の七番と胸椎の一番をよく触って、頸椎の七番を胸椎の一番に対して6割戻す。
②頸椎の六番と七番を触って、六番を七番に対して6割戻す。
③頸椎の五番と六番を触って、五番を六番に対して6割戻す。
④頸椎の四番と五番を触って、四番を五番に対して6割戻す。
⑤頸椎の三番と四番を触って、三番を四番に対して6割戻す。
⑥胸椎の二番と三番を触って、二番を三番に対して6割戻す。
⑦胸椎の一番と二番を触って、一番を二番に対して6割戻す。

次は逆回りの「往昇復昇法」をやはり丁寧に行いましょう。

ここまでやったら、立ち上がってその場歩きをしてみましょう。
いかがですか？　かなり動きやすさを実感できるはずです。また軸があることがわかり、軸を感じられることでしょう。

せっかくなので、素手のままバッティングの動きもやってみてください。すごくやりやすくて不思議な感じがしませんか。卓球の素振りなどをやってみると、下半身が驚くほど楽になり、踏ん張る感じがなくなりますし、サッカーでボールを蹴るような動作をしても、踏ん張る感じがまったくなくなります。

このトレーニングをやると、軸の意味がよくわかってきます。

軸というのは、要するに他の何よりも強い影響力と存在性を発揮するものなのです。そこに優れた軸（上軸）ができると、他の全身体が解放されるのです。他の全身体が無駄な仕事をしなくていい状態ができあがるわけです。つまり自由になるということです。

上軸のおかげで下半身までフリーになるのです。

一方、上軸は非常に整然とコントロールされている感じがします。そこに軸があって、軸まわりの運動がきちっと整然と行われている感じになります。

それは努力感や頑張っている感じ、力を入れた感じとは別物で、力は見事な連動感をもって発揮され、より優れた理に適ったパワーと運動量に変換されていきます。

つまりメリットだらけだということです。

頸椎に刻回軸法をやっていくだけで、こうしたことが起きるのです。これが非常に重要なところです。

往降復昇法　仰臥位《ぎょうがい》

手の使い方や丁寧な作業感覚は立位、座位とまったく同じように行ってください。少し慣れたからといって、荒っぽく行うと効果は激減してしまいます。

やはり美しいシルバーの地芯上空６０００キロに乗りながら寝ているイメージで行ってください。

●往降

①頸椎の一番と二番を触って、一番を二番に対して限界の6割まで左に回す。
②頸椎の二番、三番を触って、一番をキープしながら、二番を三番に対し左に6割回す。
③頸椎の三番、四番を触って、一番と二番の関係をキープしながら、三番を四番に対し左に6割回す。
④頸椎の四番、五番を触って、一番〜三番の関係をキープしながら、四番を五番に対し左に6割回す。
⑤頸椎の五番、六番を触って、一番〜四番の関係をキープしながら、五番を六番に対し左に6割回す。
⑥頸椎の六番、七番を触って、一番〜五番の関係をキープしながら、六番を七番に対し左に6割回す。
⑦最後に頸椎の七番と胸椎の一番を触って、一番〜六番の関係をキープしながら、頸椎の七番を胸椎の一番に対し左に6割回す。

●復昇

①頸椎の七番と胸椎の一番を触って、頸椎の七番を胸椎の一番に対し6割戻す。
②頸椎の六番と七番を触って、六番を七番に対し6割戻す。
③頸椎の五番と六番を触って、五番を六番に対し6割戻す。
④頸椎の四番と五番を触って、四番を五番に対し6割戻す。
⑤頸椎の三番と四番を触って、三番を四番に対し6割戻す。
⑥頸椎の二番と三番を触って、二番を三番に対し6割戻す。
⑦頸椎の一番と二番を触って、一番を二番に対し6割戻す。

▶頸椎刻回軸法〔往降復昇法 仰臥位〕

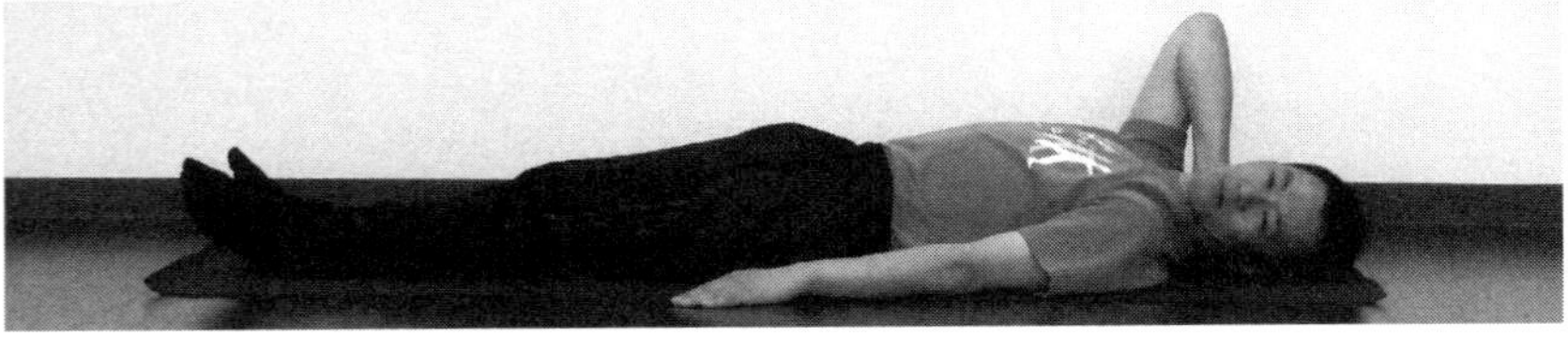

立位、座位と同じ要領で行う

「脊椎刻回軸法《せきついこくかいじくほう》」

易しいやり方と難しいやり方を上手く組み合わせる

この脊椎刻回軸法では、直接背骨を触れる部分もあれば、腹胸側から触って指差す部分もあります。片手で直接触りながら、もう片方の手で指差す併用型でもできますし、身体には完全に非接触で行う無接触指示もあります。

こうした組み合わせは、脊椎の何番目をずらし回していくかによっても変わります。それを上手に利用していくことです。つねに一番感じ取りやすい方法でやっていると、上達が抑制されてしまうので、わかりにくい方法にも挑戦することが必要です。ただし、わかりにくい方法は、指示の正確さが低下するので、そんな方法ばかりやっては誤差が広がる可能性もあります。結果として、いつも大きく間違ってずらしてしまっていると意味がなくなってしまうので、易しいやり方と難しいやり方を上手く組み合わせて取り組むことが大切です。

ここでも美しいシルバーの地芯上空６０００キロに乗って行います。

往降復昇法　立位

●往降

①右手中指と人差し指で頸椎の七番と胸椎の一番の棘突起をよく触っておく。

②頸椎の七番の棘突起を胸椎の一番の棘突起に対して限界の6割、右にずらす（脊椎の回軸としては左回りになる）。

③胸椎の一番と二番を触って、頸椎の七番をキープしたまま、胸椎の一番の棘突起を二番の棘突起に対して6割右にずらす（以下「6割ずらし」の指示は各脊椎の棘突起同士の操作となる）。

④胸椎の二番と三番を触って、二番を三番に対して右に6割ずらして、頸椎の七番、胸椎の一番はキープ。

⑤胸椎の三番と四番を触って、三番を四番に対して右に6割ずらす。胸椎の二番から上はキープ。

⑥ここからは手が届きにくくなるので、直接触れるのではなく、右手人差し指と中指を胸骨に触れて置くようにして、同じ2本の指先で胸椎の四番と五番を差し示すようにして、四番を五番に対して右に6割ずらす。

⑦以下同じように胸椎の五番と六番を指差して、五番を六番に対して右に6割ずらす。

⑧胸椎の六番と七番を指差して、六番を七番に対して右に6割ずらす。

⑨胸椎の七番と八番を指差して、七番を八番に対して右に6割ずらす。
⑩胸椎の八番と九番を指差して、八番を九番に対して右に6割ずらす。
⑪胸椎の九番と十番を指差して、九番を十番に対して右に6割ずらす。
⑫胸椎の十番と十一番を指差して、十番を十一番に対して右に6割ずらす。
⑬胸椎の十一番と十二番を指差して、十一番を十二番に対して右に6割ずらす。
⑭胸椎の十二番と腰椎の一番を指差して、胸椎の十二番を腰椎の一番に対して右に6割ずらす。
⑮腰椎の一番と二番を指差して、腰椎の一番を二番に対して右に6割ずらす。
⑯腰椎の二番と三番を指差す。このとき中指＝腰椎の三番は、おおよそヘソの高さで、人差し指＝腰椎の二番はその少し上になる。そして、腰椎の二番を三番に対して右に6割ずらす。
⑰腰椎の三番と四番を指差して、三番を四番に対し右に6割ずらす。
⑱そのままの回軸度をキープしたまま、背骨をゆるゆると揺すってみる。

この回軸度を進めていくと、左回軸している体幹が、上のほうから右側方に向かって少しずつ弓なりになってくることがあります。それは回軸をかけている右側の横突棘筋の3種類の筋肉のうち、多裂筋や半棘筋という長いほうの筋肉が作用するからです。これらの筋肉が効いてくるので、効いた側にどうしても弓なりに傾きやすくなるのです。

そのことは、この時点のレベルにおいては、それほど悪いことではありません。

スポーツの動きの中では、これをわざわざ使ったりする場合もあります。わかりやすくいえば、側方に身体を少しあおるような感じです。

野球のバッティングでいえば、右バッターがテイクバックするとき右回軸しますが、そのとき左側方に（凹の）弓なりの姿勢になるバッターがときどきいます。とくにメジャーリーグではそういう選手がより多く目につきます。彼らはそれを利用して、右左の回軸運動＋この左右へのあおりを入れるようなバッティングをしているわけです。

また、サッカーのインステップキックでも、より体幹をまっすぐにして蹴っている場合もあれば、側方へあおる運動が入ったりすることがあります。これも同じ理屈です。

さて、⑱のようにその状態でゆるめる運動をやっていくと、揺解運動が上手であれば、長いほうの横突棘筋から脱力していきます。そして、短いほうが残ることになり、短い筋肉のほうが残ると、体幹が直立してくるのです。

腰椎の三番から上を回したまま直立してくると、すっきりしてきます。弓なりになって回っていたときは、まわりながらねじ曲げているような抵抗があったはずですが、長い横突棘筋がゆるんだ結果直立してくると、回軸をかけているのに側方にあおられることなく軸が通りすっきりと立つことができます。

⑲腰椎の四番と五番を指差して、四番を五番に対して右に6割ずらす。

⑳腰椎の五番と仙骨を、直接右手中指と人差し指で触って、五番を仙骨に対して右に6割ずら

す。

●復昇

①右手人差し指と中指で仙骨と腰椎の五番を直接触って、仙骨に対して五番を右回軸で元に戻す。

②以下同じように腰椎の五番と四番を直接触って、五番に対して四番を元に戻す。

③腰椎の四番と三番を直接触って、四番に対し三番を元に戻す。

④右手の中指でヘソに触って、ヘソ＝腰椎の三番を指差し、人差し指で腰椎の二番を指差して、三番に対して二番を元に戻す。

⑤腰椎の二番と一番を指差して、二番に対して一番を元に戻す。

⑥腰椎の一番と胸椎の十二番を指差して、腰椎の一番に対して胸椎の十二番を元に戻す。

⑦胸椎の十二番と十一番を指差して、十二番

▶脊椎刻回軸法〔往降復昇法 立位〕 右回りの場合

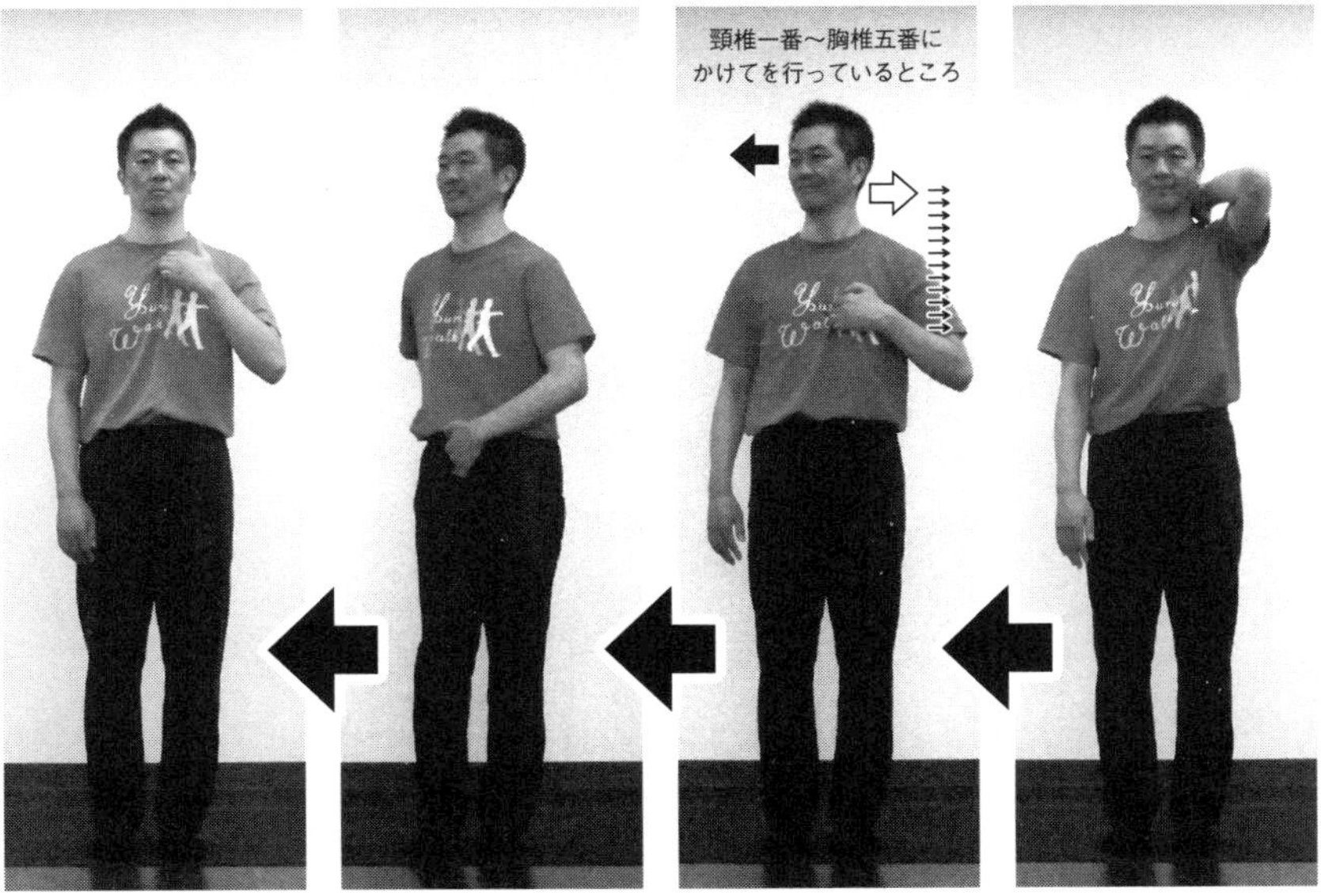
頸椎一番～胸椎五番に
かけてを行っているところ

⬅ 顔・体幹正面の回転方向　⇦ 脊椎の棘突起のずれ方向　← 脊椎1個ずつの棘突起の動き

に対し十一番を元に戻す。
⑧胸椎の十一番と十番を指差して、十一番に対し十番を元に戻す。
⑨胸椎の十番と九番を指差して、十番に対し九番を元に戻す。
⑩胸椎の九番と八番を指差して、九番に対して八番を元に戻す。
⑪胸椎の八番と七番を指差して、八番に対して七番を元に戻す。
⑫胸椎の七番と六番を指差して、七番に対して六番を元に戻す。
⑬胸椎の六番と五番を指差して、六番に対して五番を元に戻す。
⑭胸椎の五番と四番を指差して、五番に対して四番を元に戻す。
⑮胸椎の四番と三番を指差して、四番に対して三番を元に戻す。
⑯胸椎の三番と二番を指差して、三番に対して二番を元に戻す。
⑰胸椎に二番と一番を指差して、二番に対して一番を元に戻す。
⑱胸椎の一番と頸椎の七番を指差して、胸椎の一番に対して頸椎の七番を戻す。
逆回りも同じように丁寧に行ってください。

背骨の開発の特徴

ここまでやると、なんともいえない、いい表情になり、すごく存在感が出てきます。

これは軸の持っている機能が増えた証拠です。軸の機能というのは非常に種類が多く、脊椎刻回軸法によって、そのうちのかなりの種類が働き出したということです。

それを確かめるためにも、その場歩きをしてみましょう。すごくやりやすくなっていることが実感できるはずです。

軸がスポーンと下に抜けて通って、しかもそれに乗れて、地面の深いところから支えられている感じになります。

そして、一本の軸がきれいに存在していて、軸と沿うように背骨が存在しているのがわかるのではないでしょうか。

また、背骨の脇を境に、左右の「側体」も感じられれば、若干とはいえ、そこが割れて面ができる、高度な運動能力の代表である「割脊」がはじまっているということです。

脊椎刻回軸法によって、背骨まわりがひとつひとつ、一段一段、割脊してきて、それをすべて支えているのが、股関節の中心、転子です。

つまり、股関節と背骨が連動化してきたということです。股関節と背骨が協力し合ってその運動を作り出しているので、身体意識も背骨前の1本の「中央軸」と両転子を通る左右2本の「側軸」と脊椎の両サイドを割ること（割脊）によって生まれる「側面」というようにできあがってくるわけです。

したがって、立位で脊椎刻回軸法をやると、股関節の中心＝転子の開発法にもなるということです。

もう一度、その場歩きで確認しましょう。肩甲骨と腸骨はいかがでしょう。それぞれフリーで、なおかつ連動しています。

当然のことながら、肩甲骨も同調性を持ちながら、連動運動を起こすわけです。これが背骨の開発の特徴です。

軸としても、細径軸・中径軸が感じられ、背骨が駆動力の中心装置として働く、モーター軸になっている感じも生まれてきます。背骨の駆動力が拡大、増幅されていき、腕脚の動きが起きているという感じになればトレーニングの取り組みは成功してきているといえます。

軸が発達してくると、実に多様な要素を持つようになります。割脊化してくると、まさに全身体が割れながら互いに滑り合うように巻き合い、巻きついてくるような感じが生まれ、回転自体、かなり深いところから軸が伸びていて、そこから回っている感じになります。

背骨は全身の身体意識を形成し高度化するための最大の原動力、といってもいいでしょう。別の言い方をすると、優れた身体意識を作り上げていくためのもっとも深遠にして、大規模かつ複雑にして、精密な装置なのです。背骨を開発していくと、このようにいろいろな面に大きく深いプラスの影響が生まれてきます。

往昇復昇法　横臥《おうが》位《い》

そしてこの脊椎刻回軸法は立位だけでなく、座位や横臥位、仰臥位でも可能です。

●往昇

①右側を下にして横向きに寝て（右横臥位）、枕のようなものを敷くか、腕枕をする。首に無理がなければ、何も頭の下に敷かなくても構わない。また、右側を下にした場合は、原則的にはじめに右に脊椎棘突起をずらし、左ずらしで戻る。股関節を30度、膝関節も30度に曲げて、体軸と下腿軸＝脛骨のラインを平行になるようにする。

このとき固い床よりも、柔らかいマットや布団のほうがベターです。そのほうが魚類に近い動きがやりやすくなるからです。水に浮かぶ必要はないにせよ、できるだけ背骨がフリーになるほうがいいのです。固いところで寝ると、背骨が妙なたわみ方をして、あまりフリーにはなりません。したがって、もし固い床でやる場合は仰臥位のほうがフリーに近づけるのでおススメです。

②右横臥位で左手を使って仙骨をよく触る。

③次に、右横臥位で左手人差し指と中指で仙骨と腰椎の五番を触る。仙骨に対して五番を右に限界の6割までずらす。

④以下同じように腰椎の五番と四番を触って、五番に対して四番を右に6割ずらす。

⑤腰椎の四番と三番を触って、四番に対して三番を右に6割ずらす。

⑥腰椎の三番と二番を触って、三番に対して二番を右に6割ずらす。
⑦腰椎の二番と一番を触って、二番に対して一番を右に6割ずらす。
⑧腰椎の一番と胸椎の十二番を触って、腰椎の一番に対して胸椎の十二番を右に6割ずらす。
⑨今度は胸・腹側から腰椎の二番と一番の位置を指差して、二番に対して一番を右に6割ずらす。
⑩次に腰椎の一番と胸椎の十二番を胸・腹側から左手中指と人差し指で指差して、腰椎の一番に対して胸椎の十二番を右に6割ずらす。
⑪以下同じように胸椎の十二番と十一番を指差して、十二番に対して十一番を右に6割ずらす。
⑫胸椎の十一番と十番を指差して、十一番に対して十番を右に6割ずらす。このとき、五つの腰椎はきちんとずらしたままキープしていることが重要。
⑬胸椎の十番と九番を指差して、十番に対して九番を右に6割ずらす。
⑭胸椎の九番と八番を指差して、九番に対して八番を右に6割ずらす。
⑮胸椎の八番と七番を指差して、八番に対して七番を右に6割ずらす。
⑯胸椎の七番と六番を指差して、七番に対して六番を右に6割ずらす。
⑰胸椎の六番と五番を指差して、六番に対して五番を右に6割ずらす。
⑱胸椎の五番と四番を指差して、五番に対して四番を右に6割ずらす。
⑲胸椎の四番と三番を指差して、四番に対して三番を右に6割ずらす。
⑳胸椎の三番と二番を指差して、三番に対して二番を右に6割ずらす。

㉑胸椎の二番と一番を指差して、二番に対して一番を右に6割ずらす。
㉒最後に胸椎の一番と頸椎の七番を左手人差し指と中指で触って、胸椎の一番に対して頸椎の七番を6割ずらす。

●**復昇**

この状態をキープしたまま
①再び仙骨と腰椎の五番を左手人差し指と中指で触って、仙骨に対して五番を元に戻す。
②以下同じように腰椎の五番と四番を触って、五番に対して四番を元に戻す。
③腰椎の四番と三番を触って、四番に対して三番を元に戻す。
④腰椎の三番と二番を触って、三番に対して二番を元に戻す。
⑤腰椎の二番と一番を触って、二番に対して一番を元に戻す。

▶ 脊椎刻回軸法〔往昇復昇法 横臥位〕 左横臥位の場合

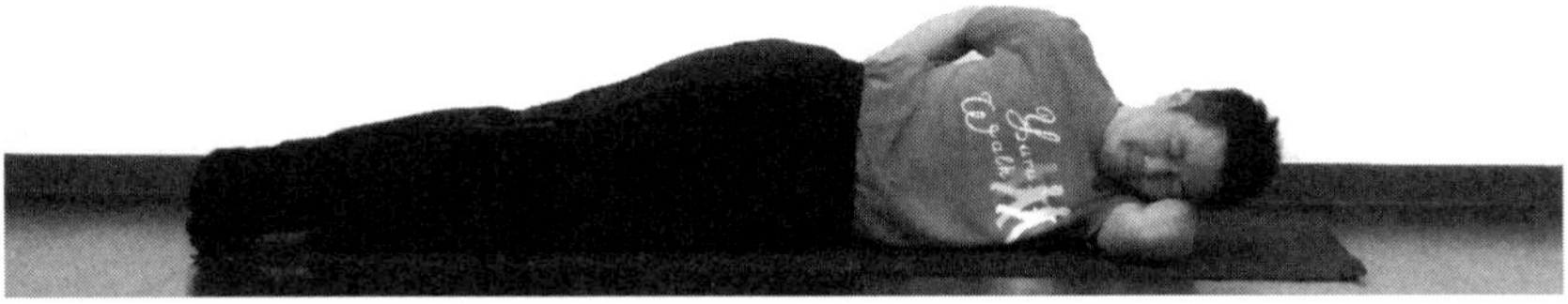

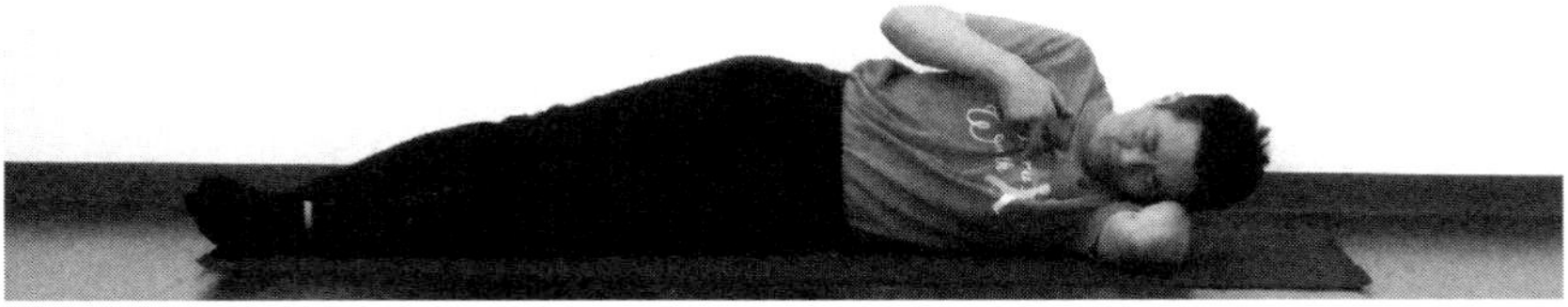

立位と同じ要領で行う

⑥腰椎の一番と胸椎の十二番を触って、腰椎の一番に対して胸椎の十二番を元に戻す。
⑦胸椎の十二番と十一番を胸側から左手中指と人差し指で指差して、十二番に対して十一番を元に戻す。
⑧以下同じように胸椎の十一番と十番を指差して、十一番に対して十番を元に戻す。
⑨胸椎の十番と九番を指差して、十番に対して九番を元に戻す。
⑩胸椎の九番と八番を指差して、九番に対して八番を元に戻す。
⑪胸椎の八番と七番を指差して、八番に対して七番を元に戻す。
⑫胸椎の七番と六番を指差して、七番に対して六番を元に戻す。
⑬胸椎の六番と五番を指差して、六番に対して五番を元に戻す。
⑭胸椎の五番と四番を指差して、五番に対して四番を元に戻す。
⑮胸椎の四番と三番を指差して、四番に対して三番を元に戻す。
⑯胸椎の三番と二番を指差して、三番に対して二番を元に戻す。
⑰胸椎の二番と一番を指差して、二番に対して一番を元に戻す。
⑱胸椎の一番と頸椎の七番を指差して、胸椎の一番に対して頸椎の七番を元に戻す。
次に逆ずらしを丁寧に行う。

さあ、その場歩きをやってみましょう。スパッと軸が通っているのがわかることでしょう。細径軸があって、割脊の面が通ってきます。左右の脊側も感じやすくなっていますが、股関節の転子化は、直立位ほど効いていないかもしれません。直立位だと股関節は運動として体重を支持して、しかも背骨を回軸させていく運動に参加しているので、力学的にもかなりの負荷がかかっています。

さらに、股関節の位置をローテーション化させる筋肉群が、一緒になってかなり働いています。体重を支えつつ、背骨を回軸させるのは大変なことなので、股関節や腸骨、そしてそれに加わる筋肉が連動しています。

一方、横臥位では股関節への負担が比較的軽くなります。魚類には股関節や腸骨がありませんが、横臥位はその状態に近い状態だからです。

しかし、軸はスパッと通ります。

バッティングの素振りなどをやってみても、より背骨が自由に、背骨独自に、より背骨だけの世界として開発されている感じが味わえるはずです。

これこそ魚類が軸を持っていることの証明でもあるのです。魚類は股関節も腸骨も脚も持っていませんが、背骨に沿って素晴らしい軸を持っているのです。

往昇復昇法　仰臥位

●往昇

①仰臥位で上（胸・腹側）から右手中指と人差し指で仙骨と腰椎の五番を指差して、仙骨に対して五番を右に限界の6割までずらす。

②以下同じように腰椎の五番と四番を指差して、五番に対して四番を右に6割ずらす。
③腰椎の四番と三番を指差して、四番に対して三番を右に6割ずらす。
④腰椎の三番と二番を指差して、三番に対して二番を右に6割ずらす。
⑤腰椎の二番と一番を指差して、二番に対して一番を右に6割ずらす。
⑥腰椎の一番と胸椎の十二番を指差して、腰椎の一番に対して胸椎の十二番を右に6割ずらす。
⑦胸椎の十二番と十一番を指差して、十二番に対して十一番を右に6割ずらす。
⑧胸椎の十一番と十番を指差して、十一番に対して十番を右に6割ずらす。
⑨胸椎の十番と九番を指差して、十番に対して九番を右に6割ずらす。
⑩胸椎の九番と八番を指差して、九番に対して八番を右に6割ずらす。
⑪胸椎の八番と七番を指差して、八番に対して七番を右に6割ずらす。
⑫胸椎の七番と六番を指差して、七番に対して六番を右に6割ずらす。
⑬胸椎の六番と五番を指差して、六番に対して五番を右に6割ずらす。
⑭胸椎の五番と四番を指差して、五番に対して四番を右に6割ずらす。
⑮胸椎の四番と三番を指差して、四番に対して三番を右に6割ずらす。
⑯胸椎の三番と二番を指差して、三番に対して二番を右に6割ずらす。
⑰胸椎の二番と一番を指差して、二番に対して一番を右に6割ずらす。
⑱胸椎の一番と頸椎の七番を右手人差し指と中指で指差して、胸椎の一番に対して頸椎の七番を右に6割右にずらす。

●**復昇**

この状態をキープしたまま

①再び仙骨と腰椎の五番を右手中指と人差し指で指差して、仙骨に対して五番を元に戻す。

②以下同じように腰椎の五番と四番を指差して、五番に対して四番を元に戻す。

③腰椎の四番と三番を指差して、四番に対して三番を元に戻す。

④腰椎の三番と二番を指差して、三番に対して二番を元に戻す。

⑤腰椎の二番と一番を指差して、二番に対して一番を元に戻す。

⑥腰椎の一番と胸椎の十二番を指差して、腰椎の一番に対して胸椎の十二番を元に戻す。

⑦胸椎の十二番と十一番を胸側から指差して、十二番に対して十一番を元に戻す。

⑧胸椎の十一番と十番を指差して、十一番に

▶ 脊椎刻回軸法〔往昇復昇法 仰臥位〕

※復昇の局面のもの

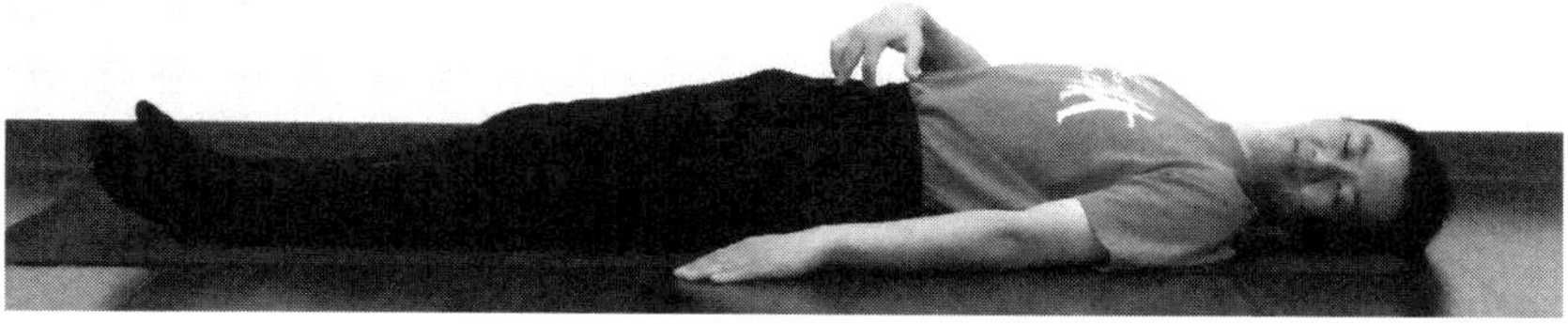

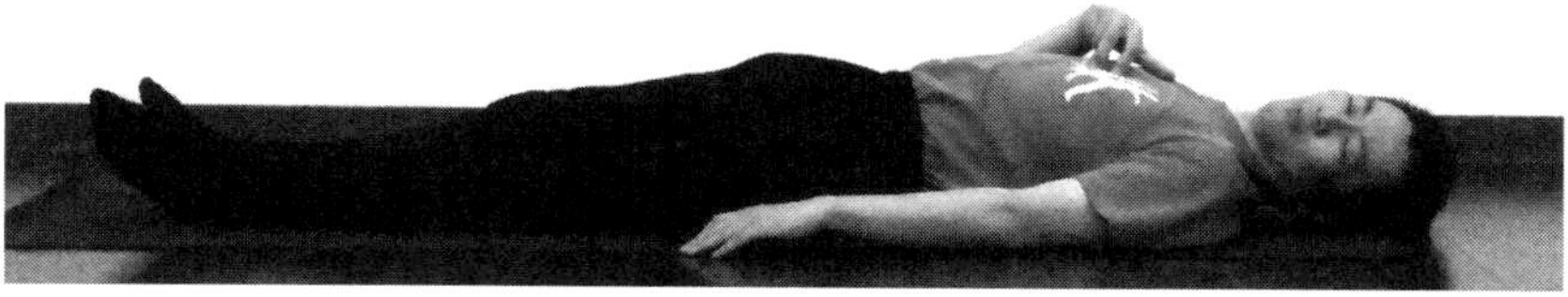

立位と同じ要領で行う

対して十番を元に戻す。

⑨胸椎の十番と九番を指差して、十番に対して九番を元に戻す。

⑩胸椎の九番と八番を指差して、九番に対して八番を元に戻す。

⑪胸椎の八番と七番を指差して、八番に対して七番を元に戻す。

⑫胸椎の七番と六番を指差して、七番に対して六番を元に戻す。

⑬胸椎の六番と五番を指差して、六番に対して五番を元に戻す。

⑭胸椎の五番と四番を指差して、五番に対して四番を元に戻す。

⑮胸椎の四番と三番を指差して、四番に対して三番を元に戻す。

⑯胸椎の三番と二番を指差して、三番に対して二番を元に戻す。

⑰胸椎の二番と一番を指差して、二番に対して一番を元に戻す。

⑱胸椎の一番と頸椎の七番を指差して、胸椎の一番に対して頸椎の七番を元に戻す。

次に逆ずらしを丁寧に行う。

第3章

天才だけが背骨を使って軸を作れる本当のメカニズム

背筋はどこにある？

人間は脊椎動物として魚類の遺産を引き継いだ存在

「脊椎の溝に最高の筋肉の巨大柱がある」

ここまで語ってきたとおり、人間は脊椎動物として、まさに魚類を先祖として、魚類の時代に脊椎動物の基本構造ができあがったものを引き継いだ存在です。

魚類は何億年も前に、地球上の海を支配するように繁栄し、そこから陸上動物に進化を遂げ、脊椎動物としての基本構造をそのまま応用し哺乳類、さらには、その中から人類に到達するほどの偉大な発展力を持っていったわけです。

一方で、その人類が今地球上を闊歩しているこの時代になっても、魚類は相変わらずそのままの形状で繁栄し続けています。

このような生物は、ある程度の高等な動物では魚類だけしか存在しません。

これは大変画期的なことであり、刮目すべきことなのです。

そして、魚類から出発したこの背骨まわりは、何がどう進化してきたのか。そのことは、身体運動の高度なパフォーマンスを体現するのに、必須不可欠な知識となるので、本章ではそれを解説していきます。

ところで皆さんは、背骨・脊椎を普段意識することはあるでしょうか。おそらく、椎間板ヘルニアや椎骨が潰れて圧迫骨折になったりと、怪我や故障でもしない限り、背骨に意識を向けることは少ないはずです。

また、実際に触れるとしても、それが可能になるのは背骨の一部である棘突起に限定されてしまいます。

そのため、知識としては、臼状の椎骨＋棘突起＝背骨とわかっていても、なかなかリアルにそれをイメージできない人がほとんどではないでしょうか。

これは、やがて必ず克服しなければなりません。

スポーツ、武術、武道、ダンスなどと、とにかく身体運動に関わっている人であれば、自己の持つポテンシャルのすべてを開花させていくためには、絶対にこの背骨に関する知識は必要になります。

それはどういうことかを、これから面白くお話ししていきましょう。

四足動物にはなぜ魚類のような長い棘突起がないのか？

まず魚類の背骨を横から見てみましょう。魚類の背骨というのは、身体の上下の幅のほぼど真ん中を通っています。そして棘突起にあたるものが、とても長く伸びていて、身体の上下幅の半分ぐらいを占めています。

　そこから進化し、陸上動物になり哺乳類になったとき、棘突起はどう変化していったのか。

　四足動物を横から見ると、背骨は体幹のほぼ上端の位置にあります。

　そのため、もし魚類のように棘突起が長かったとしたらどうなっていたでしょう。恐竜の一部には「棘《とげ》トカゲ」といわれる、肉食恐竜のスピノサウルスのように、背中から高く大きな帆のようなものが生えていた種もいましたが、そこまで棘突起が伸びた四足動物は例外的です。ほとんどの四足動物の背骨は、そのような構造にはなっていません。

　このような進化には理由があって、それは長い棘突起が必要なくなったからです。

　というのも、第2章で触れたように、四足動物は体幹の重みを背骨によって吊り下げる

▶ 魚類と四足動物の背骨を横から見た図

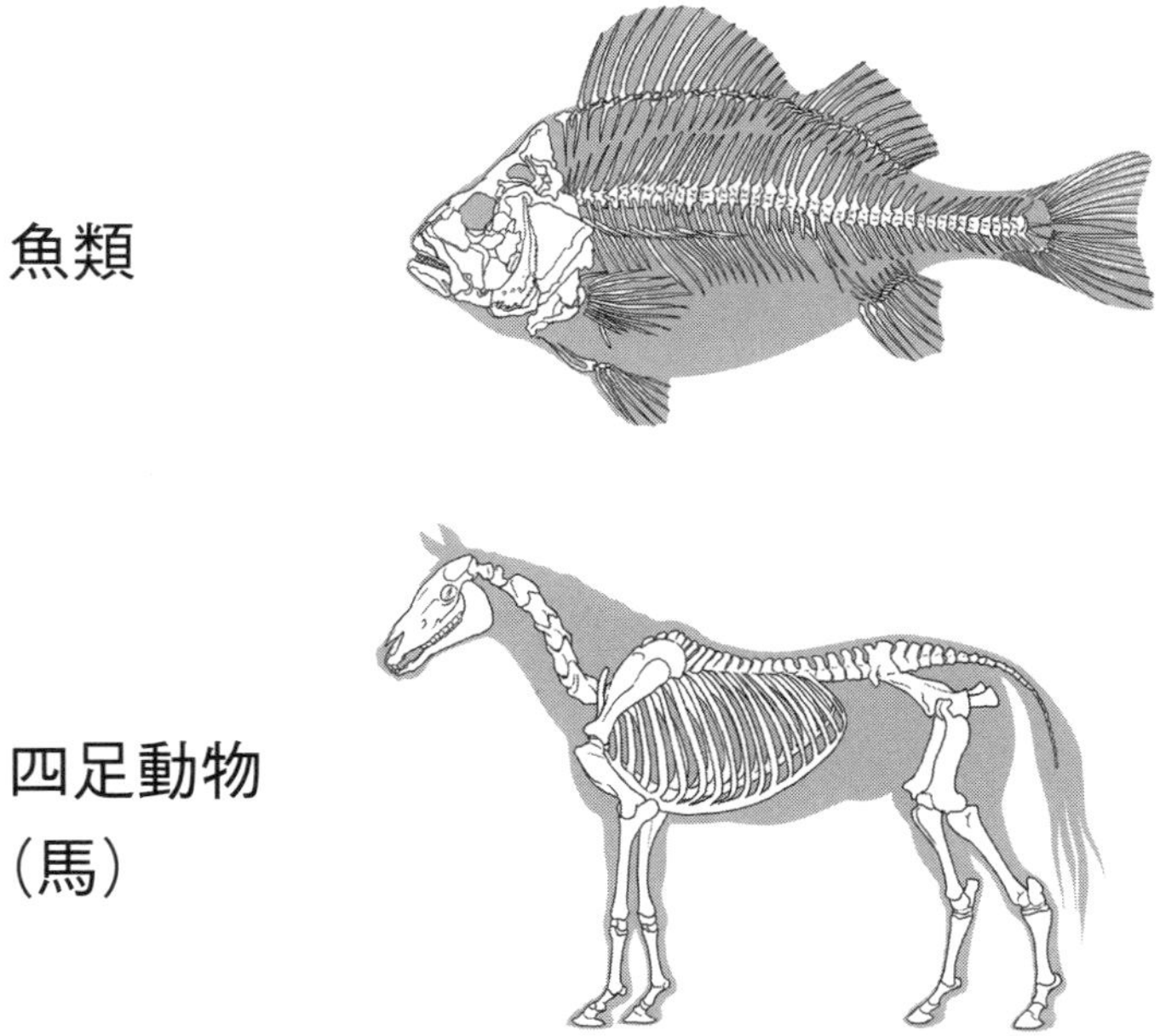

形で支えているからです。したがって、その支柱となる肩関節・肩甲骨まわり、股関節・股関節まわりの吊り下げる力が必要になります。

事実、四足動物はこの部分が非常に発達しております。馬もそうですし、闘牛用の牡牛の肩まわりなどは驚くほど発達しています。そして陸上動物では最速といわれるチーターも、あのスラッとしたスレンダーな身体でありながら、四本の脚とちょうど体幹のつけ根の部分は、ものすごく立派な筋肉がついています。

これらの筋肉は、チェーン構造をしている脊椎の連続体にかかっている重みを吊り下げるために発達しているわけです。

その反面、棘突起にあたる部分の筋肉は、かなり少ない状態です。

犬を飼っている人ならおわかりでしょうが、犬の背中をさすってみると、棘突起が尖って一番上に出ていて、そこから身体の両側に、サーッと流れ下るような体幹の構造をしています。これは、棘突起まわりに筋肉がつく特別に大きな空間が用意されていないことを意味しています。そして実際に棘突起まわりには多量の筋肉はついていません。

では、人間はどうなっているでしょう。

次のページのイラストを見てください。わかりやすく胴体を輪切りにした図ですが、実は棘突起の根っこにある脊柱管が通っている穴＝椎孔が、胸・腹側に向かって凹んでいます。そこから棘突起が出て、横方向に2本の横突起が出ている3本構造になっています。

これらの椎孔と棘突起と横突起が全体として前に向かって凹んだところにできています。そして棘突起と横突起は、上から見ると「Tの字」です。「Tの字」は「T」の部分の両脇の空間が空いています。この両サイドの大きな深い溝は、四足動物には見られません。

ではなぜ人間はここに空間を作ったのか。実はここに巨大な筋肉が入る必要があったからです。

人間の身体には、胸側に体幹重量を支える柱となる骨がないので、そのままだと身体は前に潰れ、倒れてしまいます。それを裏側から起重機のように支えるために非常に巨大な筋肉が背骨まわりに必要になったのです。

立っているだけでも大変なのに、動きを伴うようになると、そこにG（加速度）が加わり、何倍も力が必要になってくるので、さらにそこに太い筋肉をつける必要があり、そのためにあのえぐられたような深い溝ができたのです。

▶ 人間の胴体を上から見た図
（棘突起と横突起、固有背筋の断面図）

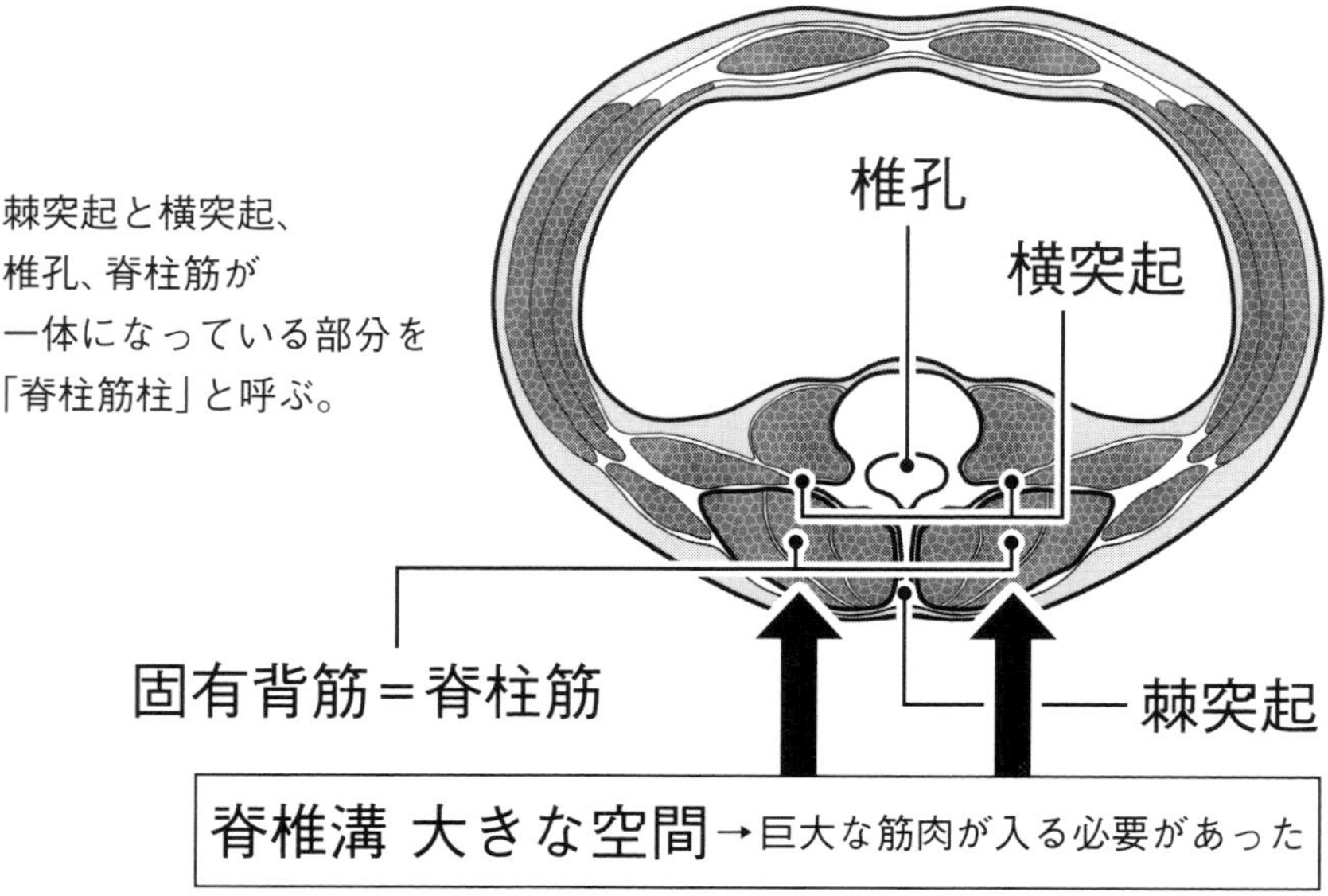

棘突起と横突起、
椎孔、脊柱筋が
一体になっている部分を
「脊柱筋柱」と呼ぶ。

この溝を「脊椎溝《せきついこう》」といいます。

上体を起立させるための筋肉というと、いわゆる背筋を思い浮かべるかもしれませんが、この背筋については大きな誤解があります。

本来の背筋は、この脊椎溝に埋まるように発達した筋肉だけを指すのです。解剖学ではこの部分の背筋を「固有背筋」といいます。この名称はかなり重要なので、是非覚えておいてください。特定の国や地域にしか生息・生育・繁殖しない生物学上の種のことを「固有種」といいますが、その固有種の「固有」と同じです。

しかし、解剖学は死んだ身体を基準にしてできあがっている学問だという問題があります。それに対し運動科学は、まさに生きとし生ける身体、しかも人間としての最高度の能力を身体的に発揮できるような脳と身体の研究です。

そうした運動科学の視点から見ると、固有背筋という名称は、非常に不都合があるといえます。なぜなら「固有＝固まって有る」筋肉という意味になるからです。

運動科学的にいえば、「固まって有るという筋肉」は最低の筋肉です。

筋肉が固まって存在していたら、本来必要な背骨の優れた働きがまったくできなくなってしまうからです。したがって「固有背筋」という名称は、スポーツや武道や武術、舞踊の世界では、禁句にすべき言葉になるので、運動科学では素直に「脊柱筋」と呼称しています。

この「脊柱筋」はまさに棘突起・横突起の3本と頭骨下部につながって、主に脊椎だけで成立している筋肉で、縦系に通っている筋肉です。

一方、本来の背筋ではない背筋があって、それは肩甲骨や上腕骨などとつながっています。さあ、この筋肉がどの筋肉かおわかりでしょうか?

肩甲骨につながっているのは僧帽筋、上腕骨のつけ根につながっているのは広背筋です。

この二つともよく知られている筋肉で、大変大きな筋肉です。また、筋トレで鍛え上げるとすごく発達する筋肉でもあります。

これらは、「固有背筋」「脊柱筋」ではありませんが、背中側にビッシリとついている筋肉です。ゆえに、これらの筋肉はいわゆる広義の「背筋」になります。

背骨と軸の関係性

「脊柱筋」は強ければ強いほどいい

さて、ここから重要なのは「脊柱筋」です。

「脊柱筋」は強いほうがいいのか、弱いほうがいいのか。

答えは強ければ強いほどいいのです。直立してただじっとしている状態でも、「脊柱筋」は強くなければいけないのですが、前後左右に激しく身体を動かしたり、急に止まったりすると、そこに膨大な加速度運動から来るGが発生するので、それこそ非常に強い筋肉が必要になります。

スポーツ選手やアスリートにとって、よく背筋が重要だといわれるのはそのためです。その背筋は「脊柱筋」のことなのです。

しかし、いかに筋量があってもそれが拘縮して固まっていたら完全にダメなのです。「脊柱筋」は強ければ強いほどいいのですが、それが拘縮して固まっていたら意味がないのです。しつこいようですが「固有……」ではダメなのです。

筋肉というのは、脱力しているときは柔らかくて、力を入れたときはギュッと締まるのが大事で、弛緩と緊張の差が大きいことが重要だからです。

普段、柔らかい筋肉のほうが、瞬間的に強い筋力が発揮でき、脱力が上手でないと、拮抗筋が働いたときにその邪魔をしてしまうことにもなります。

でもこうした理由以外に、もっと重要な本当の理由があるのです。

「脊柱筋」は、ゆるゆる・ズルズルの溶粘状態であることが最重要な筋肉なのです。

ところが、「脊柱筋」は身体中の筋肉の中でも、もっとも拘縮しやすい筋肉でもあります。

なぜなら、直立姿勢を維持するのに立っていても、座っていても、常時働いている必要があるので、非常に固まりやすい条件にあるためです。

だから、背痛や腰痛が起きやすいのです。

それなのに拘縮して固まったらダメなのか？　そう、ダメなのです。

メッシと普通の選手では何が違う？

その理由を説明しましょう。このことを知ることによって、背骨がどのように軸と関係しているのかがわかるはずです。

「背骨はそもそも軸なのでは」と反射的に考えている人も多いかもしれませんが、真実は、背骨そのものは軸ではありません。これは決定的に重要なことですから、押さえておいてください。

では、背骨と軸の関係はどうなっているのか。これがわかると、トレーニングで何を注意していけばいいかが、即座にわかってきます。

「脊柱筋」がバリバリに固まっていると何が起きるかというと、筋肉が固くなって、椎孔を取り巻いている椎弓と棘突起と横突起が固くなった筋肉と全部一緒になって、一塊の太い柱のような状態になります。

脳はそれをどのように感じるかというと、頭から体幹、腕の重量を支える、とても太い軸、柱と感じるわけです。つまり、それが身体の軸＝体軸だと脳が思い込んでしまうのです。

これは潜在脳の働きとなります。顕在的に言葉が浮かんだりイメージが湧いたりする脳の働きではなく、それよりもっと下位にある潜在脳の働きなのです。

しかし、潜在脳が自分の身体というものがどうなっているかを感じながら、その身体の各部に意味づけ、役割を与えていて、その役割の与え方が上手くいっているからこそ、人は上手く動けているわけです。

天才的な才能があって、ものすごいパフォーマンスを発揮する選手は、その潜在脳の意味づけ・役割づけが巧みだともいえます。より正しく役割づけができているからこそ、抜きん出たパフォーマンスが体現できる。そしてその差が突出しているから、身長が１７０センチしかないメッシが、バロンドール（世界年間最優秀選手）を最多の６回も受賞することができたのです。

そのメッシの年収は１６５億円ともいわれています。その１０００分の１の１６５０万円でももらっていれば、プロスポーツ選手としても優秀なほうです。

メッシの場合、年収１６５０万円のサッカー選手の千倍近くパフォーマンスの価値があるはずで、同じ人間であるにも関わらず、彼の能力はそのぐらい桁違いなのです。

なぜこのような差が生じるのでしょう。

それは潜在脳の、自分の身体を感じ取り意味づけする働きと、「だったらこのような役割を与えるね」という役割づけの働きが決定的に優秀だからです。このことは是非覚えておいてください。

身体の軸＝体軸はもちろん重要です。なんといってもこの体軸こそが身体をコントロールするための中心になるわけですから。

例えば、身体をグルッと回転させるときに、体軸を中心に回らないとしたら、回転はガタガタになってしまいます。

では、「脊柱筋」がガチガチに固まって、背骨まわりが太くて固い柱だと脳が認識していたらどうなってしまうでしょう。当然、その柱を中心に身体を回そうとしてしまいます。

ものすごいパフォーマンスを発揮する選手は潜在脳の役割づけが巧み

わかりやすい例を挙げると、直径40センチ、長さ1メートルの柱があって、そこに芯軸を突き刺して回すとしたら、ちゃんと中心が取れていれば、柱はキレイにクルッと回ります。そして小さな力でより高速に回ります。

ところが、その芯軸を柱の中心ではなく、端っこに通したらどうでしょう?

柱の中心と回転の中心がずれて、偏心モーメントが生じるので、回転はガタガタ、そう簡単に回り出さないし、回り出したら今度はそれに振り回されて、最後は倒れたり、壊れたりしてしまうはずです。

人間の身体も、「脊柱筋」が固まってしまうと、そんな状態になってしまうのです。

そのために、動こうと思っても容易に動けなくなってしまうのです。

そうならないためには、体軸は背骨と一体ではなく、もっと前方の位置に持ってこなければなりません。

どこが正しい体軸の位置なのか。

正しい体軸の位置

131ページのイラストを見てください。

うっかり背骨だと思ってしまいがちな棘突起は、この図の一番右側に斜め下方に魚のトゲ状に描かれているものです。ここは指でも触れます。

その前方で一本ずっと上下につながっているのが脊柱管です。椎孔が積み重なっているものです。この椎孔付近から横向きに出ているのが横突起です。

このように棘突起、横突起、椎孔と脊柱筋とが一体になっている部分は、脊柱筋の柱＝「脊柱筋柱」ということになります。

この「脊柱筋柱」は、122ページのイラストのようにかなり身体の後方に位置しています。こんな後方に軸ができてしまっては、偏心率はどうにもならないほど高くなってしまいます。

そうならない理想の軸の位置はどこなのか。

骨格的に見ると、頭骨と仙骨の上端あたりの高さで、前方から5対3のところがベストです。この位置は、重心線とほぼ一致します。また椎骨との関係で見ると、椎骨は横から見たとき、二つのS字曲線を描いています。この椎骨が一直線ではないというのは、大きなミソです。重力に拮抗して体重を支えることを考えると、椎骨以外に体幹を支えるものは見当たりません。椎孔をいくつ重ねたとしても支えられないし、ましてや棘突起や棘突起につながっている筋肉がいくら力んだとしても、体重を直接支える構造になれるわけがないのです。これらの筋肉は、普段、体重を支えるのと逆方向に力を加えているのですから。

こうして背骨全体を横から見てみると、「背骨全体って、こんなに大きかったんだ」ということに気づくはずです。

しかし、この中で体重を支える役割ができるのは、椎骨だけなのです。ここははっきり認識してください。

そして、その椎骨がS字状になっているわけですから、体重を支えるための基本の仕事をす

どこが正しい体軸の位置なのか

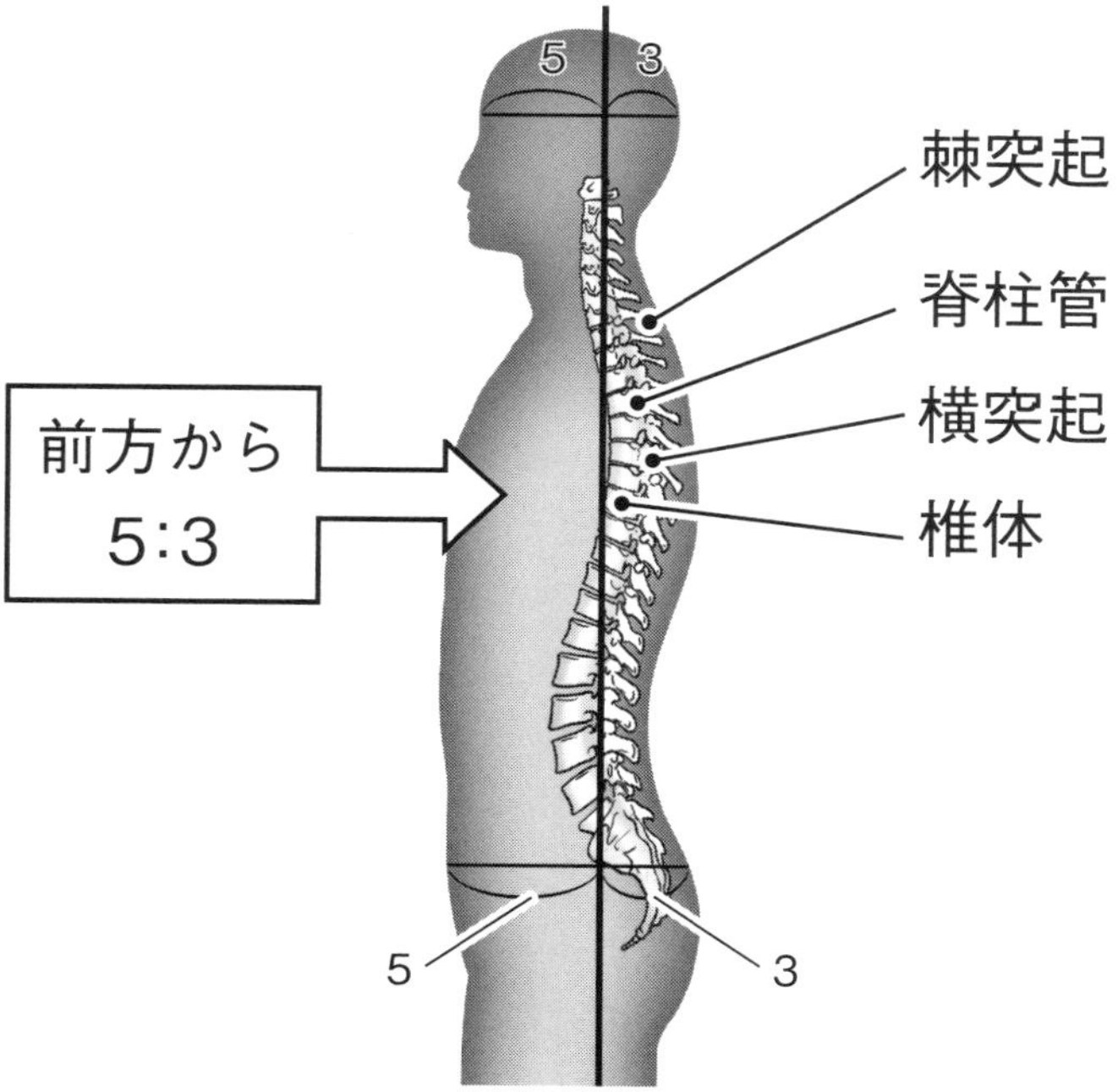

正しい体幹の位置

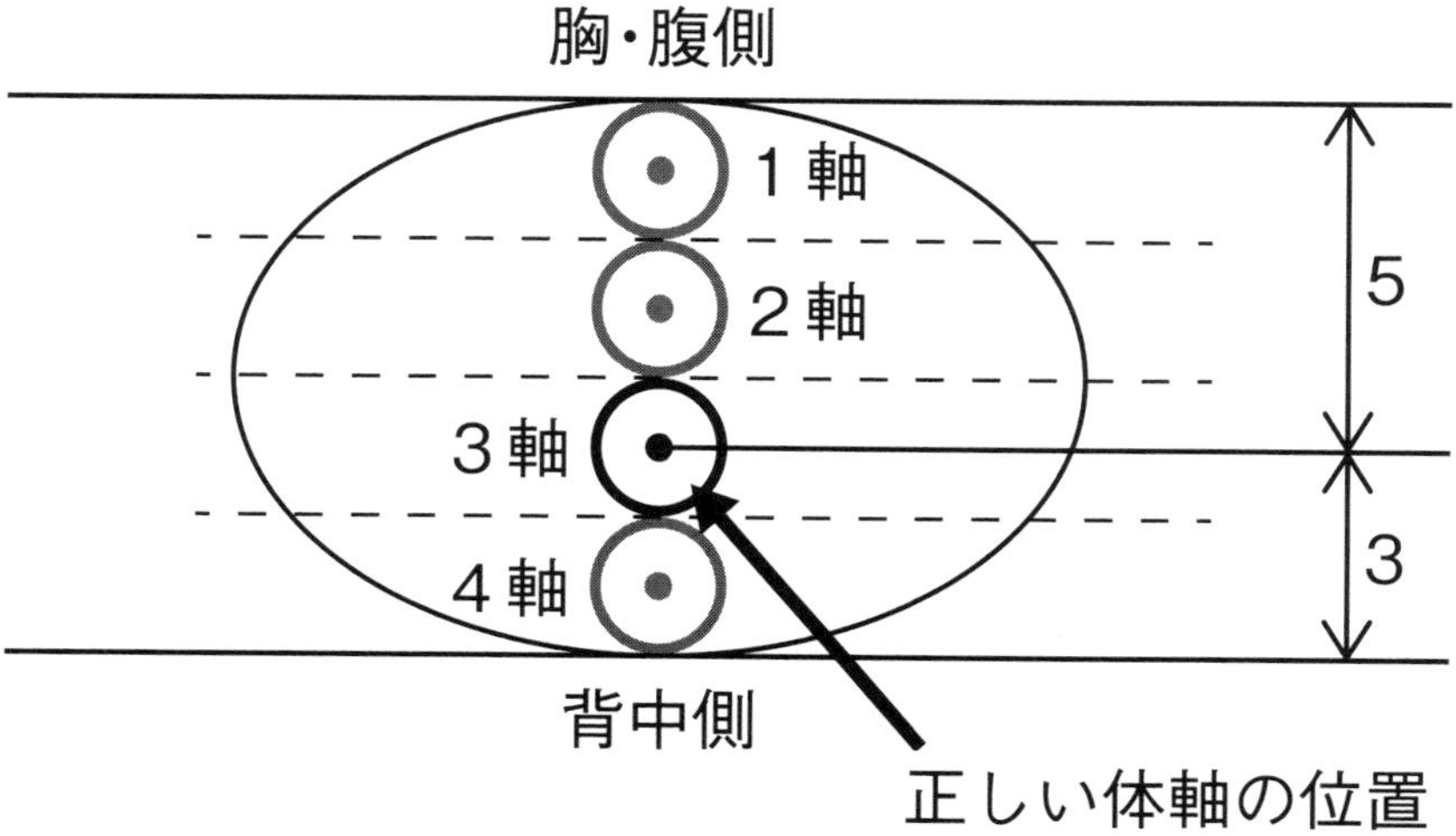

る軸はどこを通ったらいいでしょう。

それはS字状の振れ幅のちょうど中心の位置ということになります。ここ以外、考えられません。

このことを踏まえて、5対3で引いた線の前側・後ろ側の椎骨がどのように分かれているかを数えてみましょう。

一番上の環椎（第一頸骨）は、頭蓋骨側についていて体重を支える骨ではないのでカウントしません。そして、第二頸椎から第七頸椎までの六つの椎骨は、理想の体軸より前側にあります。

その下の第一胸椎は、ちょうど体軸と重なっているので、これも数えません。

続いて胸椎の二番から十一番までの10個は、体軸の後ろ側に位置しています。

胸椎の最後、十二番は再び体軸と一致するので、ノーカウント。

腰椎に入ると、一番から四番までは、体軸より前側で、一番下の五番は体軸と重なるポジションに。

このように前側にあるのは、頸椎が6個、腰椎が4個の合計10個。後ろ側にあるのは胸椎の10個なので、前後でちょうど10対10でバランスがとれています。

繰り返しになりますが、椎骨以外では、絶対に体重を支える役割は果たせないので、そのことからきちっと軸にふさわしい位置を割り出すと、どうしてもここしかないのです。

一番わかりやすいのは、頭骨の前から5対3のところであり、次にわかりやすいのが仙骨と腸骨で構成されている骨盤の部分で、ここの5対3の位置と、頭骨の5対3の位置を一直線で結ぶと、ちょうど椎骨を前後に均等に割って使える位置が決まります。

ここが一番合理的であり、人間の身体の構造からすると、ここ以外は考えられないのです。

前から見て立派な筋肉をつけるのはタブー

もうひとつ大事なことは重心の位置です。

その重心の位置は身体の厚みで変わるわけですが、アスリートでいえば背部がより大きい選手ほど優秀な選手だといえます。

例えば、1980年代から90年代にかけて活躍した、アメリカの陸上選手、カール・ルイスです。彼はオリンピックに4大会出場し、9個もの金メダルを獲得しています（100メートル、200メートル、走り幅跳び、400メートルリレー）。

その歴史的なアスリートであるカール・ルイスが、競技人生の後半に、「なんか最近痩せ過ぎなのでは？」「身体が衰えてきたのでは？」と心配された時期がありました。

そのことについて、当時、運動科学者としてスポーツ記者からコメントを求められたことがあったのですが、私は次のように答えました。

「いやいや。彼の背中側を見てください。背中側は以前よりもむしろ大きくたくましくなっていますよ。体重は変わらずに、筋肉のつく位置が前から後ろに移動しただけです。その結果、彼はますますいい選手になりましたよ」

この答えを聞いた記者たちは、すぐにカール・ルイスの身体の変化を確認し、「本当だ」と驚いていました。

ここで重要なのは、胸側ではなく、背中側に筋肉がついた状態は、間違いなく重心線も理想の体軸と重なるということです。

これが重ならず、重心線と理想の体軸がオフセットしている選手、つまり胸側の筋肉が発達している人は、スポーツ選手でも、武道・武術家も、ダンサーでも、一流にはなり得ないことになります。前から見て立派な筋肉をつけるのはタブーなのです。

高校野球や高校サッカー、高校ラグビーなどでは、今でも前側の筋肉を鍛える筋トレが盛んに行われていますが、これはかなりのマイナスです。

高校世代のスポーツの世界では、まだ未完成で、いろいろなところでパフォーマンス水

▶背中側に筋肉がついた状態の重心線は理想の体軸と重なる

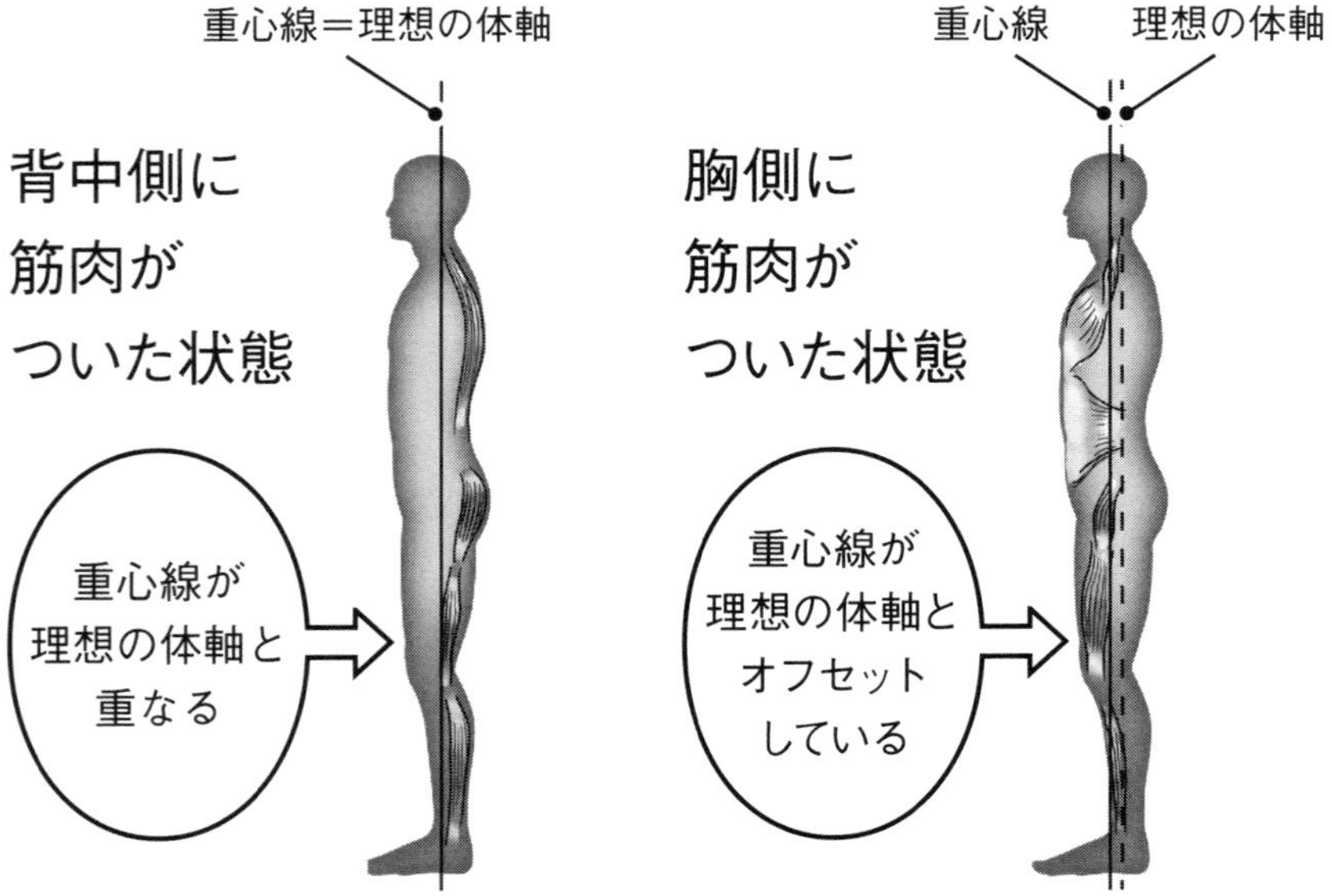

準が低いので、それでも通用してしまうのです。

それだけの筋トレがやれるということは、それをやれなかった選手たちより強い部分があるわけで、なんといっても根気と集中力は人一倍あるでしょう。

さらに、軸が正しい位置になく、かなりぶれていて、そのことによって認知能力が低い状態であったとします。それでも、もともと才能のある選手を百人以上も集めて、その中から凄まじい筋トレやさまざまなトレーニングをやらせ、ついてこられた厳選された選手でチームを作れば、この軸のズレによるマイナスを補うぐらいのことが、高校レベルならできるのです。

しかし、本当にかわいそうなことに、そうして育った選手が、ときどきプロのチームに入団することがあります。プロチームのスカウトたちも、その道のプロですから、胸側ばかり筋肉がたっぷりついた選手は好みません。だから積極的にスカウトすることはないのですが、甲子園やインターハイなどで目立った活躍をしてしまうと、眼鏡が曇って、チームに引き入れてしまうことがあります。

そうして入団することになった選手は、そのままだと間違いなくプロでは活躍できないまま終わってしまいます。

例外的に2～3年ぐらい活躍するケースもありますが、そこから先は消えてしまいます。

一方、プロになってから自分を作り替えることに目覚めた選手、それこそ筋トレから練習方法までをすべて見直し、背中側に筋肉をつけていって、しかも素晴らしいことにその筋肉をガチガチに拘縮させずに鍛えることができた選手は、花開いていくことができるということです。

椎骨中心線に体軸ができるには

脊柱筋をゆるめるためのゆる体操とゆるトレーニング

これまでの話を受けてもっとも注視すべきことは、では5対3の位置、つまり椎骨中心線に体軸ができるためには、一体どうすればいいのかという質問に対する〝回答〟です。

それには潜在脳が誤解を起こさないような脊柱筋を作ればいい、それがその答えです。

言い換えれば、ゆるゆる・ズルズルに揺解した、揺解状態の脊柱筋、「溶粘脊柱筋」をつくるということです。これ以外に方法はありません。その逆の「拘縮脊柱筋」では絶対にダメなのです。

逆にいえば、この5対3の位置に体軸がきちんとできて、しかも重心線に沿ってできる「垂軸」がピッタリと重なってくるような選手というのは、確実にゆるゆる、トロトロ、ズルズルの脊柱筋の持ち主です。これはもう間違いありません。

大事なことを整理しておきましょう。

まず、脊柱筋は少しでも発達していたほうがいい。つまり強いほうがいいということです。強く大きな筋肉になると、質量も重くなるので、重心が後ろになります。結果として、重心線の位置にできる垂軸も後退し、体軸に接近してきます。

というわけで、脊柱筋の筋量は多いほうが望ましく、しかもゆるゆる、ベロベロに柔らかいのがいいのです。

選手自身も、監督やコーチ、トレーナーも、とにかく背中側を鍛える必要があるということを、はっきり認識しておいてください。

激しい練習をしたあとは、選手も腰や背中が固まってしまうことがあるでしょう。しかし、絶対に固まってはいけないのです。固まらないように練習し、固まらないように動けることを目指さなければならないのです。

もしも固まってしまった場合は、それを即座に解消させなければなりません。そのためには、ストレッチなども部分的には役に立ちますが、なんといっても私の考案したルースニングの専門的方法であるゆる体操、ゆるトレーニングに勝るものはありません。揺解運動（＝揺動緩解運動）によって身体をゆるめるこれらのトレーニングは、必須不可欠です。

とくに背骨まわりの脊柱筋に関しては、ストレッチの何十倍もゆる体操、ゆるトレーニングは効果的です。

ストレッチを否定する必要はないので、ストレッチでも効果のありそうなものと組み合わせて行うと、さらにいいでしょう。

また、小さめのバランスボールの上で仰向けになって、そこで身体をゴロゴロとずらし動かして、いわゆる体重圧を利用した緩解法も、ゆるトレーニングの一種といえます。

これらのトレーニングは習慣化させ、常時やるべきです。青少年時代からベテランまで、つねにやり続けることが肝要です。

そうはいっても、練習中に一人だけそうしたトレーニングをするのは難しいという人は、少しでもチャンスを見つけて、背中側に手を回して、背骨まわりをさすり、解きほぐすことと、手首を軽く曲げたときに山側になる部分で腰から背中の下半分ぐらいまでをほぐすように叩くことを心がけてください。

アスリートは、とにかく脊柱筋を柔らかく、しかも強くしなければなりません。強く鍛えようとすると、どうしても拘縮する方向に進みがちです。だからつねにこうしたルースニング系のトレーニングを組みこんで、緩解させる努力をすることが決定的に重要になります。

それによって、体軸が身体の中央寄りになり、前後5対3のポジション、「第3軸」（131ページ参照）に正しく軸が形成されてくると、垂軸と一致することで、重心を捉えることができるようになり、重心が身体の軸から無駄にズレることがなくなります。

だから、身体のバランスがよくなります。またズレに起因する筋肉の拘縮もなくなります。その結果、無駄な疲労もなくなり、怪我をするリスクも減少します。これだけでもその重要性がおわかりいただけることでしょう。

重心線を捉える二つのセンサー

もうひとつ、重心線はどうすれば捉えることができるのか。

これも実に大きな課題です。

この重心線を捉えるには、身体中の筋肉にある張力センサー、つまり筋肉が引き伸ばされたときに発生する張力を感じる筋紡錘《きんぼうすい》と、骨格に体重や加速度運動で圧力が加わったときにそれを検知する圧センサー、この2種類のセンサーがすべて働く必要があります。これらのセンサーを働かせて、小脳、そして大脳基底核が連携して、そこから重心線を割り出すわけです。

バランス系の感覚器官としては、前庭器官もよく知られています。この前庭器官も重心線を捉えるのに役立ちますが、あくまで補助的な存在です。なぜなら前庭器官は頭部にあって、全身がどういう状態になっているかを直接的に測定するほどは役立たないからです。

それらは前述の全身に膨大な数があるセン

重心線を捉える二つのセンサー

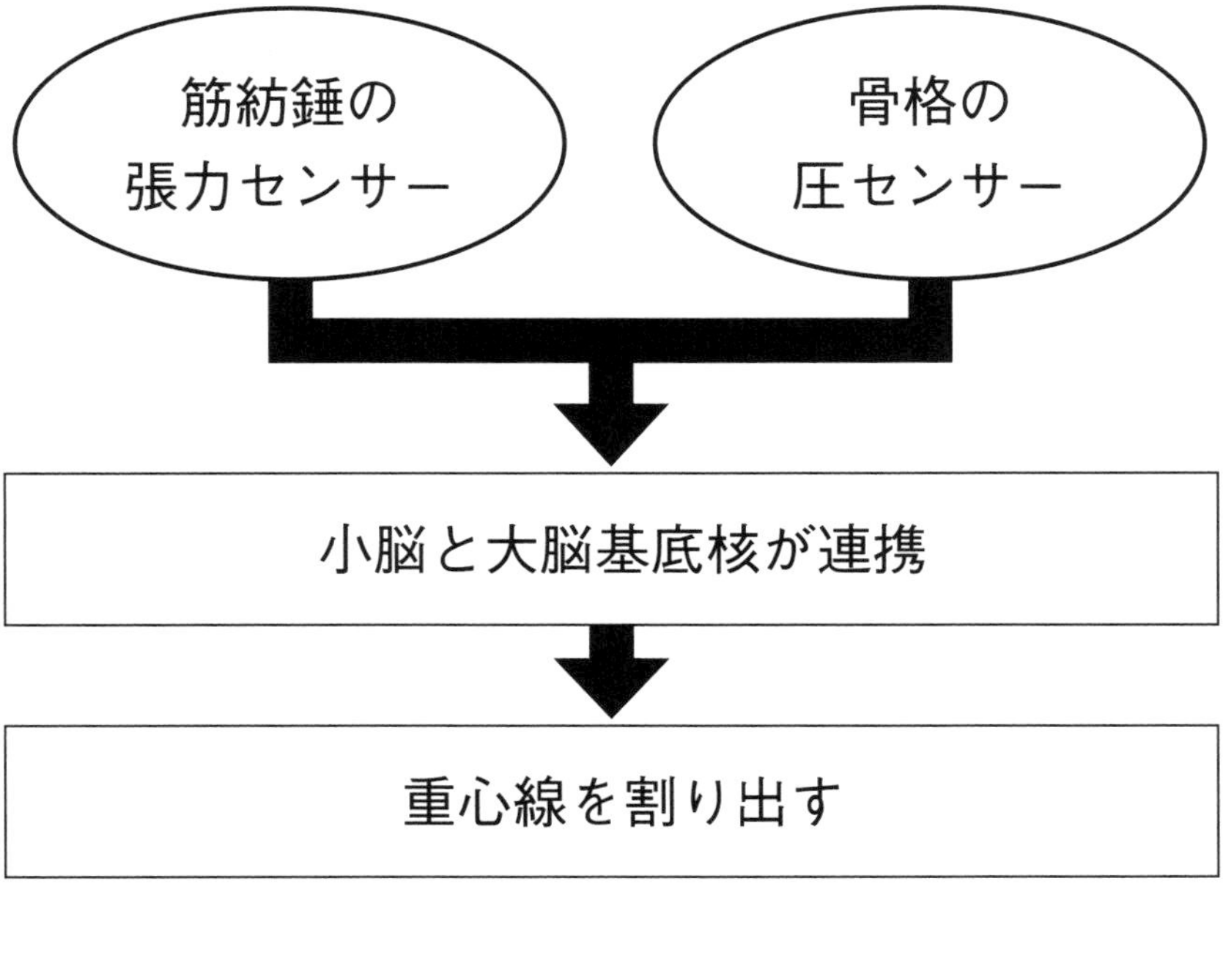

サーから得られる感覚情報を計算して割り出されるものなのです。そのことによって重心線が見つかってきて、さらにはその重心線に沿って、潜在意識下で身体に生まれる意識＝身体意識が、垂直にできる軸、「垂軸」を形成します。

その「垂軸」と「体軸」という2種類の軸が、脳と身体の作用によって常時できているというのが人間の身体なのです。

それが身体の前から5対3、椎骨の中心線に形成されないと、本物の身体、本物の動き、本物の脳と身体の作用は決して生まれてこないのです。

自分のパフォーマンスが、自分の身体資源を最高度に活かし切るところに到達するのが、人間としての最高の幸せであるわけですが、この「垂軸」と「体軸」が真に正しく備わらない限り、ベストなパフォーマンスを体現するのは絶対に不可能なのです。

正しい「体軸」と「垂軸」を作るには脱力が最重要

まとめておきますと、人間に一番重要な軸は「第3軸」のところにできる2種類の軸、「体軸」と「垂軸」です。「体軸」は背骨を基準にできる軸で、「垂軸」は全身の質量と筋肉骨格センサーによって捉えられる重心線に沿ってできあがる軸です。

より細かく説明すると、「体軸」は背骨の裏側にある椎骨を取り巻いている椎弓と、そこから生えている三本のT字型の骨、棘突起と左右の横突起につながった「脊柱筋柱」が、溶粘状態になったもの。つまり、拘縮脊柱筋柱《こうしゅくせきちゅうきんちゅう》ではなく、溶粘脊柱筋柱《ようねんせきちゅうきんちゅう》が全椎骨を正しい位置に並べ、正しい「体軸」を作り上げるわけです。

一方、「垂軸」については、全身の筋肉と骨格のセンサーが、正しく情報を提供することが条件になります。

皆さんもここで、思いっきり力んで、身体をガチガチにしてみてください。力んで身体を固めてしまうと、身体の重心がどこにあるかということとは無関係に、筋紡錘が働いてしまいます。

体重がどこにかかっているかで筋肉に生まれる張力を測っているのではなく、力みから生じる筋肉の張力情報を集めているので、重心線を捉えられなくなるということです。

試合本番などに緊張するとダメになる原因のひとつもここにあるのです。

緊張し筋肉が固まると、自分の重心がどこにかかっているか、地球の重心がどこにあって、そこからどういう力が働いているのか、

▶ 人間にとって一番重要な軸は、垂軸と体軸

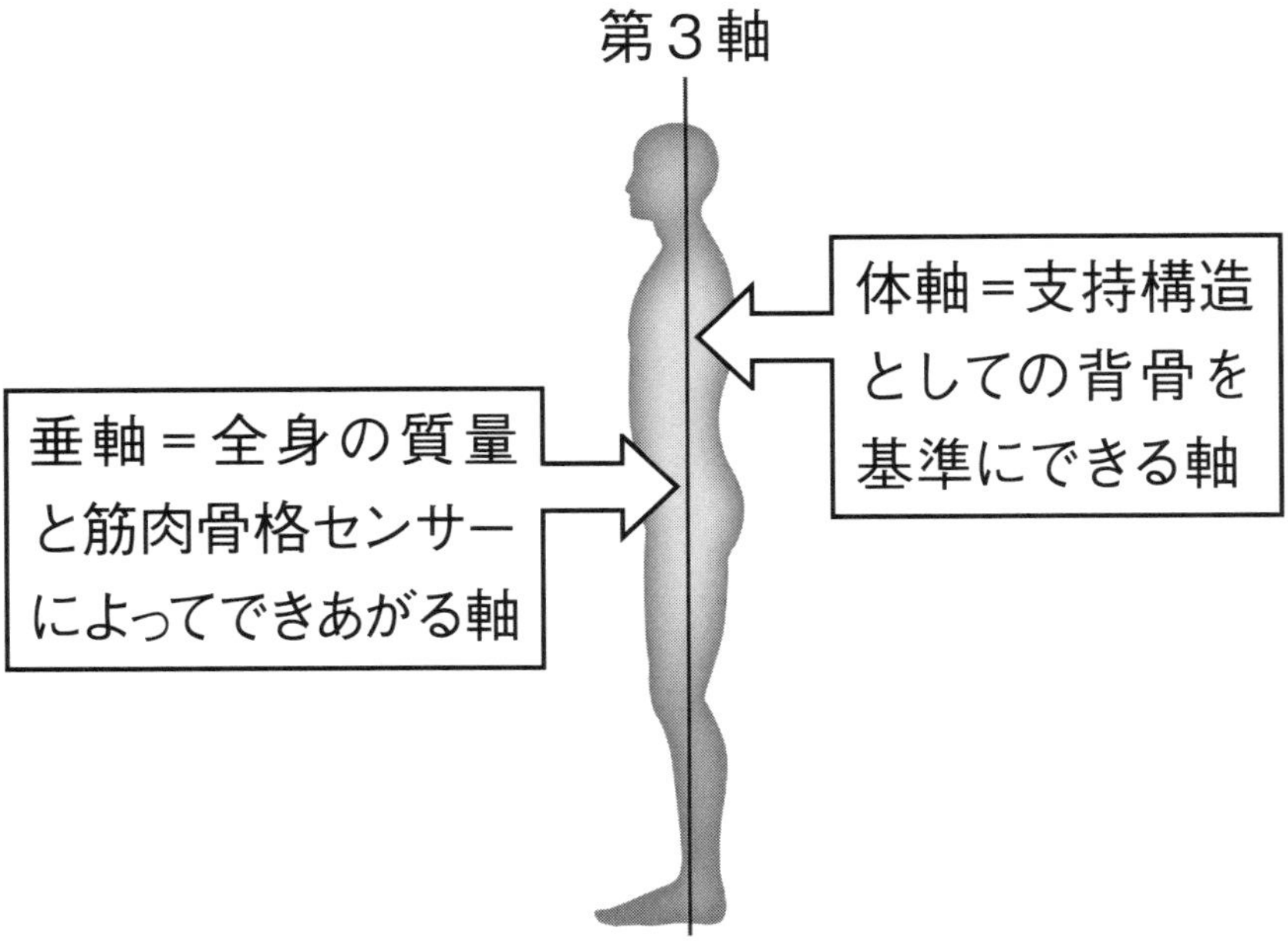

第3軸
体軸＝支持構造としての背骨を基準にできる軸
垂軸＝全身の質量と筋肉骨格センサーによってできあがる軸

そして重心線をどうつかんだらいいのかが、わからなくなってしまうわけです。

そうなるといいパフォーマンスなど発揮できるわけがありません。どんな優れた選手であっても、それで終わりです……。

したがって、「垂軸」は全身がゆるんで脱力できていることが、必須不可欠の条件となります。脱力できていない限り、正しい筋収縮と骨格圧の情報が得られないのですから。

このように「体軸」も脊柱筋がゆるんでいなければならなくて、「垂軸」は全身の筋肉、骨格がゆるんでいなければダメ。いずれにせよ、ゆるんでいること、脱力ができていることが最重要の大前提条件となります。

その証拠に、世界のトップ・オブ・トップの選手は例外なく、ゆるゆるにゆるんだ身体をしています。

**トップ・オブ・トップアスリートは
例外なくゆるゆるにゆるんだ身体をしている**

そのように全身がゆるんでいて、脊柱筋もゆるみ、その結果、第3軸の位置＝椎骨中心線に、「垂軸」と「体軸」がピッタリと重なるように形成された選手は稀で、とくに日本人では数えるほどしか存在しません。

近年でいえば、まずイチローでしょう。それもジョージ・シスラーが持っていた年間最多安打記録（262安打）を84年ぶりに更新した2004年頃のイチローです。

それから身長162センチの小さな身体で、長野オリンピックで金メダルを獲得した、スピードスケートの清水宏保。

最近では、巨体が有利といわれるスピードスケートで、世界水準では165センチ、60キロと筋肉資源、身体資源が小さい中で、オリンピック日本女子スピードスケート史上初の金メダルを獲得した小平奈緒や、1000メートル銅メダリストの髙木美帆（164センチ、58キロ）（いずれも2018年平昌オリンピック）。

彼らは明らかに身体資源が小さいにも関わらず、身体資源が豊富でしかも圧倒的に鍛えられて才能もあるライバルたちを制したわけです。この事実だけに注目してください。

ファン心理は別として、身体が大きく身体資源が十分だから勝てた選手に注目する必要はないのです。映画のロッキーやランボーを見て、スタローンに憧れたり、ターミネーターのシュワルツェネッガーの肉体に惚れ惚れしたり、アニメのマッチョなキャラに惹かれるのと同じように、巨体系アスリートを好きになってもいいのです。

しかし、スポーツの選手であったり、武道・武術家、ダンサーなど、自分が身体運動家である場合、プロ・アマを問わず、専門性という意味でプロフェッショナルかつ科学的に物事を見る必要があります。そうした視点から見るならば、身体が小さいのに、身体資源に恵まれた選手を凌駕する選手と、そのパフォーマンスをこそ見るべきです。そして、そのパフォーマンスの中身、メカニズムにこそ注目しなければなりません。

運動科学というのは、このようにしてできあがった学問であり、ゆえに身体資源の量に比して圧倒的なパフォーマンスを発揮する選手のメカニズムの情報で満たされているのです。

ぜひ、こうした運動科学の知見をものにして、自身のパフォーマンス向上に活かしてください。

天才は垂軸と体軸のずれをたえず微調整している

拘縮脊柱では軸らしきものが背骨の後ろ半分にできる

ここからはいよいよ第3章の後半、クライマックスに入っていきます。

拘縮脊柱では、軸らしきものがどこにできてしまうか。それを語っておきましょう。

この軸らしきものは、背骨の後ろ半分にできるのです。しかもそれは、シャープにまっすぐ通るような構造ではなく、太さも不均一な状態で、拘束が強いところをつないでいくと、斜めの線や交差したようなでたらめに線をつなげていったようなものにしかなりません。（※次のページのイラスト参照）

また先述のように、この背骨の後ろ半分、円柱の端っこに軸を通して回すと、遠心力で外側に吹き飛ばされるようになり、振り回されて軸が折れるような運動になってしまいます。

これは、まだいい条件のときの例であって、実際には円柱の端に、きれいにまっすぐで細いシャープな軸が通ることはなく、まさにコチコチに硬くグチャグチャにしか通らないので、それは軸とも言い難いような状態になります。

そこから何段階も、何十段階も、何百段階、何千段階も上達したところの世界が、わずかな一部の天才だけが到達している世界なのです。その基本的な話は、すでに述べてきたとおりです。

拘縮脊柱がゆるゆるに溶粘した結果、そこでは「支えられない」と脳は判断するわけです。その理由についてはすでに説明したとおりですが、どう考えても体幹を支えられるのは、椎骨以外にあり得ません。背骨の構造上、上下に積み重なった骨＝椎骨ラインだけが支えられるものなのです。

ただし、解剖学的構造上、「実体物」として、まさに「ここしかない」という部分に軸が成立するには、大変なゆるみ方をしなければならないわけです。

椎孔の真横に横突起があり、真後ろに向かって棘突起があって、このT字型の突起部分の筋肉のすべてが拘縮度ゼロ。つまり、必要に応じて自由自在にいつでも働くことが可

▶拘縮脊柱でできる軸らしきもの

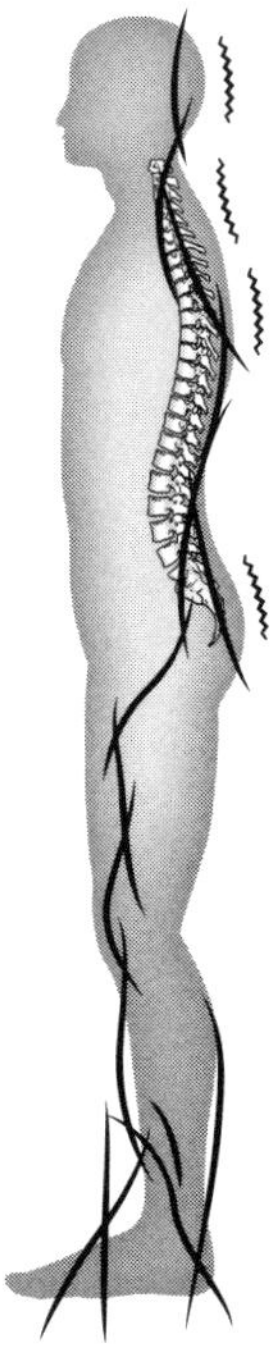

能な完全脱力になりきらないと、脳はT字の部分にぶれて誤ってデタラメに軸らしきものを通してしまうのです。

この第3章の前半では、わかりやすくデジタル的に、オールオアナッシングに話をしてきましたが、実際の身体はアナログになっています。

それゆえ、いま語った内容を知って、「えっ、あの第七層に渡るすべての筋肉が、完全脱力だって」と、ビックリされたのではないでしょうか？

しかも、自由自在に働ける完全脱力の状態が継続されないと、脳は誤った判断をしてしまうのですから。

そうではなく、筋収縮が必要なときだけ収縮し、その必要がなくなった瞬間、筋収縮がなくなり、ベロベロに力が抜ける。そうした状態になったとき、脳は身体の構造がよくわかるので、「ここは筋肉であり、支える骨ではない」と判断できるようになるのです。

その結果、「そこは軸ではない」とジャッジするわけです。

そして、その経験が本物であればあるほど、深ければ深いほど、継続性が長ければ長いほど、軸を前へ、前へ、前へ持っていって、形成しようとするのです。

その「前へ」とはどこかというと、それは前から5対3の椎骨中心線です。椎骨中心線とは、解剖学的に成立するラインであり、そこへどんどん軸が近づいていくわけです。この軸のことを「体軸」といいます。

一方、物理的な重心線に沿って成立する軸＝「垂軸」にも成立する条件があります。この「垂軸」をきちんとつかめるようになるには、全身の緩解が必要です。これもすでに説明済みですが、背骨の後ろ側の脊椎溝の筋肉だけでなく、全身がゆるゆる・トロトロになって、つねに自由自在に筋収縮と脱力ができるような状態になっていないと、正しく地球の重心と自分の身体の重心を結ぶ「重心線」に沿って「垂軸」を作ることはできません。

したがって、全身の緩解が不十分で、拘縮が残っている人は、垂軸もグチャグチャになってしまいます。

にもかかわらず、全身が十分に緩解している人は、世界のトップ・オブ・トップ、それこそ一部の天才だけというのが現状です。

「ということは、その他の多くの人は、垂軸がグチャグチャ、体軸も間違った位置でグチャグチャで、グチャグチャ同士になっているのか？」

そのとおりです。このセリフは皆さんを追い詰めるためにあえて用いたわけですが、物理学的、実体的には存在する「椎骨中心線」「重心線」をまったくつかめず、これらとはまったく別の位置に、グチャグチャに、軸とはいえない状態でなんとなく存在するしかないのが、いわゆる普通の人たちなのです。

「そうか。直感的にわかったぞ」という方もいらっしゃるでしょう。

例えば、スポーツのコーチ、Ｊリーグの下位チームのコーチであれば、

「すごく才能のある選手は、身体の芯がスパーッと通って、移動もきれいだし、ボールとの関

係もきれいで、身体は大してデカくもなく、細いのに、本当にきれいに威力があるボールを蹴るんだよね。それに比べ、そうでない選手は、どうしても動きが固く、バタバタした感じだったのはこういうわけだったのか……」

となるでしょう。

そうなのです。そして、これは根本中の根本であって、五重塔を建てるときの中心＝「心柱」と同じだと思ってください。

重心線と椎骨中心線の関係

さて、ここから本章の佳境に入っていきます。

重心線と椎骨中心線はどのような関係になるのか？

重心線と椎骨中心線は、それぞれ別のラインです。

椎骨中心線は、解剖学的な骨格構造上に存在するラインで、重心線は全身を質量があるひとつの物体としてみたときに、その重心と地球の重心を結んだものとして物理学的・力学的に存在するラインです。

したがって、それは同じ位置に来るとは限らないし、重なる保証もありません。

人を立たせて見たときに、通常、重心線は椎骨中心線よりも前にあります。とくに巨漢で、胸やお腹が大きく出ていて、相対的に背中側・腰側の肉の量が少ない人は、重心線が前になります。

そもそも身体を物体としてみたときにも、椎骨中心線と重心線がどれぐらい離れているかは、人によって違うのです。

簡単にいえば、身体の前面に肉が多いと重心線と椎骨中心線は、離れてしまうということです。反対に身体の裏側に肉があればあるほど、重心線は椎骨中心線に近づいてきます。

実は天才、あるいは本当に正しいトレーニングをする身体運動家の潜在脳というのは、椎骨中心線をつかむことができてくるのです。それは先述の脊椎溝および周囲の筋肉が完全脱力してくるからです。

そうすることで椎骨中心線をつかみ、そこに体軸を成立させることができるようになってくるのです。それと同時に、全身の筋肉・骨格を全部ゆるめることができるようになってくるので、重心線もつかめるようになって

▶ 椎骨中心線と重心線がどれぐらい離れているかは人によって違う

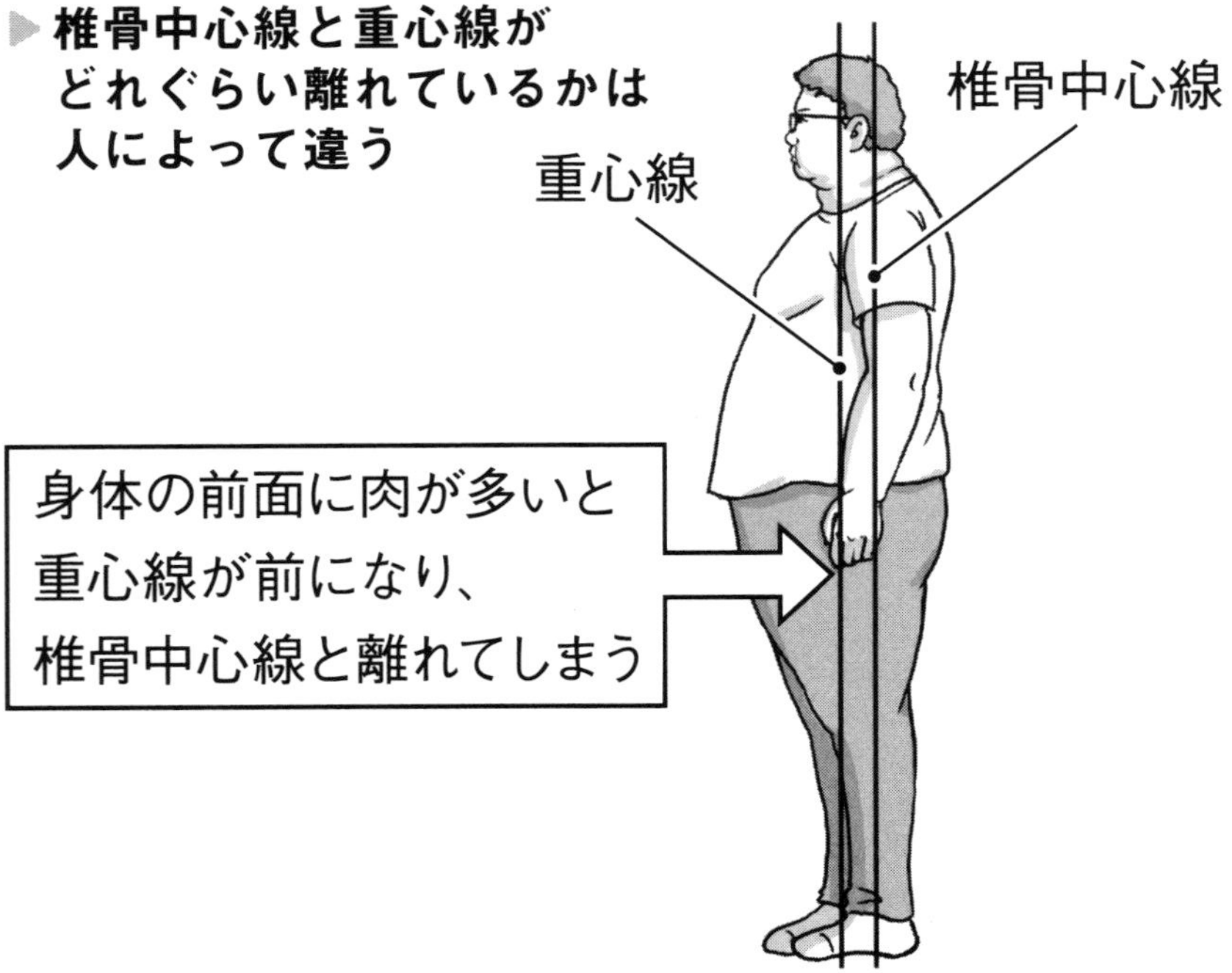
椎骨中心線
重心線
身体の前面に肉が多いと
重心線が前になり、
椎骨中心線と離れてしまう

きて、そこに垂軸を立てることもできるようにもなるのです。

しかし、垂軸と体軸は一致しません。なぜでしょう？　身体の背面側にまだ十分な筋肉がついていないからです。そのため垂軸が体軸よりもわずかに前にあるわけです。わずかな誤差ですが、その違いをずっと捉えて、垂軸と体軸が一致していないことを脳が潜在脳で認識して、その違いをつねに微調整しながら生きなければなりません。

その働きをしているのは、小脳と大脳基底核です。この小脳と大脳基底核が、働きを極めることで、はじめて垂軸・体軸をそこに正しく形成・運用することができるのです。椎骨中心線をつかむこと、重心線をつかむこと自体が、小脳、大脳基底核の非常に精緻な働きによるものだということです。

それでもできあがった垂軸・体軸が離れていると、それを埋める作業を小脳と大脳基底核は延々とやり続けなければいけないのです。

天才も若い時代はこうなのです。先に陸上のカール・ルイスを取り上げましたが、カール・ルイスもキャリアの前半期はこうだったのです。

思い返してみると、私自身もそうでした。私も本当に裏側の筋肉が発達するようになったのは、二十歳を過ぎてからでした。それまでは、やはり垂軸と体軸は離れていて、垂軸が体軸よりも前のほうにありました。

それを埋めるために、下位脳である小脳と大脳基底核という、まさに潜在脳が働き続けていたことを、思い出すことができるぐらいです。

このことは、実は大変な負担になります。とても大きな負担ではありますが、若い脳ならそれが可能で、やり続けることができるのです。

若いのにものすごく高いパフォーマンスを発揮する選手、例えば、高校野球で超高校級といわれるような選手、10年にひとりの大物、歴史に残るような選手たち……。

ゴルフ界では、石川遼です。男子ツアー世界最年少優勝（15歳２４５日）、日本での最年少賞金王記録保持者（18歳80日）です。彼は１９９１年生まれなので、今年（２０２１年）で30歳。２０１７年の腰痛の悪化以降、かつてのようなめざましい活躍は見られません。しかし、高校時代の石川は天才そのものでした。

サッカーでも、中学・高校ぐらいで素晴らしかったのは、天才といわれた小野伸二。

小脳と大脳基底核の働きを極めることで、はじめて垂軸と体軸を正しく形成できる

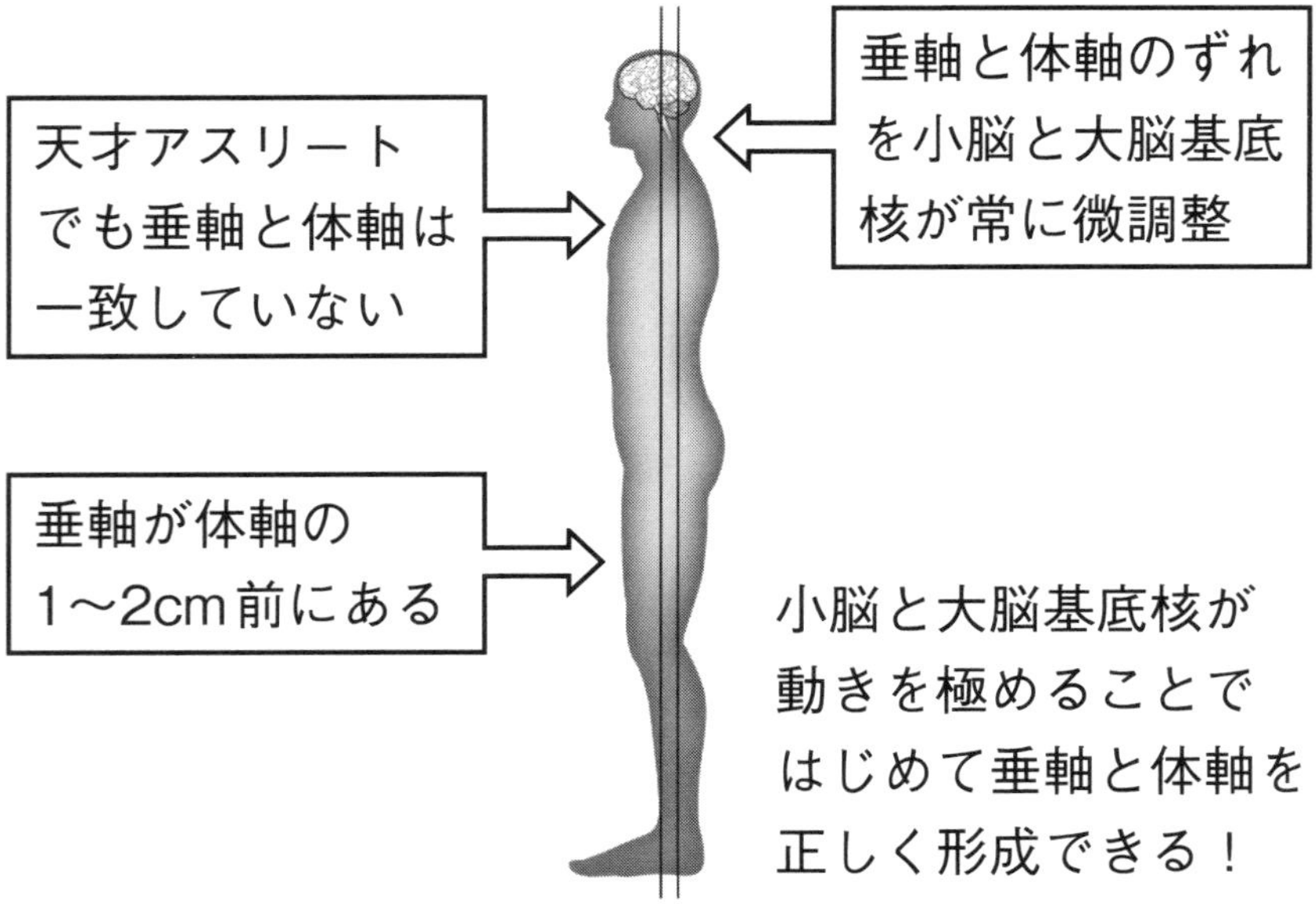
垂軸と体軸のずれを小脳と大脳基底核が常に微調整
天才アスリートでも垂軸と体軸は一致していない
垂軸が体軸の1～2cm前にある
小脳と大脳基底核が動きを極めることではじめて垂軸と体軸を正しく形成できる！

彼らはまさに、離れていた垂軸・体軸を若い脳が埋める作業をやり続けていた選手です。椎骨中心線がつかめて、それゆえ体軸ができて、一方で重心線もつかめて、垂軸ができる状態にあり、その垂軸と体軸は分離しており、それを埋める努力をずっと小脳と大脳基底核がやり続けていたのが、中学・高校生時代の彼らです。

これが若き天才の秘密です。

技術には、たくさん経験を積むことで得られるもの、また、高度で正しい指導をしてくれる指導者やコーチに巡り会うことで積み上げられてくるもの、蓄積的技術・蓄積的戦術がありますす。しかし、中高生の頃の彼らには、そうしたものはまだありません。

それでも大人がビックリするようなパフォーマンスを発揮してきたのが彼らです。実際に石川などは、高校生のときに前述の大記録を達成しているぐらいですから……。

「恒常的垂体一致《こうじょうてきすいたいいっち》」するためには

離れている垂軸と体軸の距離を縮めたい

ただし、こうした若き天才たちは、垂軸と体軸が一致していないのです。

こうした選手がどんどん成長して、大成功していき、正真正銘の大天才といわれる場合と、そうでない場合がありますが、若き天才で終わってしまう選手に共通するのは、大人になるにつれ潜在脳の働きが衰え全身が固まってしまい、垂軸と体軸それ自体がグチャグチャに失われていってしまうことです。

しかし、本章での主題はそのことではなく、離れている垂軸と体軸の距離を埋めることができるか、できないかという点です。

顕在脳では感じることはできないのですが、選手たちにとってこの二つの軸の距離を埋める作業は大きな負担で、しんどいのです。自分の出場する試合も色々な意味でレベルアップしてくるし、学校を卒業しアマチュアからプロに転向すれば、圧倒的に厳しい環境になるわけです。

そうした条件下で放っておくと、脳も過剰な疲労に加え歳を取りはじめ、二十歳を過ぎると少しずつ加齢の影響が出てきます。そうなると、この垂体分離状態が辛くなってきます。それでも二つの軸の距離を縮めようとするわけですが、これらは潜在脳での働きで、顕在的にこうしたことを正確に認識できる人は、おそらく運動科学者である私ぐらいなものでしょう。

ただし、私がこうした情報をお届けすれば、こうしたことをわかる人が、次々に増えてくるはずです。それが日本全体、世界全体、人類全体に広がることが、私の願いであり夢なのです。

話を元に戻しましょう。潜在脳で垂軸と体軸を近づけようとしたときに、何が起きるかというと、体幹の裏側に筋肉をつけるようになってきます。背中側・腰側に筋肉がつくような動きが自然と多くなり、筋トレをするにしても体幹の裏側を鍛えるようなメニューが好きになります。競技動作の中でも、裏側の筋肉を使うような動きに変わっていくのです。

垂軸と体軸を近づけようとすると、自然に体幹の裏側に筋肉がついてくる

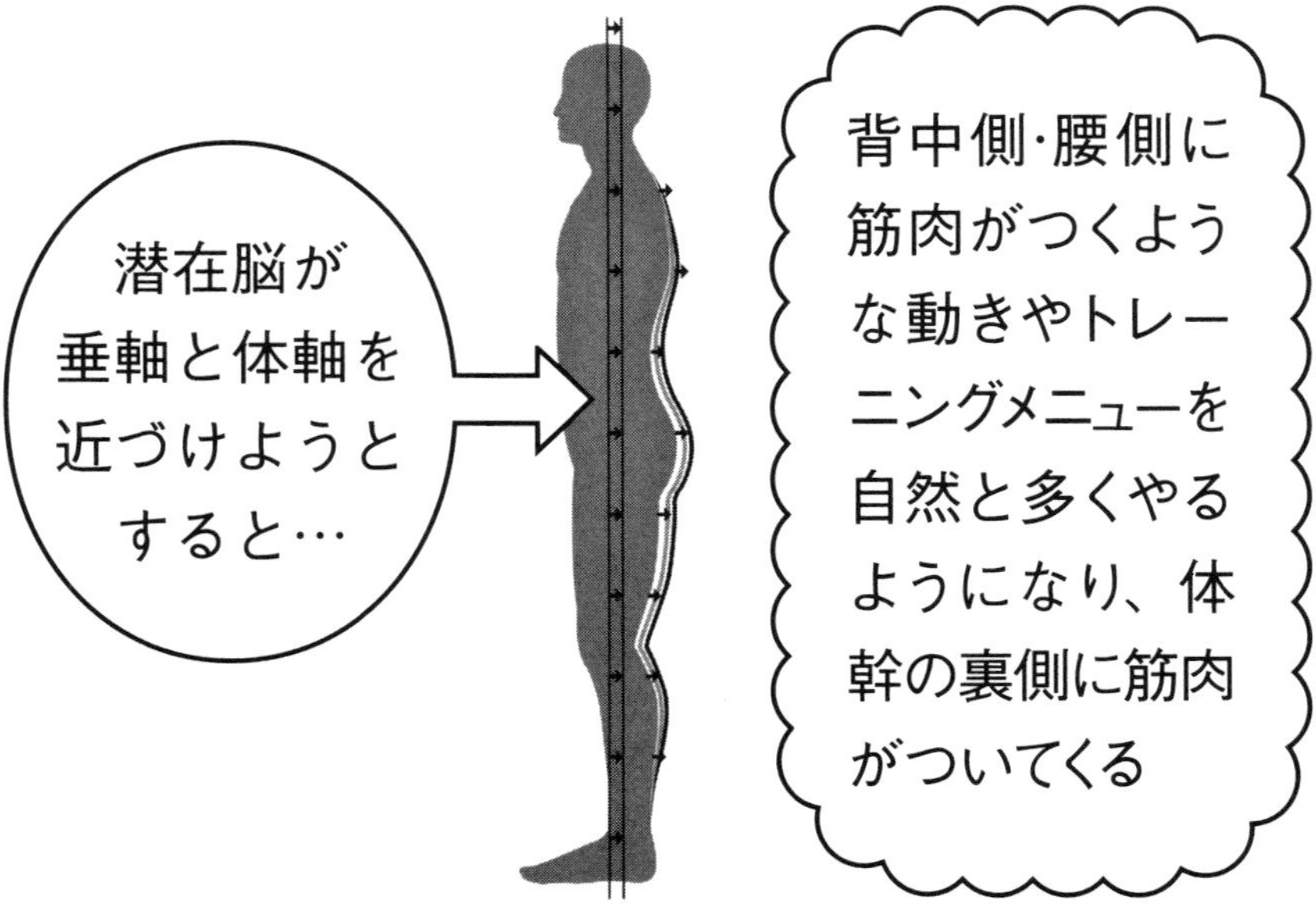
潜在脳が垂軸と体軸を近づけようとすると…
背中側・腰側に筋肉がつくような動きやトレーニングメニューを自然と多くやるようになり、体幹の裏側に筋肉がついてくる

そうしないと、潜在脳が悲鳴を上げ破綻するからです。

その結果、どんどん裏側の筋肉が発達していって、裏側が立派な身体になっていきます。この場合、全体の筋量は変わらないケースがほとんどなので、前側の筋肉は反比例して落ちていきます。

大胸筋や大腿四頭筋などは、典型的な前面の大きな筋肉ですが、これらがどんどん落ちていき、肩甲骨まわり・股関節裏から腿裏の筋肉が増大してきます。身体前面の筋肉を発達させたままにしておくと、脳のストレスが増すばかりなので、潜在脳が積極的にそうなるように仕向けるわけです。そのため、そのルーティンに入った選手は、すごい勢いで筋肉の移動がはじまります。

さらに、この現象は筋肉だけでなく、骨格の構造まで変えてしまいます。骨格の構造が変わりやすい代表は肋骨です。肋骨は身体の中でも細く、扁平で薄く、背中側は関節で背骨とつながっていますが、表側は胸肋軟骨を介して胸骨とつながっているだけです。こうした特性があるがゆえに、形が変わりやすいのです。

具体的には、肋骨の前側（胸側）が狭くなって、狭くなった分、脇から後ろにボリュームが移り、背中側の肋骨は幅が広くなっていきます。

仮に肋骨の周囲の長さが同じだったと考えると、その長さはより後ろのほうに偏るということです。これははっきりと変わります。

私自身、自分の肋骨の形状を若いときから定期的にチェックし、データを取ってきましたが、見事なほど変わってきました。また、これまで指導してきた選手や身体運動家でも、このことに興味がある人には、肋骨の測定に協力してもらっています。

彼らもまた、胸側の肋骨の幅はどんどん減っていきました。筋肉が裏側に移るにつれ、やや遅れたタイミングで胸側の肋骨が狭くなっていったのです。

その結果、何が起きてくるかというと、垂軸がどんどん後退していきます。より後ろに向かったことで、晴れて体軸と出会うわけです。

これを「恒常的垂体一致」と言います。

「垂体一致」にたどり着く

座位を含む静止直立位の状態で、垂軸と体軸が一致することは、通常あり得ません。それは天才的な極めて上達した身体運動家でも例外ではありません。垂軸と体軸は分離しているのがレギュラーなのです。

しかし、そこからさらに上達を重ね、大成功するルートに入って、いよいよその極みに達すると、「垂体一致」にたどり着きます。この「垂体一致」した状態こそが、いわゆる「悟り」なのです。禅の言葉で言えば「大悟」であり、武術的な言葉で言えば「無」の境地です。

このように垂軸と体軸が完全に一致しない限りは、「無」の境地には至れません……。なぜなら、そうならない限り顕在脳はともかく、潜在脳は常時そのことを埋めるために働き続けなければならないからです。

ここが大きな分かれ目で、アスリートも本当に偉大な選手、歴史上数人しかいないような突出した存在になれるかどうかは、「垂体一致」が体現できるかどうかにかかっているのです。

カール・ルイスが、身体の前面が痩せて、スポーツジャーナリストたちを心配させた時期があったというエピソードを紹介しましたが、あのとき彼は「垂体一致」の境地に、極めて接近したのです。大雑把にいえば一致したといってもいいでしょう。

しかし、運動科学者として厳密に観察すると、完全一致というところまでは至りませんでした。もし、カール・ルイスの垂軸と体軸が完全一致していれば、あと10年、オリンピックで金メダルを取り続け、世界選手権を制し続けながら、選手生命を全うすることができたでしょう。

あの偉大な能力を示した内村航平も、残念ながら完全一致するところまではいきませんでした。根底的にはそのために2017年以降、調子を崩していってしまったのでしょう。

単に「やっぱり、年齢の問題なのか」と思うかもしれませんが、垂軸体軸が完全一致する方向にどんどん歩んでいけたとしたら、あのようなことにはならなかったはずです。

彼の場合も、垂軸と体軸が一致していないために潜在脳である下位脳がものすごく疲労してしまったのです。脳が歳をとるといったとおり、脳の疲労回復能力も加齢とともに低下してしまうのが生物としての必然です。優れた努力家でもある彼は、それでも垂体一致にたどりつこうと精いっぱいの努力はしてきたはずですが……。

垂《すい》体《たい》軸《じく》呼《こ》合《ごう》接近現象

それを防ぐことに必要な、垂軸が体軸のほうに寄り添っていくことを、「垂体軸呼合接近現象」といいます。「垂体軸呼合」というとおり、垂軸と体軸が呼び合うのです。

このことは、地球上に生まれた全生物の中で、人間だけが行なっている現象です。しかも人間の中の天才、もしくは本当に優れた努力をすることによって、その境地に入っていく身体運動家。さらに、禅の最高度の高僧に到るような鍛錬家、あるいは超一流の職人、農家、場合によっては、そういう意味での身体活動を行っていない政治家、芸術家でも、垂軸と体軸が呼び合って、やがて一致するということはないわけではありません。

この地球上のあらゆる生物の中で、進化の頂点に立った人類のトップ・オブ・トップの

▶垂体一致と垂体軸呼合接近現象

垂軸が体軸のほうに寄り添っていくことを「垂体軸呼合接近現象」という。
これにより、垂軸と体軸が一致した状態を「垂体一致」という。

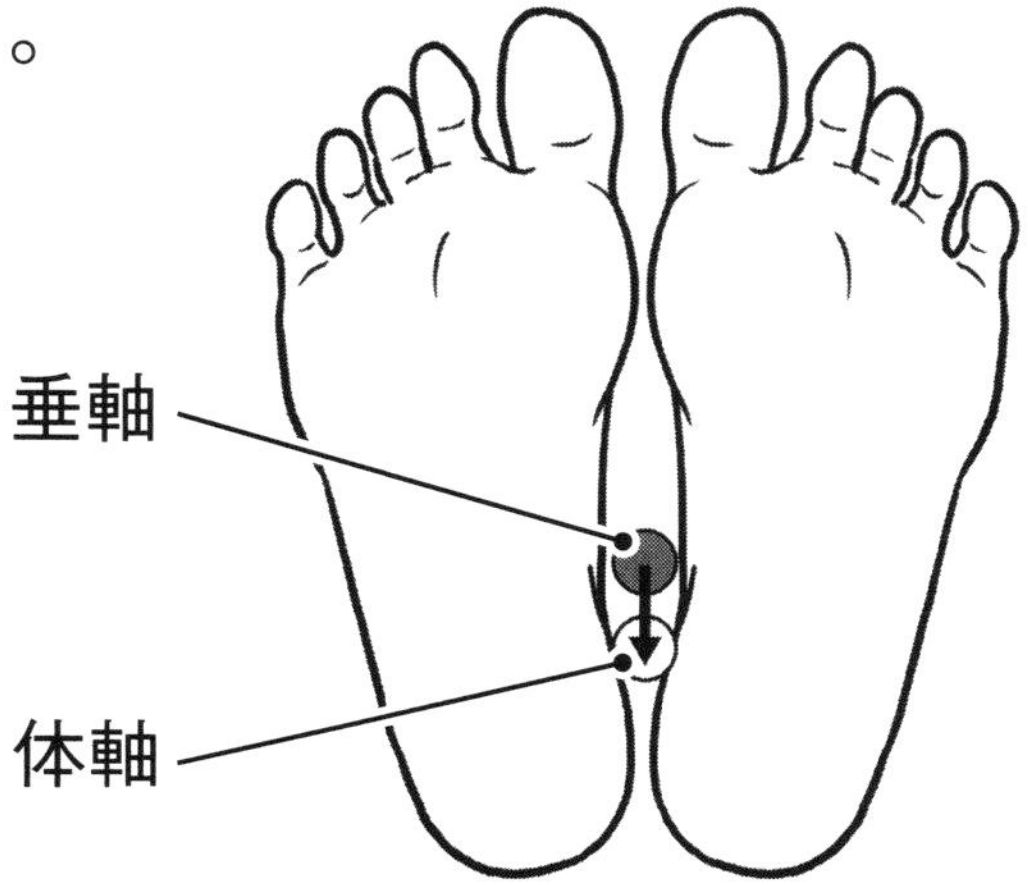

世界はこうなっているのです。

このことについてのメカニズムや論理は、今まで世界的にも誰もまったく解くことができませんでした。そのために、憶測的、抽象的に扱われ、最近のスポーツ界では「ゾーンに入る」といった言葉が広がっていましたが、まともな研究者なら「ゾーン」という表現など使えなかったはずです。それが何かを論理的、明確に説明できなければ、それは学問的な概念とは言えないからです。そういう意味で、私が「垂体一致」と「垂体呼合接近現象」を発表するまで、誰もわからなかったことなのです。

しかし、身体意識現象としての軸＝センターを解き明かし、同時に骨格である背骨という現象を解き明かしていくことができれば、必ずこれに到達せざるを得ないのです。別の言い方をすれば、これを解くことなしに、背骨について解明した、軸＝センターについて説明したということには決してならないし、能力について説明したということにもならないのです。

ゆえに、今回「背骨をテーマにした本を書いて欲しい」と依頼をいただいたとき、私はここまでのことを発表するか、しないか、いい意味で大変悩みました。

でも私も古希（70歳）を過ぎましたので、先のことを考え、今ここで発表しておこうと決心し、本書に収めることにした次第です。

「脊椎緩解法《せきついかんかいほう》」

深く高度な全身連動力を開発するためのルースニング

脊椎を中心とした深く高度な全身連動力を開発するには、脊椎を一個一個分化し動かすトレーニングと共に、もうひとつ別系統のトレーニングとして全身体に揺解溶粘運動力をもたせる「ルースニング」が必要不可欠です。ここでは脊椎のルースニングを中心にトレーニング法を簡単に紹介します。いずれも美しいシルバーの地芯上空６０００キロに乗って行うことを忘れないようにしてください。

脊椎細解法《せきついさいかいほう》（モゾ攻め）

これは脊椎揺緩法をベースに、脊椎および脊椎まわりを優しく丁寧にモゾモゾ・モゾモゾと細かく解きほぐしていく攻め方、「モゾ攻め」による開発法です。立位でも仰臥位でも行えます。

●立位／仰臥位

胸側から頸椎の一番を指差して、優しく丁寧な動きで頸椎の一番とそのまわりをモゾモゾモ

▶脊椎細解法（モゾ攻め）

立位

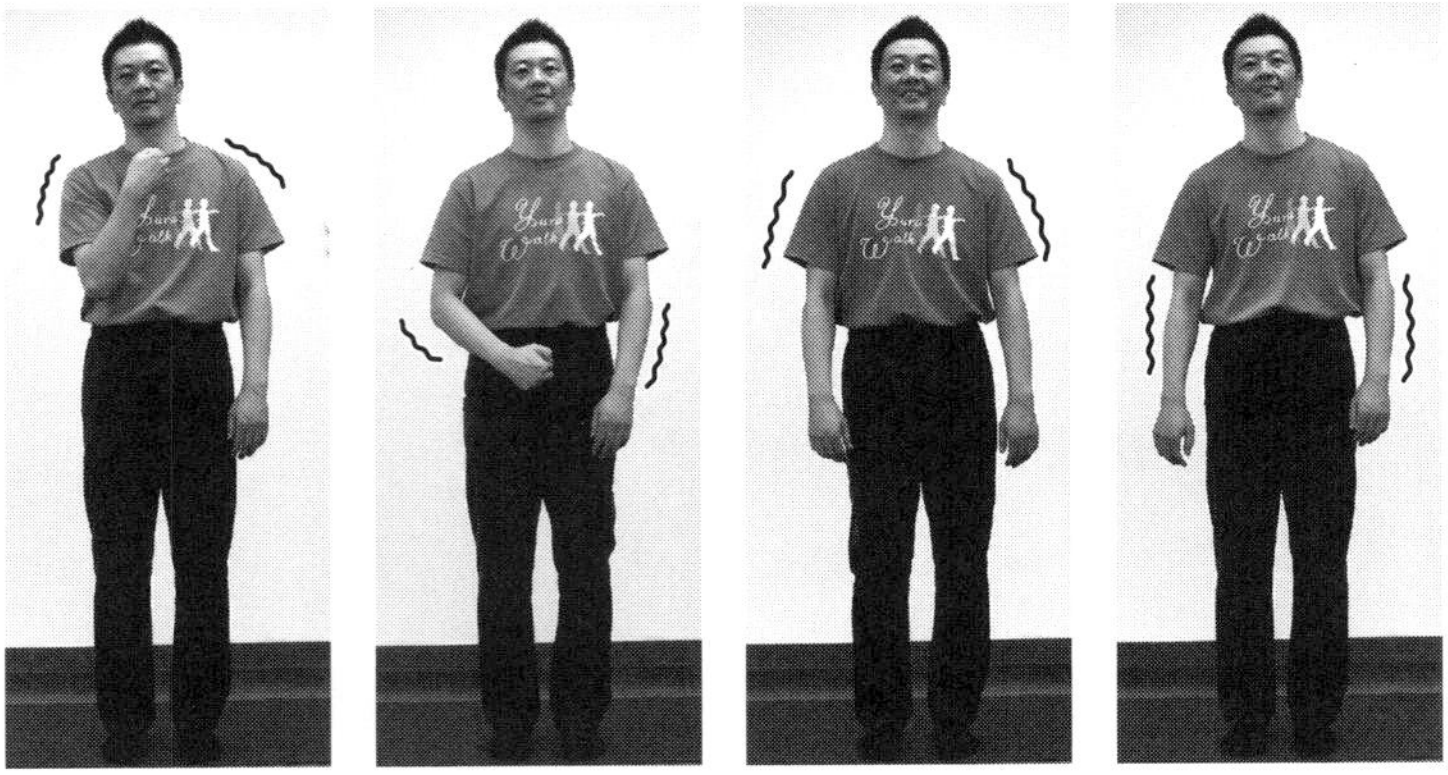

仰臥位

【横から】

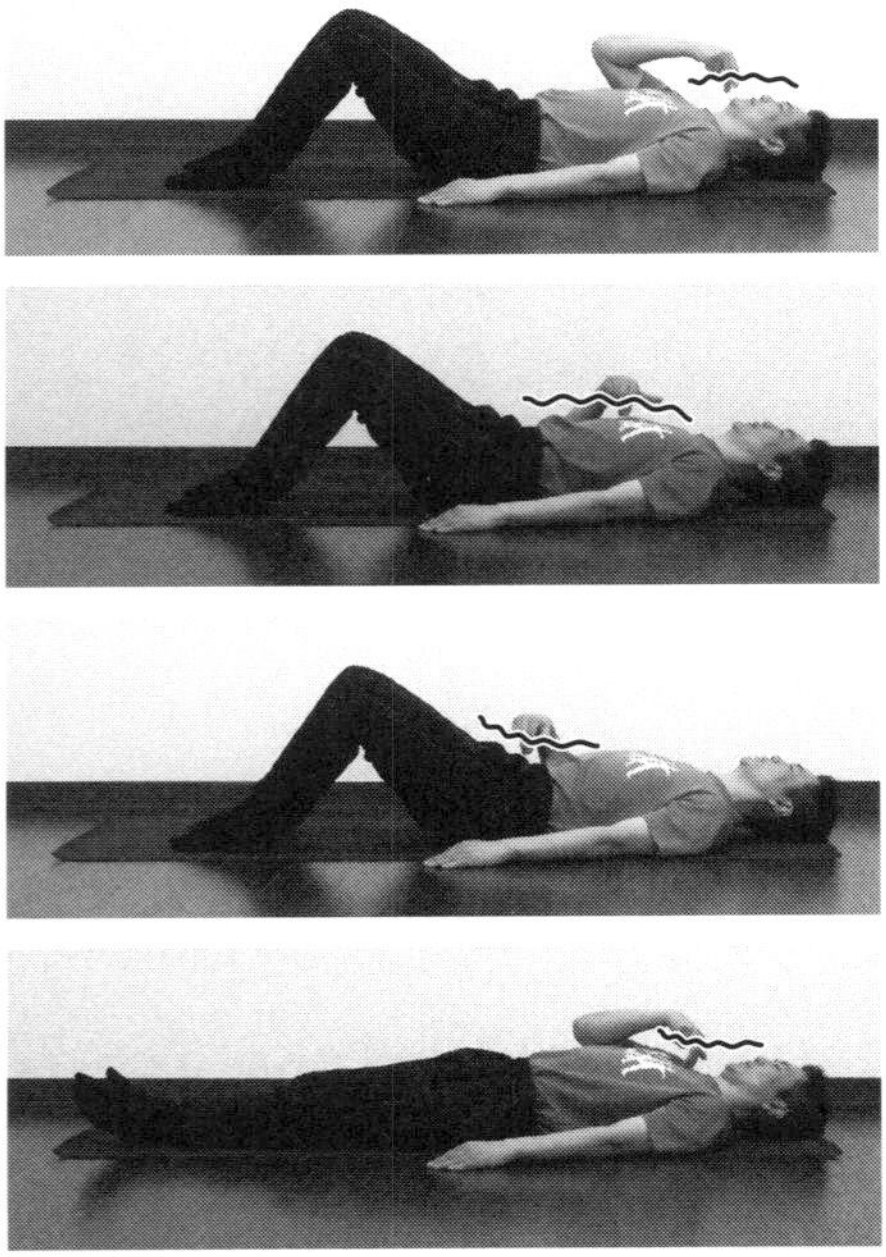

【上から】

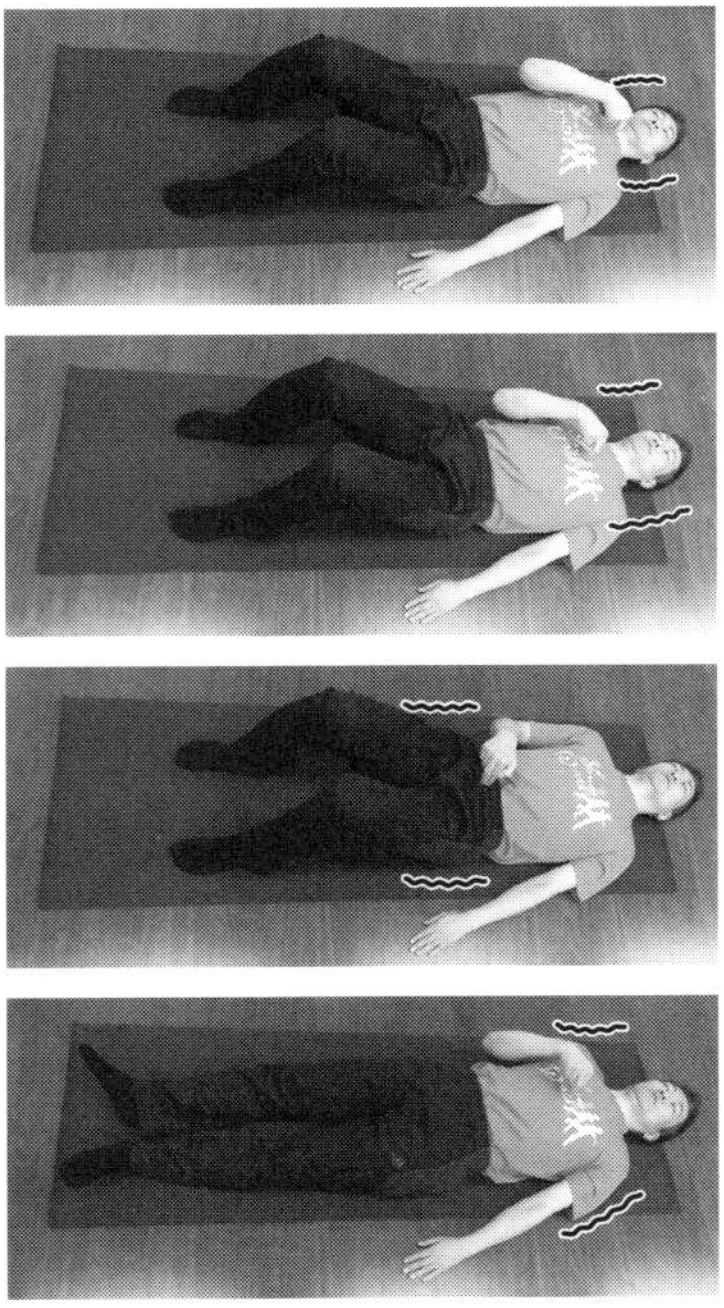

まずは腰への負担が少ない両ひざを90度に曲げ、立てた状態で行い、余裕のある人は両脚を伸ばした状態で行うとよい（以下、トロ攻め、クネ攻めも同様）。

ゾモゾ……とつぶやきながら細かく頸椎とその周囲の組織を分離し解きほぐすように動かしてゆるめます。頸椎の二番を指差して、同じく頸椎の二番とそのまわりをモゾモゾモゾモゾ……と細かく解きほぐすように動かしてゆるめます。

以下同じように頸椎の三番、四番、五番……という具合に仙骨まで同様に続けていき、モゾモゾモゾモゾ……と細かく解きほぐすように動かしてゆるめます。

脊椎溶解法《せきついようかいほう》(トロ攻め)

これは固いはずの骨がまるで本当に液体の感じになるまでト〜ロトロになるように、ト〜ロトロになるようにとつぶやきながら、背骨の上のほう、頸椎の一番から攻めていく「トロ攻め」です。頸椎の一番と一番まわりがト〜ロトロ、二番と二番まわりがト〜ロトロ……といった具合に上から仙骨まで解きほぐしていくやり方です。

文字どおり溶かすようにほぐしていくのがポイントです。

●立位／仰臥位

胸側から頸椎の一番を指差して、ト〜ロトロとつぶやきつつ頸椎の一番とそのまわりがト〜ロトロになるように解きほぐしながらゆるめます。

胸側から頸椎の二番を指差して、頸椎の二番とそのまわりをト〜ロトロになるように解きほぐしながらゆるめます。

脊椎溶解法（トロ攻め）

立位

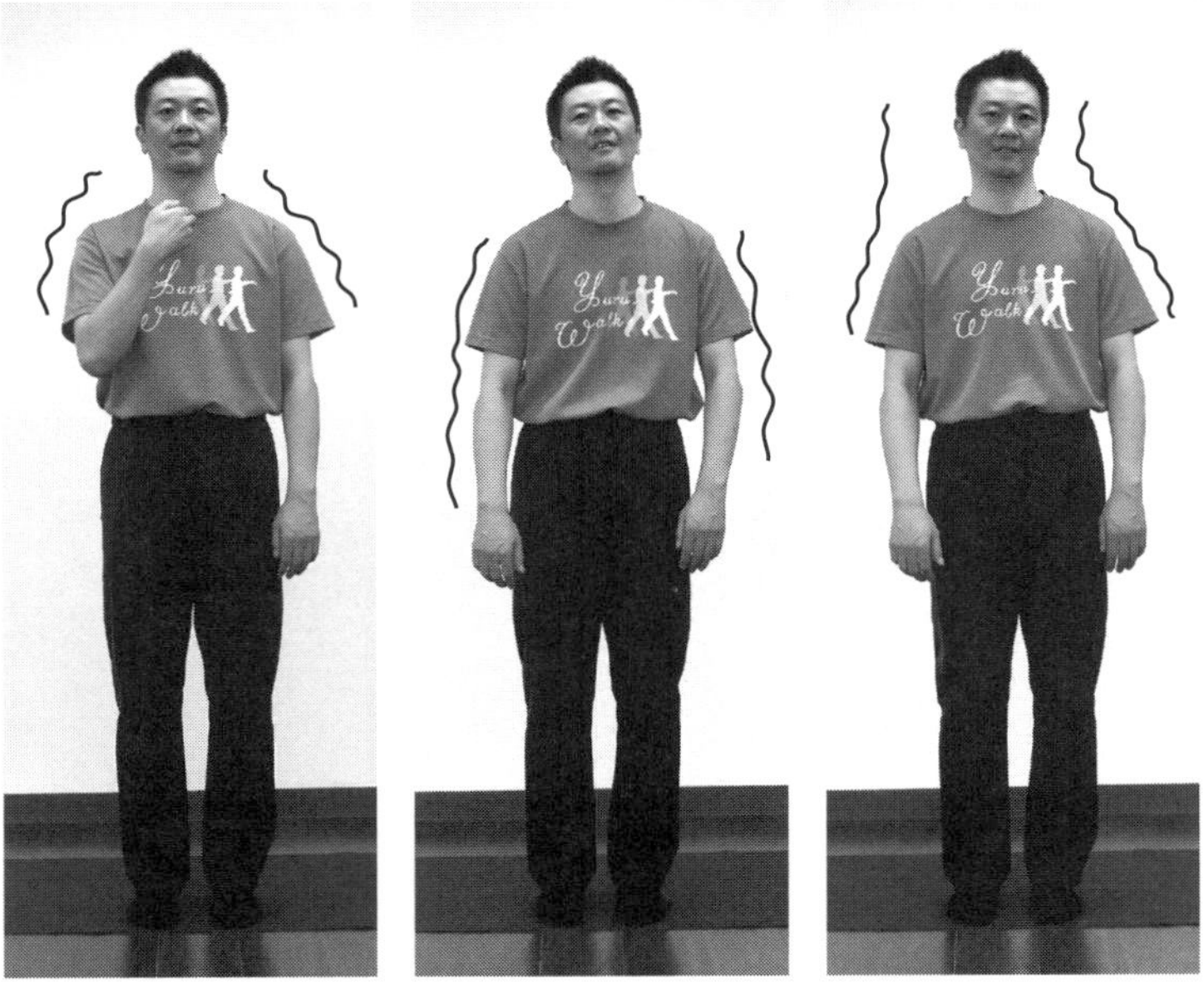

仰臥位

【横から】

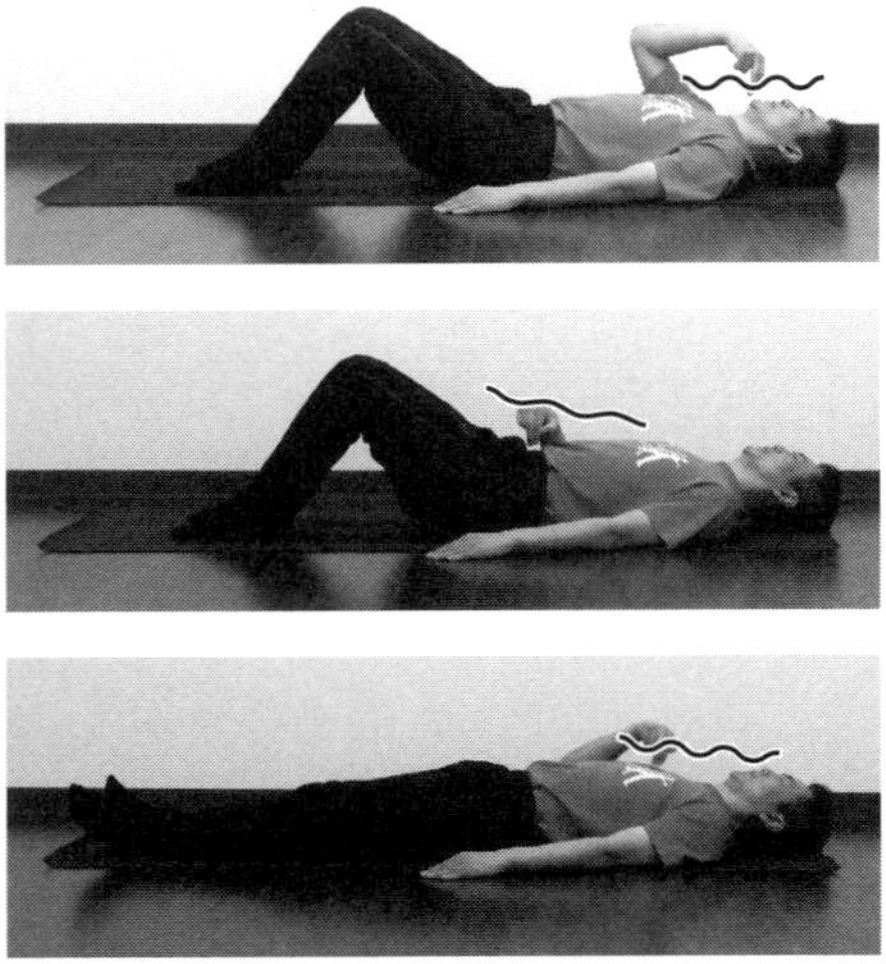

【上から】

頸椎の三番、四番、五番……と脊椎をひとつひとつ下りながら仙骨まで同じように続けていき、ト～ロトロになるように解きほぐしながらゆるめます。

脊《せき》椎《つい》波《は》揺《よう》法《ほう》（クネ攻め）

頸椎の一番から背骨をクネクネ、二番をクネクネ、三番をクネクネ……と、左右に揺すりながら、クネクネとつぶやきつつ背骨の上から仙骨まで解きほぐして攻めていく「クネ攻め」による開発法です。

●立位／仰臥位

胸側から頸椎の一番を指差して、クネクネとつぶやきつつ頸椎の一番とそのまわりをクネクネクネクネ……と左右に揺すりながら解きほぐすようにゆるめます。

胸側から頸椎の二番を指差して、頸椎の二番とそのまわりをクネクネクネクネ……と左右に揺すりながら解きほぐすようにゆるめます。

頸椎の三番、四番、五番……と脊椎をひとつひとつ下りながら仙骨まで同様に続けていき、クネクネクネクネ……と左右に揺すりながら解きほぐすようにゆるめます。

この三つのメソッドの総称が、脊椎揺動緩解法となっています。いずれも心をこめて狙いとする部分がつぶやいている感覚で、つぶやき続けることがとても大切です。

▶ 脊椎波揺法（クネ攻め）

立位

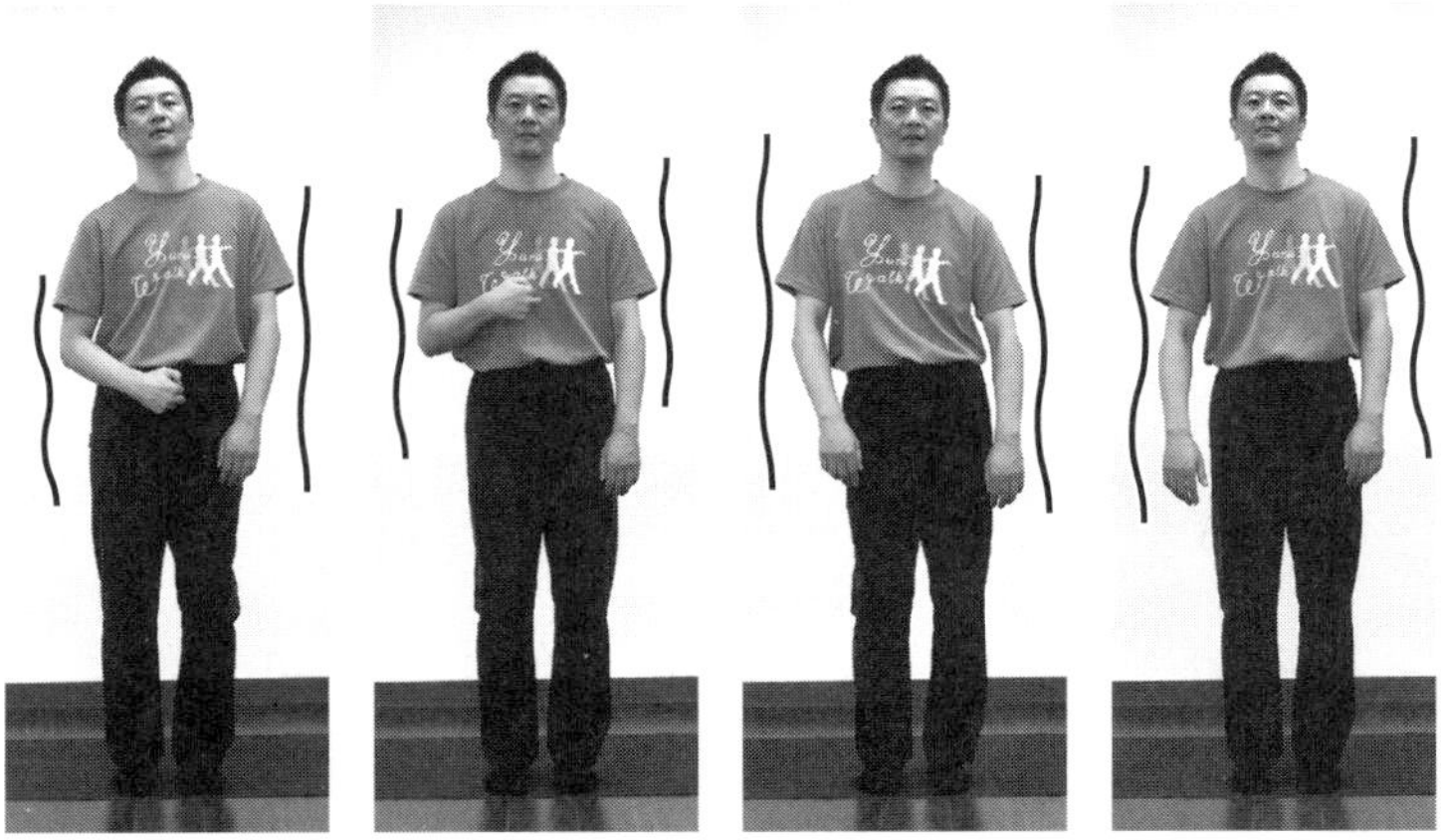

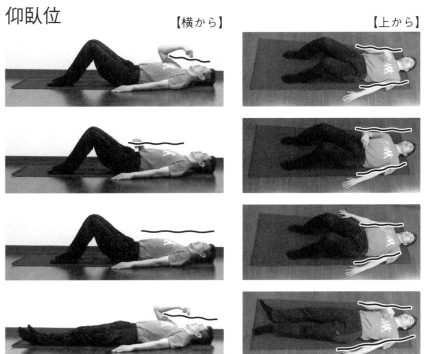

仰臥位

【横から】

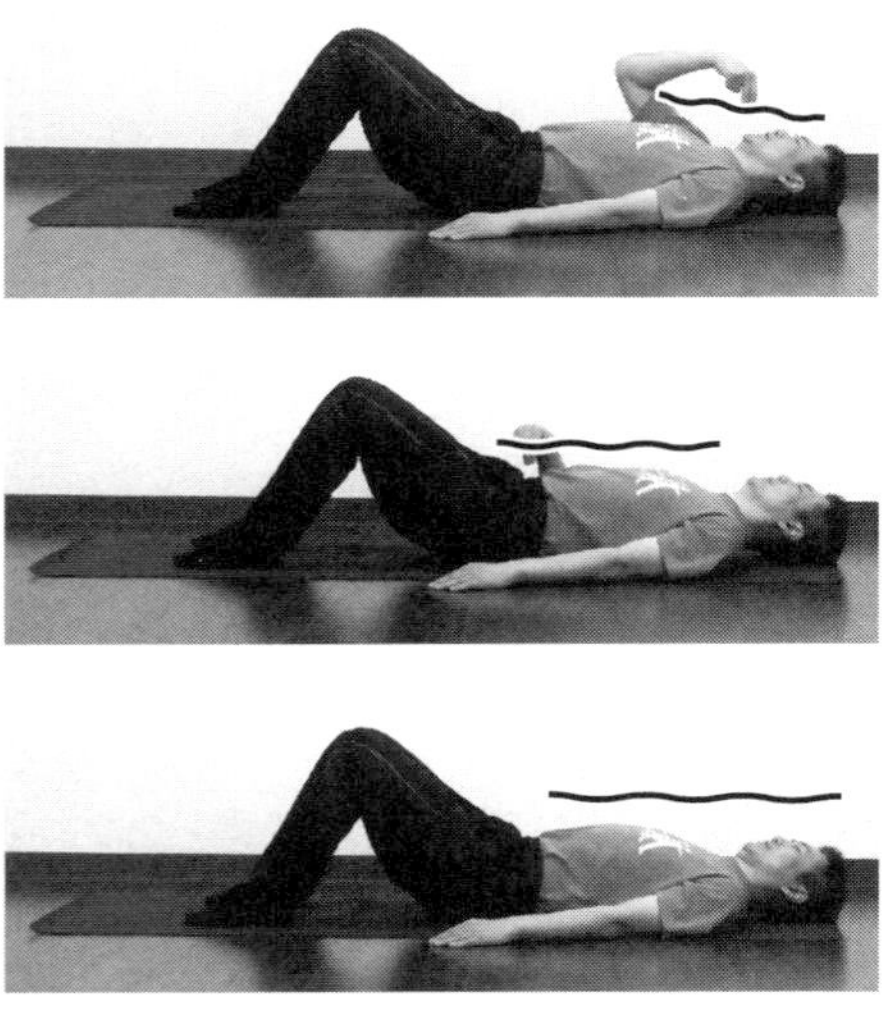

【上から】

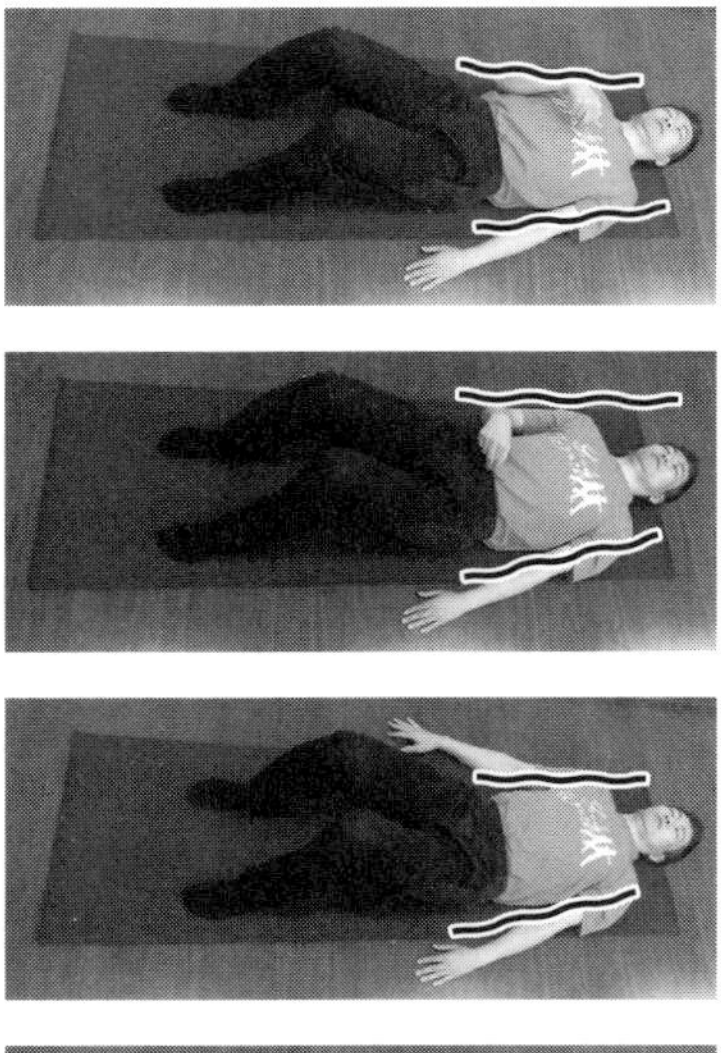

「溶《よう》粘《ねん》歩《ほ》動《どう》法《ほう》」

トロトロとやわらかく、ネバネバで抵抗をかける

溶粘法というのは、トロトロとネバネバを合わせたものです。

トロトロとネバネバは違います。トロトロはよりトロトロ～とやわらかに液体化を進め、ネバネバはちょっと抵抗感のある粘性がある動きになります。

したがって、まずトロトロから入って、ネバネバをやっていくといいでしょう。

私の考案した「ゆる体操」も、一般の人たちが面白おかしくできるように簡易化したところがあるので、揺粘歩動法ではなく、「足ネバネバ歩き」といった名称を使っています。

あれはネバネバだけで、「溶」＝トロトロがありません。しかし、それがトレーニングとしてハイテク化してくると、「溶」がより基本となり、「溶」＝トロトロでとことんゆるめて、ゆるんできたらネバネバで抵抗をかけて、筋肉に刺激を与え、深い高度な連動力のある筋力開発につなげていくのです。

全《ぜん》身《しん》溶《よう》粘《ねん》歩《ほ》動《どう》法《ほう》

まずは腕を気持ちよく振りながらその場歩きをします。次に顔から首、両肩まわり、腕、腿、脚、足と、順番にそれぞれの箇所をトロトロ、ネバネバさせながらその場歩きをして解きほぐしていきます。はじめに全身をトロトロにしてから、次に全身をネバネバにしていく方法もよいでしょう。

脊《せき》椎《つい》溶《よう》粘《ねん》歩《ほ》動《どう》法《ほう》

その場歩きをしながら脊椎と脊椎まわりを解きほぐしていきます。全身溶粘歩動法のときよりも脊椎に集中して取り組むようにします。まずは脊椎の中部（胸椎十一・十二番、腰椎一・二・三番）を十分にゆるゆるトロトロにして、そのゆるゆるトロトロになった感じを、頸椎から脊椎の上部（胸椎一〜十番の部分）と下部（腰椎四・五番、仙骨の部分）にも展開させていきます。それが上手くできたらネバネバに移ります。

肩《けん》甲《こう》肋《ろっ》骨《こつ》骨《こつ》盤《ばん》溶《よう》粘《ねん》歩《ほ》動《どう》法《ほう》

まずはその場歩きをしながら肩甲骨だけに焦点を当て、肩甲骨と肩甲骨まわりをトロトロからネバネバへと解きほぐしていきます。次にその場歩きをしながら肋骨だけに焦点を当て、肋骨と肋骨まわりを同じく解きほぐしていきます。最後に骨盤とそのまわりに焦点を当て、その場歩きをしながら同じく解きほぐしていきます。はじめにすべての部分をトロトロにし、それが上手くいったらネバネバに移る方法もよいでしょう。

全身溶粘歩動法（トロトロ）

【正面から】

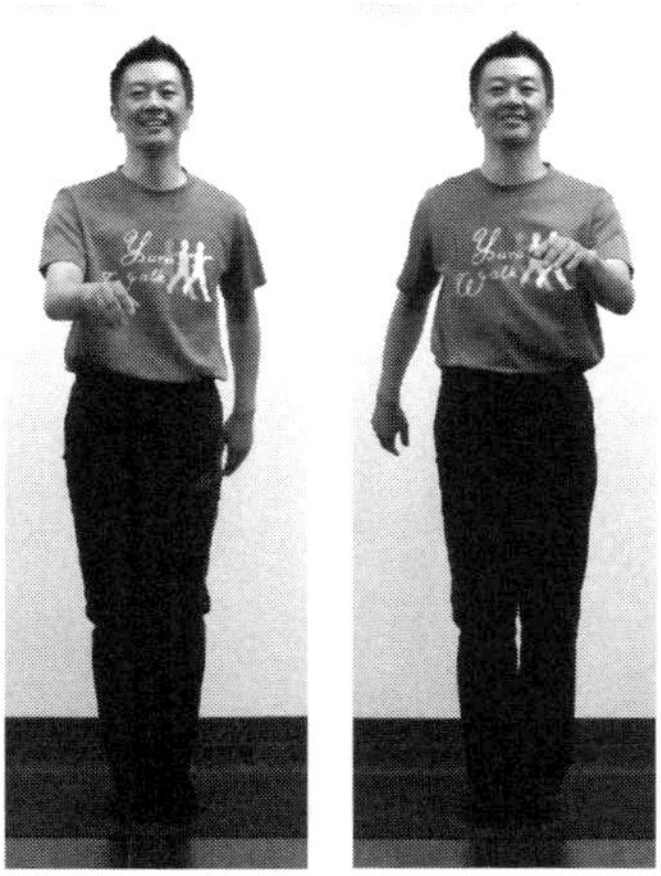

【横から】

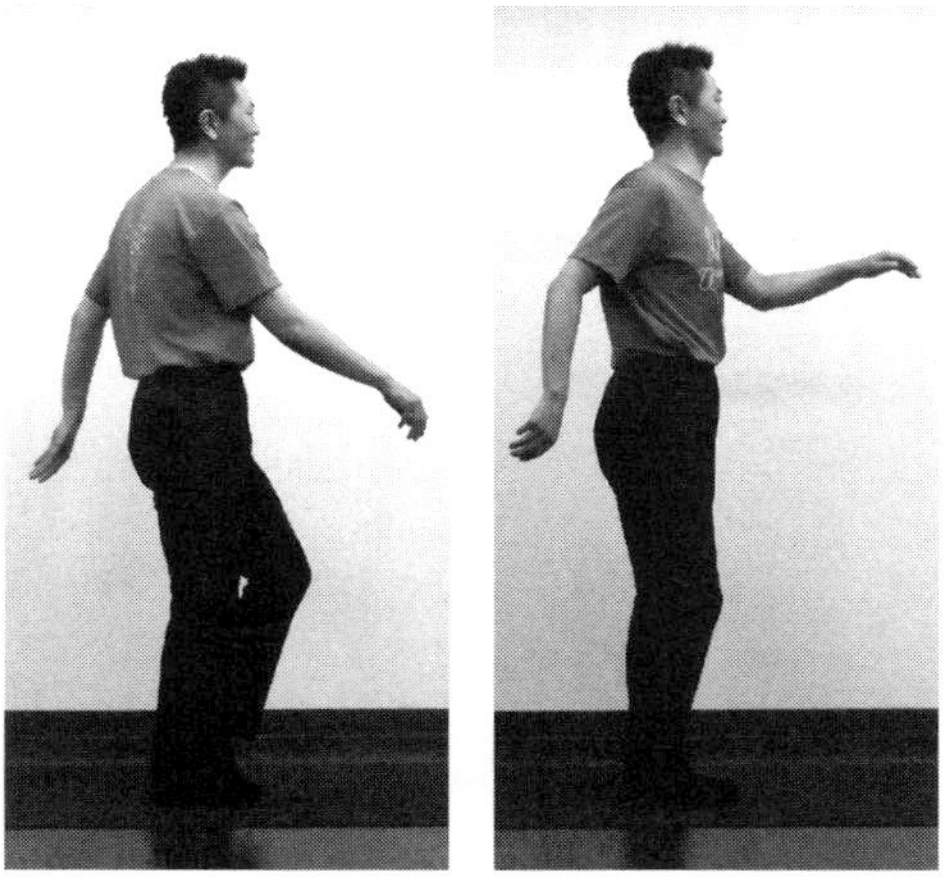

全身溶粘歩動法（ネバネバ）

【正面から】

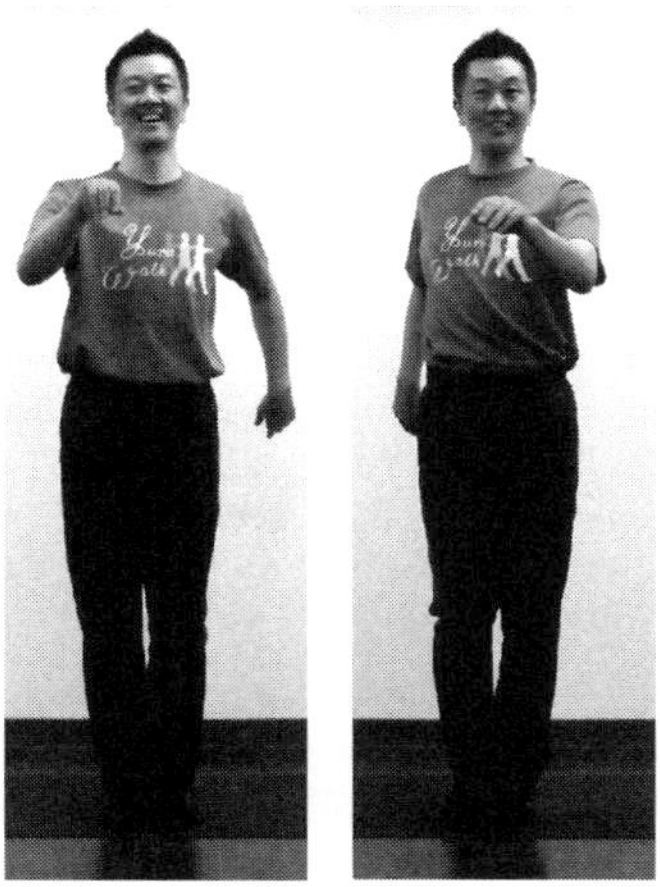

【横から】

脊椎溶粘歩動法（トロトロ）

【正面から】

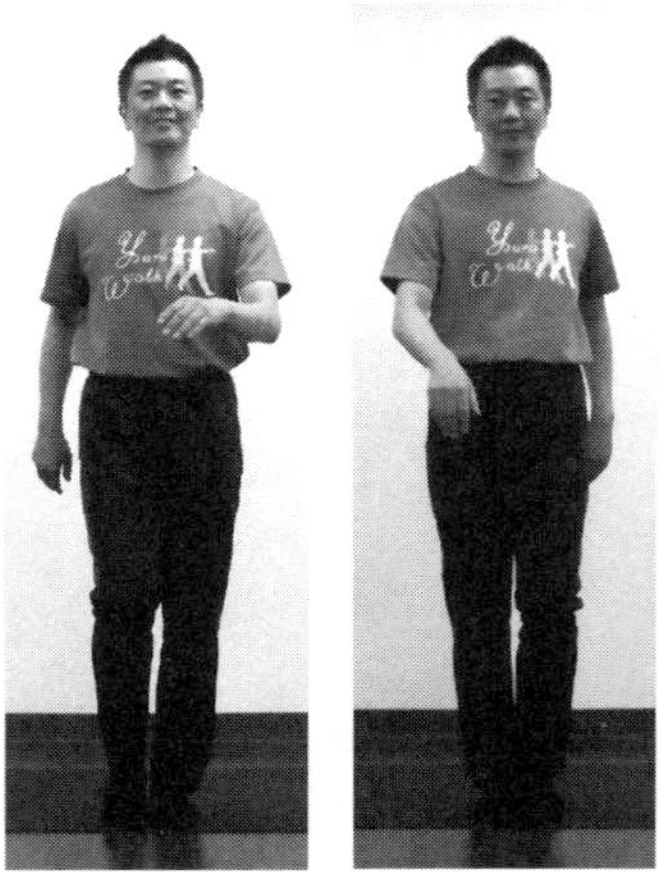

【横から】

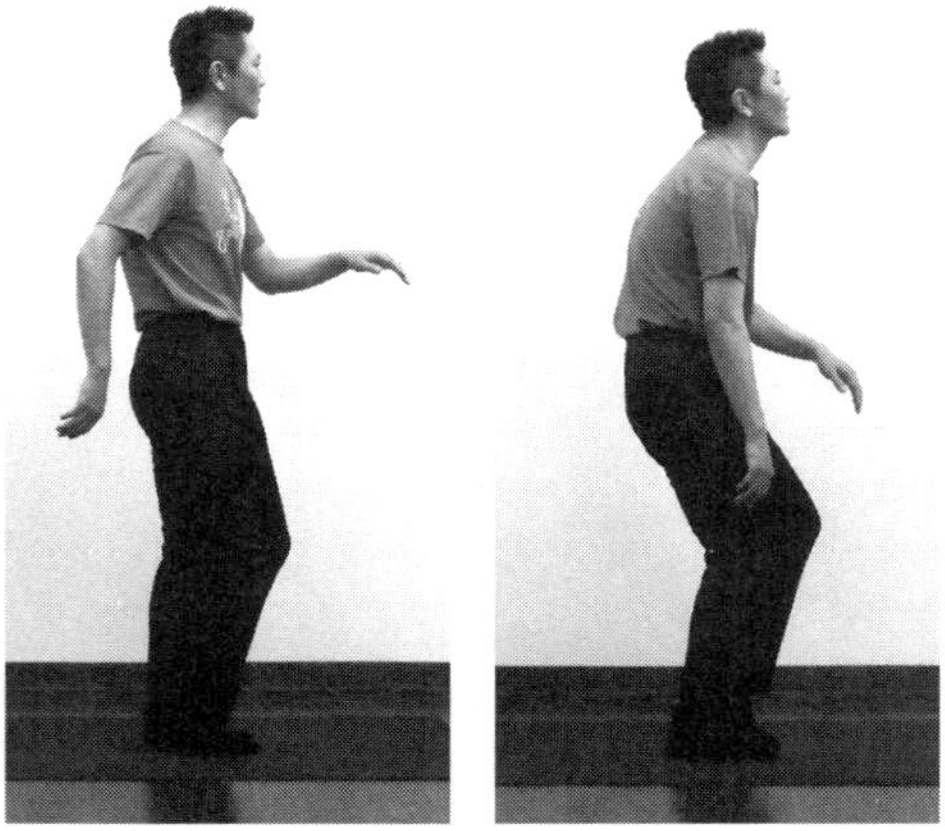

脊椎溶粘歩動法（ネバネバ）

【正面から】

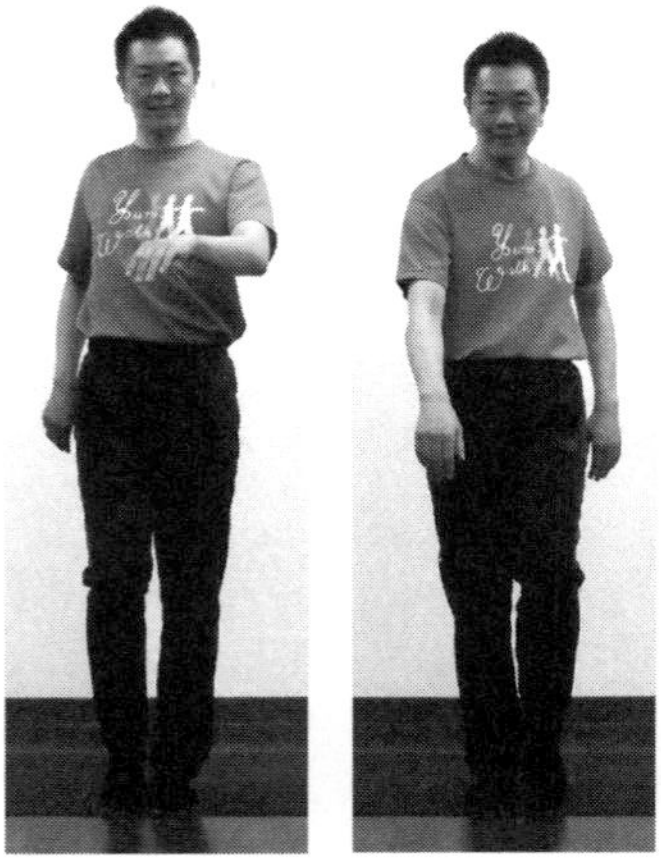

【横から】

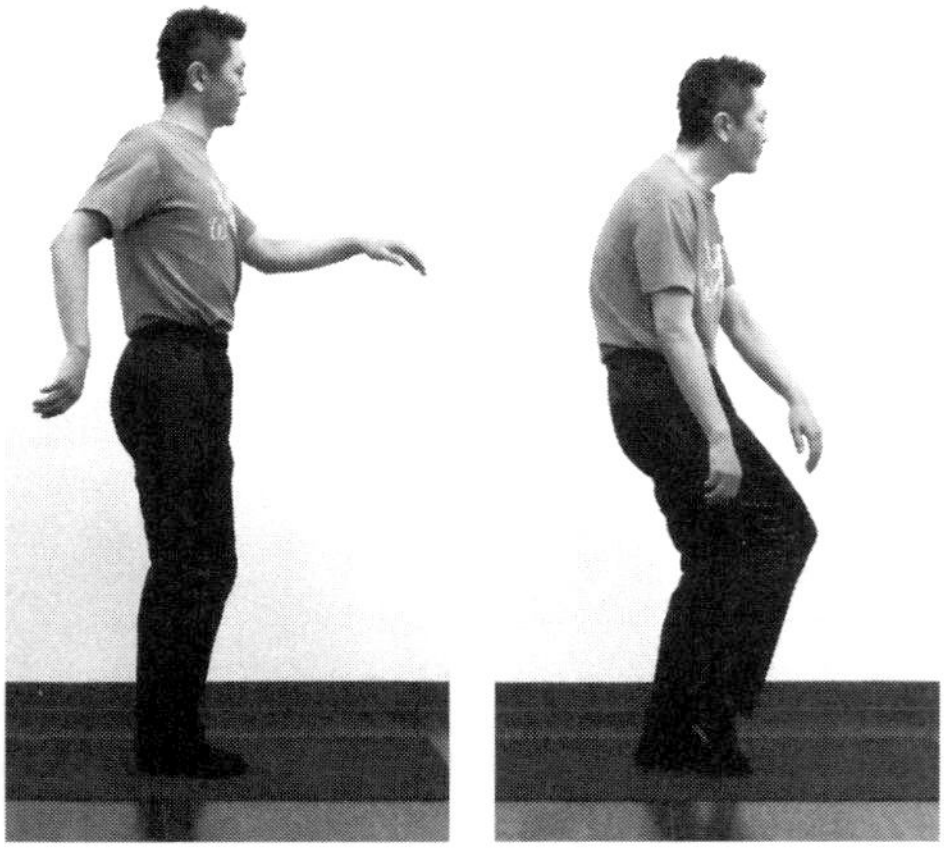

肩甲肋骨骨盤溶粘歩動法（トロトロ）

【正面から】

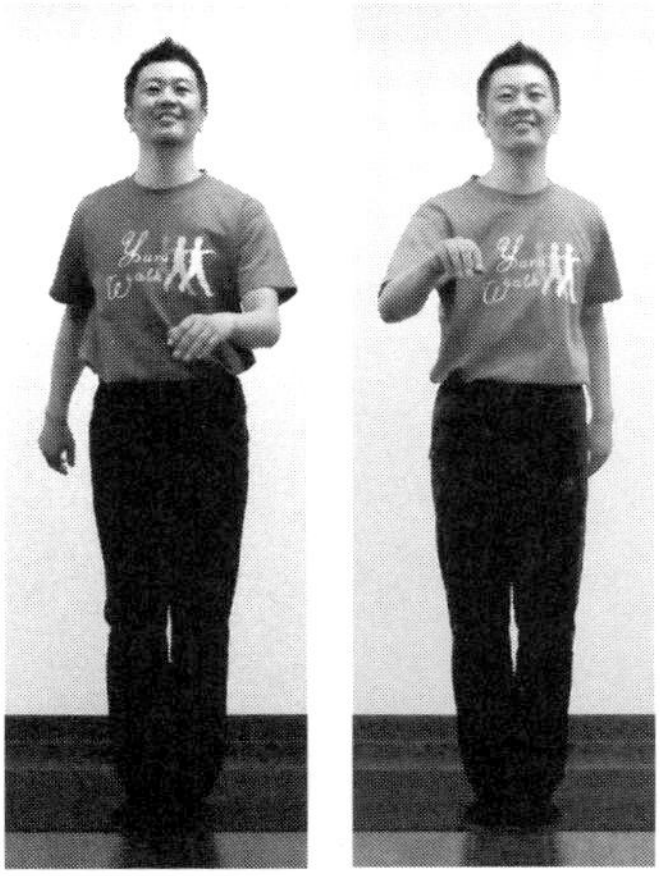

【横から】

肩甲肋骨骨盤溶粘歩動法（ネバネバ）

【正面から】

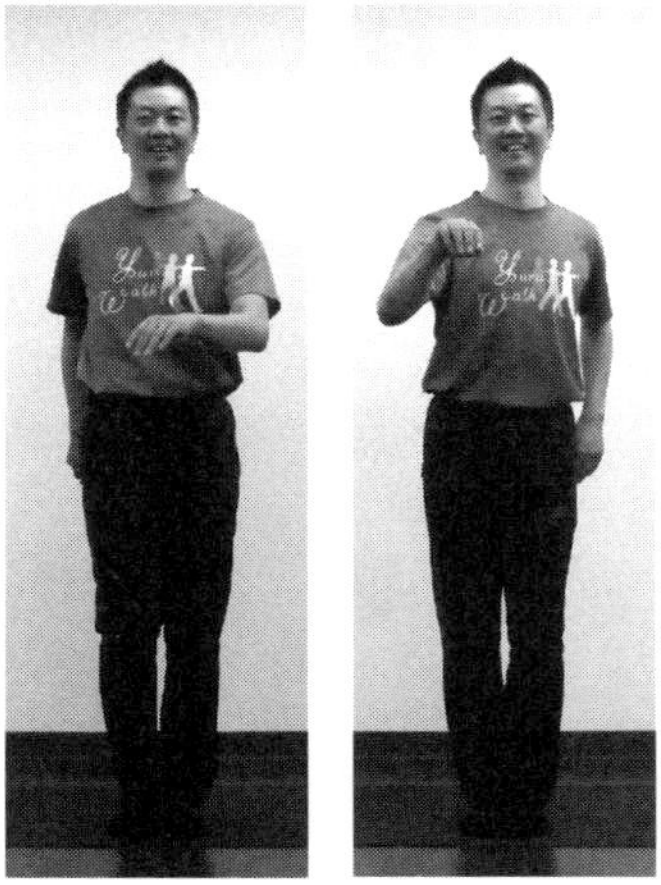

【横から】

第4章

四肢同調性と連動はすべて背骨が決める

背骨の受動性運動

関節の連動と背骨の関係

四肢同調性で重要なのは、まず肩甲骨と腸骨の四肢同調性と連動。さらに、それをベースにした具体的な動きである連動、そして、肩関節と股関節の連動で、そこにはクロスの連動もあれば、ストレートの連動もあることはすでに説明したとおりです。

これらの中心となっているのは、二つの肩甲骨と二つの腸骨、二つの肩関節と二つの股関節になるわけです。

これらと背骨の関係はどうなっているのか考えていきましょう。

まず背骨がカチカチに固まっていたらどうなるでしょう。

背骨が固まるというのは、脊柱筋がカチカチに拘縮し、椎骨もカチカチで動かなくなった状態のことです。このような状態になってしまうと、上記の連動性は一切消えてなくなります。肩甲骨と腸骨、肩関節と股関節の連動は、まったく起きません。非常にわかりやすくいうとゼロになります。

連動にはいろいろな段階があって、アマチュアの市民大会レベルの連動もあれば、県大会レ

肩甲骨と腸骨、肩関節と転子(股関節の中心)の連動性関係図

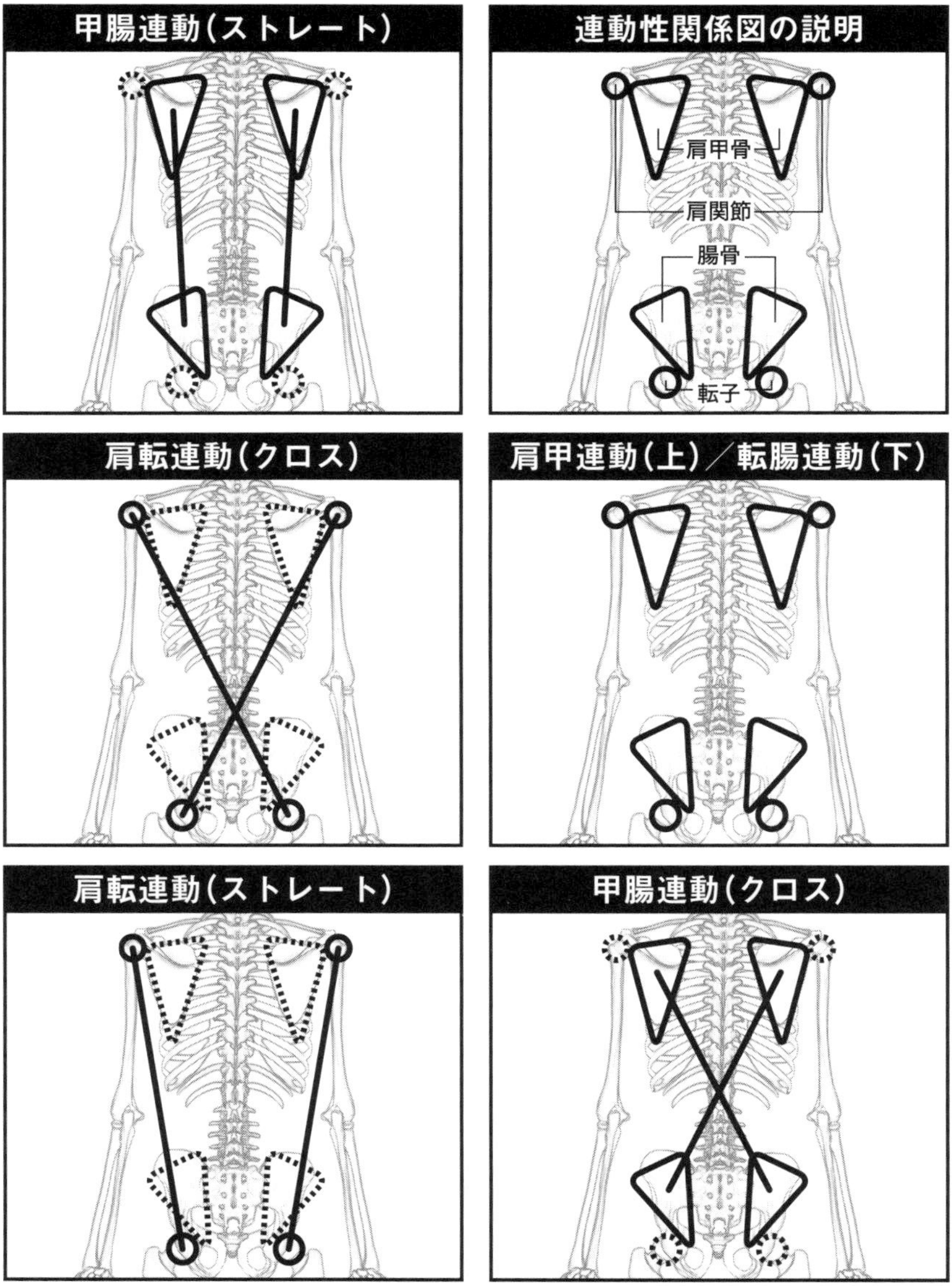

【省略語の説明】　肩甲連動＝肩関節と肩甲骨の連動/転腸連動＝転子と腸骨の連動/甲腸連動＝肩甲骨と腸骨の連動/肩転連動＝肩関節と転子の連動　※詳細は「股関節本」を参照

ベルの連動、アマチュアの全国大会レベルの連動や、プロの国内トップクラスの連動、オリンピック、世界選手権のメダリストクラスの連動、テニスやゴルフでいえばグランドスラム級の連動、さらにその上まであります。

つまり連動には〝深さ〟があるのです。

実はその深さは、背骨が決定しているのです。要するに「背骨の深さ」＝「連動の深さ」ということです。

そのメカニズムについて、丁寧に解説していきましょう。役に立つこと請け合いの内容です。

この背骨系の連動には、浅層主導系と深層主導系の二種類があります。

背骨まわりの筋肉は、第2章で語ったとおり、単純化して見ても六層から成り立っています。ただし、アウターマッスルからインナーマッスルまでより詳しく見ていくと、本当は

▶ 背骨が固まると連動性はなくなる

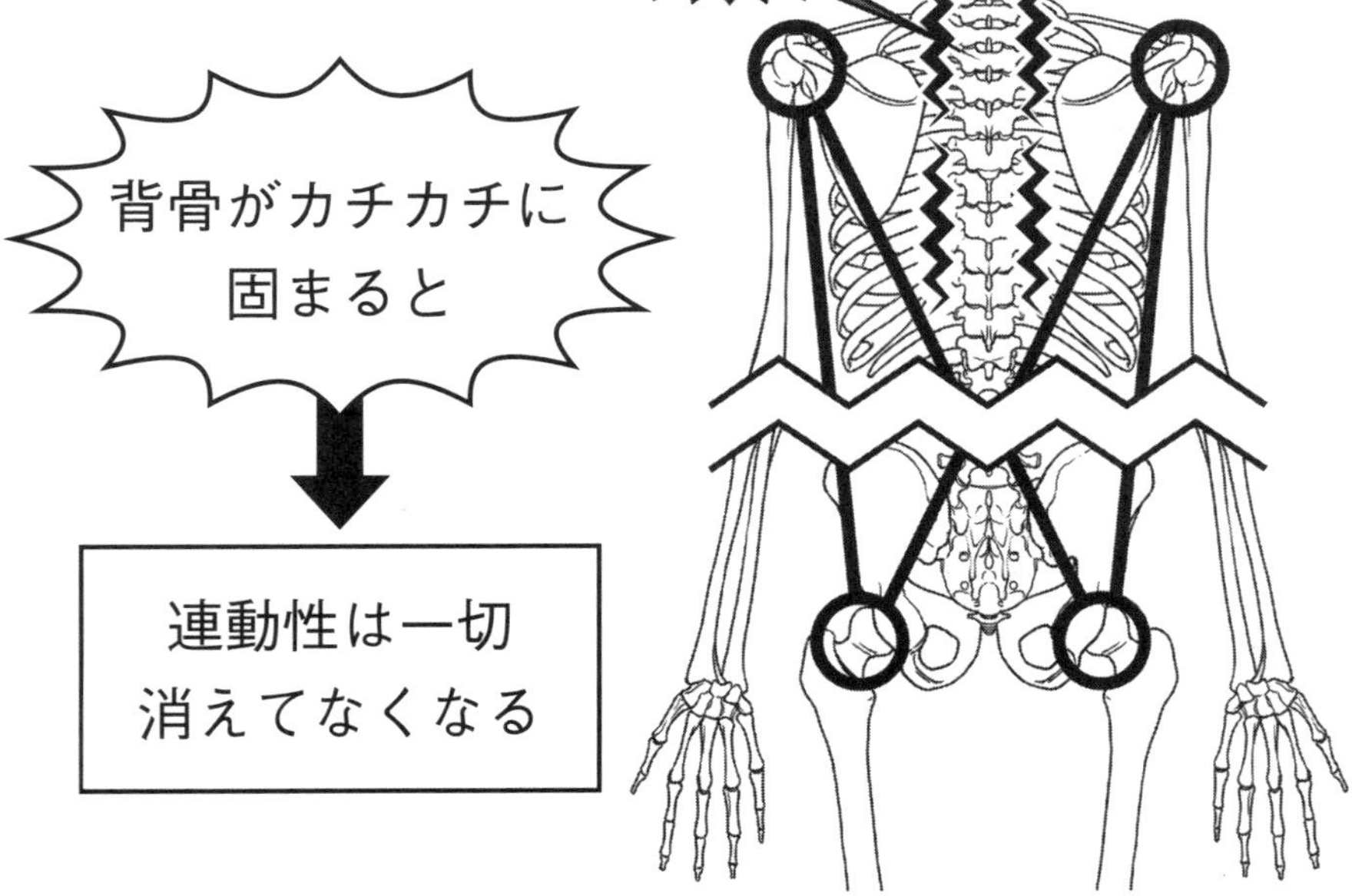
ガチガチ
背骨がカチカチに固まると
連動性は一切消えてなくなる

もう一層プラスした七層になるのです。

「七層をひとつひとつ理解して、それぞれトレーニングしていかなければならないのか？」と思うかもしれませんが、さすがにそんなことは要求できません。

七層に渡るこの背骨まわりの筋肉を、それぞれ知識としてではなく、身体の中の実態として顕在脳が認識しようとしたら、時間がいくらあっても足りなくなってしまいます。スポーツ選手には、限られたトレーニング時間の中でもっと取り組むべき課題がたくさんあるはずです。

しかし、選手本人はそこまで認識していなくても、その周囲で理解している人は必要になります。

では、それを理解し体現できなければならないのは、誰と誰と誰でしょう。

ずばり運動科学者とプロ・アマの身体行法家とトレーナーです。プロフェッショナルなトレーナーを自任している人は、これができなければなりません。またトレーナーは身体行法家でなければならないのです。そして運動科学者はすべての身体情報家の中の代表中の代表です。

私自身は運動科学の創始者でもあり、代表中の代表を任ずる身体行法家ですので、この背骨の七層を、すべて一枚一枚剥がすように使い分けることができ、顕在脳がそれらをきちんと認識しています。背骨を中心に左右両サイドにある筋肉を、全部分析かつ統合的に使うことができるのです。

例えば六層に、半棘筋、多裂筋、回旋筋の三種類の重要な筋肉があります。とくに多裂筋は最近トレーニングや腰痛治療の分野でちょっと注目されてきた筋肉ですが、横突棘筋の一種でもあります。私はこれら三種類の筋肉を、全部使い分けることが可能です。

具体的には、「左の腰椎の何番目〜何番目にかかっている回旋筋を使うとこうなる」といった具合に、ひとつひとつ分けて使えるのです。

つまり、それらを知覚する感覚器があり、それを集める知覚中枢が脳にあって、それを判断制御する大脳前頭前野と運動野等々が揃っていて、高度なＡＩロボット以上のシステムが、身体の中にできあがっているといっていいでしょう。

念のため申し上げておきますが、スポーツ選手や武道・武術家、ダンサー、歌舞伎役者など、実践家がここまでになる必要はありません。

彼らには、その専門種目にかける時間、そしてエネルギー、意欲が十分に確保され、それを根本から支えるようなトレーニングをいかに効率よく行うかのほうが、何倍も重要だからです。

こうした観点で、きちんと研究し、開発してお届けしているのが、私が公開している高度運動科学トレーニングであり、その一部が本書で紹介しているメソッドなのです。

さて浅層主導系の話に戻りましょう。

肩甲骨を立甲すると、それによって脊椎がゆるんで重みを発生して垂れてきます。これは一番必要な受動的な運動で、こうした受動運動系のもっとも優れた刺激を受けることができるようになります。つまり、ディープな立甲をやっていくことによって、背骨の一個一個、背骨につながる筋肉のひとつひとつがゆるんで、重みを発生して、重力にしたがって地球の中心に向かって垂れていくことができるストレッチや、回転系の刺激を受けられるようになるということです。

これは浅いほうから入っていくやり方です。

なぜかといえば、第1層の僧帽筋と広背筋でやれるからです。

これには前提となるトレーニング知識が必要になるので、詳しくは前著の「肩甲骨が立てば、パフォーマンスは上がる！」（「肩甲骨本」）と「キレッキレ股関節でパフォーマンスは上がる！」（「股関節本」）をご参照ください。

肩甲脊椎割垂《けんこうせきついかっすい》

さて、そのやり方ですが、四足状態（四つん這い）になって、立甲になります。そして、左手の体重支持をやめて、右側の「片立甲」になり、片立甲の肩甲骨をどんどん水平方向から垂直に近づけて立てていきます。このとき、僧帽筋をはじめ、僧帽筋を剥がすと出てくる菱形筋や、肩甲骨の裏側に付着している肩甲下筋といった肩甲骨まわりの筋肉をどんどんゆるめていきます。

僧帽筋も菱形筋も胸椎の棘突起につながっているので、脱力を進めゆるめていくと、肩甲骨が立っていくと同時に、脊椎は相対的に垂れ下がっていきます。そこからもっともっとゆるめていくために、ルースニング系の方法で肩甲骨まわりをモゾモゾと細かく動かし、揺解運動をかけてみましょう。さらに家族や仲間がいれば、肩甲骨から肩甲骨の内縁、背骨にかけてこすってもらってください。とくに背骨の付け根を優しくほぐすようにこすってもらいましょう。

そうしていくと、「ズルズルズル」という感覚が生まれて、胸椎の下の部分から腰椎にかけて、ちょうど背骨の真ん中付近が先行する形で、背骨全体が垂れ下がっていきます。

肩甲骨でいえば、肩甲骨のより下側にあたる背骨から地球の中心に向かって落ちていきます。そこに揺解運動をかけたり、こすってもらったりしながら、さらに落ちていくようにします。

そうすると背骨のひとつひとつが、より中心付近から先行して落ちていきながら、さらに回軸運動が生まれてきます。

まず落ちることによって、隣り合う椎骨の間にずれができます。細かくいうと段差ができます。そして、落ちながら回軸運動が生じることで、回軸角にもずれが出てきます。そのことによって、より浅い筋肉から、第一層、第二層、第三層、第四層へと、ストレッチ回軸系の受動性の刺激というのが、だんだんと深まっていくのです。

最初は第一層である僧帽筋。僧帽筋がどんどんと脱力していき、僧帽筋によって固定されていた背骨が、前述の方向にどんどん落ちていき、落ちていきながら回軸運動を起こそうとします。

さらにそれを進めていくと、第二層の菱形筋や肩甲挙筋が深まって、ストレッチがかかり、背骨に回軸運動が生まれてきます。

そしてさらに進んでいくと、第三層、第四層、第五層と進んでいきます。第五層までたどり

背骨系の連動には、浅層主導系と深層主導系の二種類がある

主導系	層	筋
浅層主導系	第一層	僧帽筋・広背筋
	第二層	菱形筋・肩甲挙筋
	第三層	棘肋筋（上後鋸筋、下後鋸筋）
	第四層	板状筋
深層主導系	第五層	脊柱起立筋（腸肋筋・最長筋・棘筋）
	第六層	横突棘筋（半棘筋、多裂筋、回旋筋）
	第七層	棘間筋・横突間筋

浅層主導系による方法（甲脊割垂法）

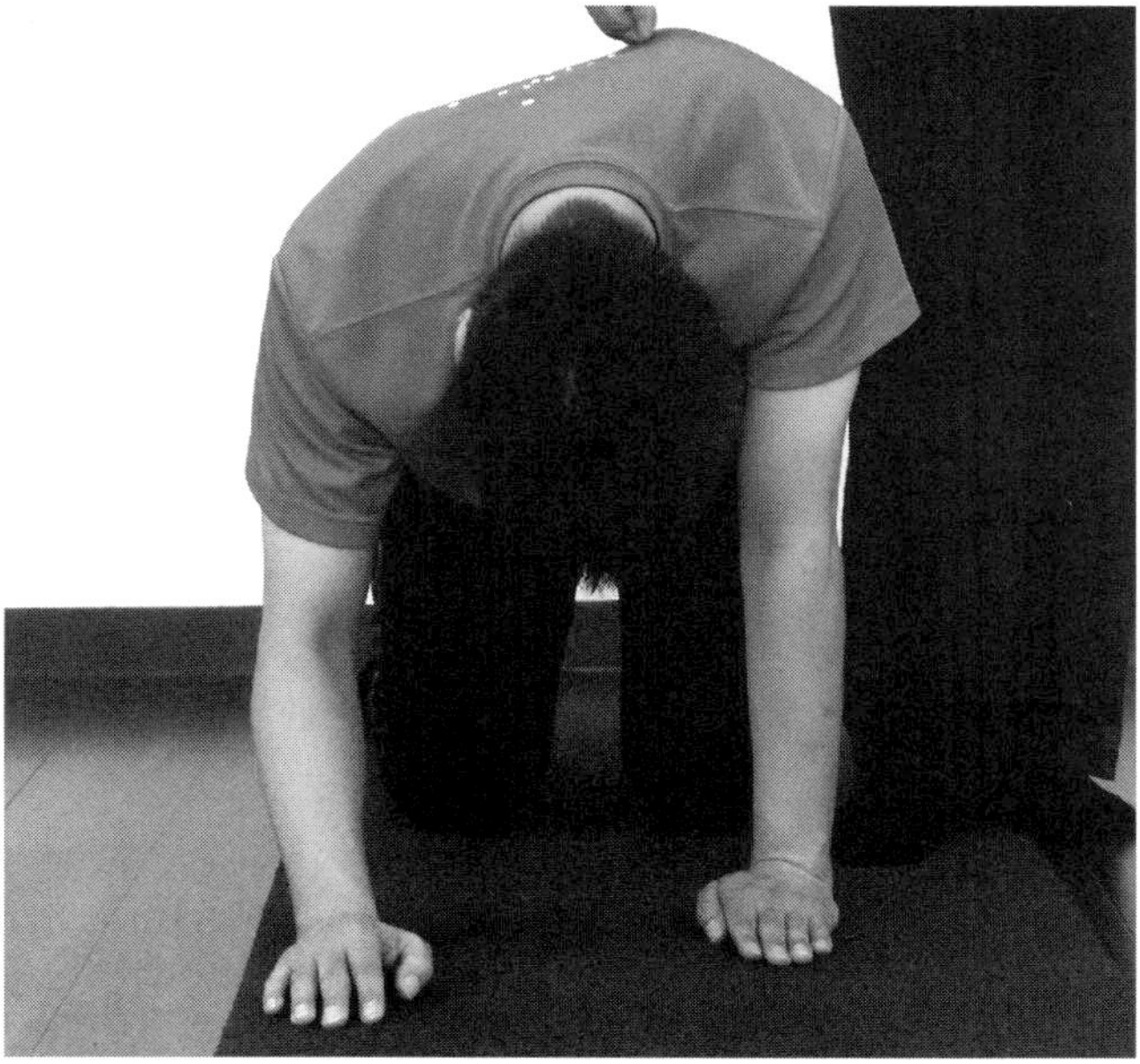

着くには、緩解運動を上手に加えながら、よほど自分で脱力に留意して、肩甲骨がより立つように、そして背骨がより垂れ下がっていくように、背骨のひとつひとつがフリーになって、ズルズルズルという感覚の中で、隣り合う椎骨にずれや段差ができて、なおかつ回軸のずれが起きてくる状態になるように、努力していく必要があります。仲間にも助けてもらわなければならないでしょう。

それが上手くいけば、第五層まで届きます。第五層は、いわゆる背柱起立筋といわれる部分ですが、これが例の脊柱筋の代表になります。

こうして背骨が垂れ下がってくると、背骨の中央部の凹みが深くなります。それが腰椎から仙骨まで影響してきて、こちらのほうまでゆるんで重みが発生し、垂れてくる受動性のストレッチかつ、回軸系の力を受けるようになってきます。

この開発法を「肩甲脊椎割垂法」、略して「甲脊割垂法」と言います。

この「甲脊割垂法」を行うと、面白いことにあることをしたくなってきます。それはどんなことでしょう。

浅層主導系

今やっていただいたのは、左手の支持を抜いて、右手で支える右側の片立甲です。この状態になると、左腿=左大腿骨だけで体重を支え、右腿・右大腿骨を体重支持から抜いてしまいたくなるのです。

つまり右膝を後ろのほうにずらしたくなり、膝を3センチ、5センチ、10センチとずらしていくことになります。そうすると、ちょうど右手で片立甲をやっているような感じで、左側の腸骨が残って、仙骨と右の腸骨がずれ落ちるような感覚が生まれてきます。

これを大事にしてください。

そうすると上半身では右の片立甲、下半身では左の「立腸（骨）」、「片立腸」が同時に起きてきます。とくに上半身が片立甲で、脊椎が上手に垂れて、回軸を起こしつつ受動刺激が生まれてくればくるほど、下半身でも片立腸をやりたい、そしてやってみると「この感じかな」というのが生まれてきます。これを「腸骨脊椎割垂法」、略して「腸脊割垂法」と言います。

実はこのこと自体が、受動性の中心になる連動なのです。

自分から背骨まわりの筋肉を筋出力しているわけではなく、重力によって受動性の運動刺激が生まれているわけです。

これが上半身と下半身で、つまり背骨の上の部分と下の部分で連動を起こすのです。

こうした脊椎の受動性連動のことを「受動性脊椎連動」と言います。これが連動のベースにあるものなのです。

これを引き出して、取り組んでもらえると、浅いほうの筋肉から入っていって、徐々に深いところに到達していきます。

これが浅層主導系のやり方です。

片立甲についてはすでに説明したとおり、僧帽筋系ですが、片立腸になると広背筋系になります。広背筋は腸骨陵と胸椎を結んでいる筋肉ですので、浅層筋でありながら脊椎系に受動刺激を発生させていくことができるのです。

僧帽筋と広背筋という浅く、一番なじみのあるアウターマッスルと、骨についても肩甲骨と腸骨は比較的わかりやすい骨だといえるでしょう。それをコントロールするやり方でも、上手にやって、深めていけば、脊椎の深層筋にアタックすることができるのです。

深層筋にアタックすることとは、筋肉だけではなく、背骨自体もセンサーを持っていて、チェーン構造全体で、受動制の刺激による連動を背骨自体が起こす機能があるので、そこにたどり着くことができるのです。

これはとても取り組みやすく、しかも効果が高いので、是非トレーニングしてみてください。

これまで発表した「肩甲骨本」と「股関節

▶腸脊割垂法

本」を活かしてトレーニングが進められますので、日々のトレーニングのメニューに加えてもらえるとうれしいです。

深層主導系

次は深層主導系です。

これは肩甲骨を揺動緩解運動でモゾモゾ・モゾモゾと動かして、周囲の筋肉を解きほぐすように動かすやり方からはじめます。

このとき、肩甲骨は肋骨の上に載っているので、肋骨と肩甲骨の隙間をゆるめ、広げてあげるようにモゾモゾ・モゾモゾ動かすようになっていきます。

筋肉としては、肩甲骨と背骨の間を狙ってやる場合は、僧帽筋から菱形筋を緩解させます。肩甲骨と肋骨の間をゆるめ広げる場合は、その間の肩甲下筋を狙い撃ちするように揺解させるやり方になります。

▶ 深層主導系による方法

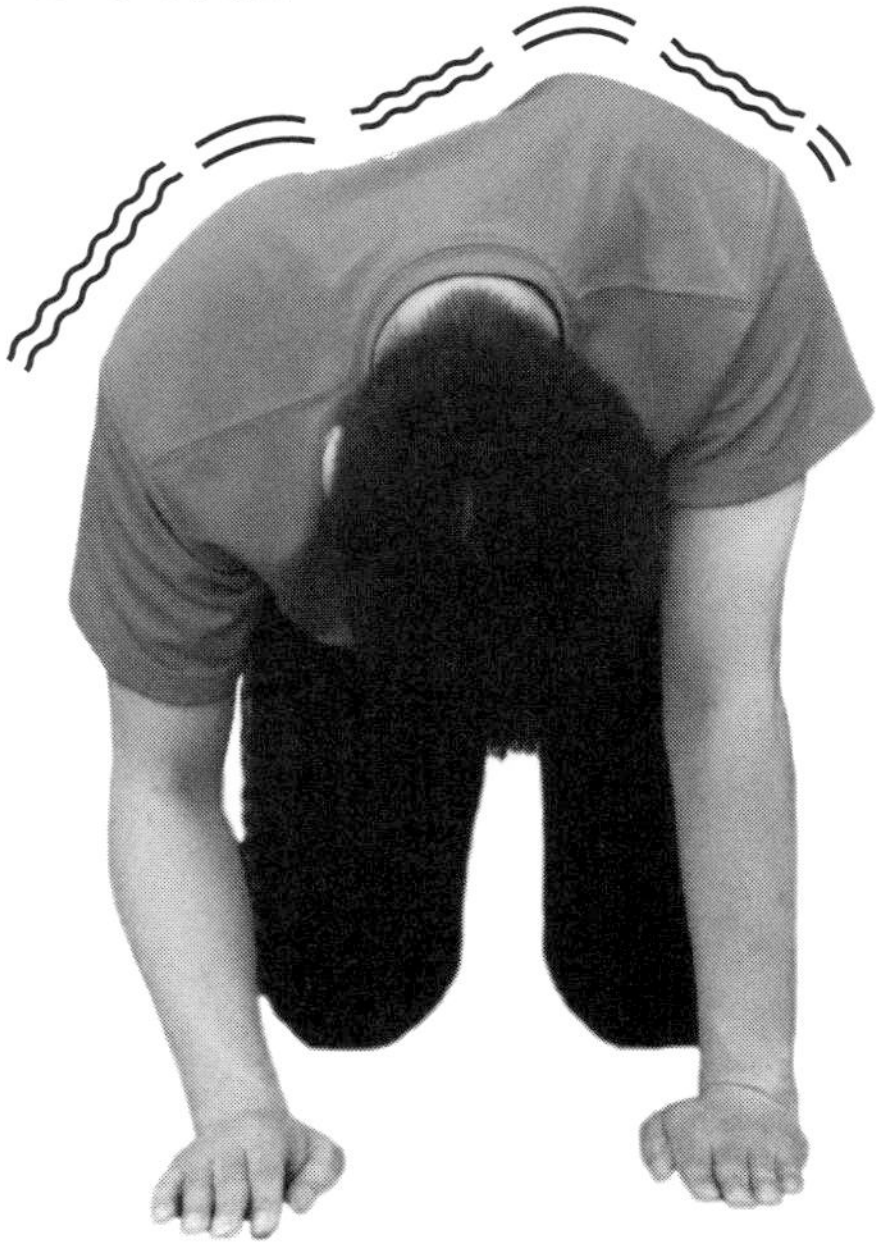

これらを徹底的にやり込んでみてください。

そして、「肩甲骨本」でも紹介した「立甲動腕法」をやるときにも、ここで解説した肩甲骨を揺解する運動を必ず小まめにより深く入れながらやっていくようにしてください。

これをやっていくとどのような効果があるかというと、揺動緩解刺激によって、棘突起、横突起につながった脊柱筋の深層筋である、五層、六層、七層の筋肉に、どんどんアタックすることができます。

モゾモゾという揺解している運動が、少し大きい運動だと五層（腸肋筋や最長筋）に、それがより細かい波動になると六層に入っていけます。

六層に入っても、まだ波動が少し大きめだと半棘筋、中ぐらいの波動だと多裂筋、もっとも微細に動かせるようになってくると回旋筋と進んでいくことが可能になります。

こうした細かい深層筋である六層筋などは、揺解運動をやることによって、筋力、筋持久力はともに強くなります。毛細血管も発達し、一回のモゾモゾ・モゾモゾという運動は、筋力的には比較的軽微な負荷であっても、筋肉はそれなりに強くなるのです。

揺解運動は基本的に脱力させることが目的で、どんどんゆるめていくための運動ですが、これが上達してくると、細かいひとつひとつの小さな筋肉に揺解運動をかけながら、拮抗筋を使って負荷をかけることで、脊柱筋の最深層の筋肉の筋トレができるようになってきます。

この六層筋トレは、筋トレといいつつ、基本的に筋肉を鍛えるためのトレーニングではないのですが、このトレーニングに長けている私が行うと、筋肉を強くするトレーニングにもなってしまうのです。

　つまりこういうことです。揺解運動をやる前の筋肉は固まっていて動かないのが普通です。それを揺解運動で動かしていく過程で固まっているものが、ほどけていく感覚が生まれます。固まったものをほどくためには、固まった部分の脱力も必要ですが、一方でほどくための力学的エネルギーも欠かせません。それを作り出しているのが揺動緩解運動なのです。それを背骨まわりの第五層の筋肉で行っているのか、第六層の筋肉で行っているのかという話です。

　その層が深くなればなるほど、背骨まわりのより深い微細な小筋群に入っていきます。

　つまりこの段階が揺動緩解運動出力刺激になるわけです。

　私の場合、すべての揺解運動ができるようになった結果、わざわざ拮抗筋などを使って

▶なぜ揺解運動で筋肉を鍛えることができるのか？

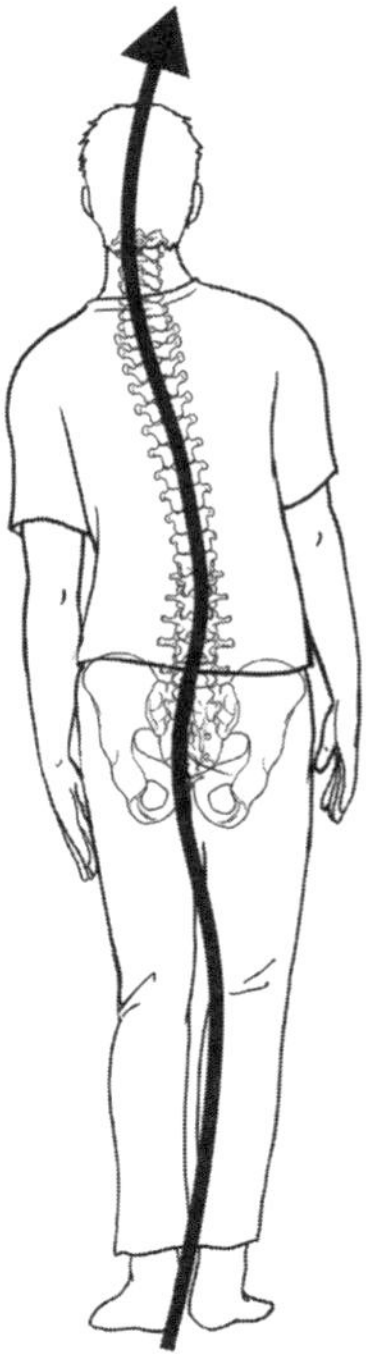

魚類は背骨を動かすだけで
背骨まわりの小さな筋肉を
鍛え上げる仕組みを持っており、
人類もそれを継承している

負荷をかけながらやっていくのとは、全然違う段階でやれるようになりました。好きなように揺動緩解運動をできるようになったおかげで、いつでも自由に筋力を使う運動にも切り替えられるようになったのです。

少し話が細かすぎて、理解しづらいことかもしれませんが、こうしたことも知っておいて損はないでしょう。

なぜゆるめるための揺解運動で、筋肉を鍛えることができてしまうのかについて、もう少し補足しておきます。

なぜこうしたことが可能になるかというと、魚類は背骨だけを動かしていて、それがものすごい筋トレになっているからです。魚類で筋肉が弱くて泳げないという例はありません。魚類の動きはいわばすべてルースニング系の典型である揺動緩解運動です。モゾモゾ・クネクネだけで運動が成り立っています。彼らはそうした運動だけで、背骨まわりの最小筋群から最大筋群までのすべてを鍛え上げる仕組みを持っていて、それを我々人類も継承しているわけです。

こうした揺動緩解刺激は、受動性の刺激になります。モゾモゾ・モゾモゾと動かすことで、筋肉組織、筋肉につながっている骨格にかけて受動性の刺激をどんどんと与えていきます。

一方で、モゾモゾ動かすことで魚類のように出力刺激も作り出すことができます。つまり、能動性の刺激も生み出すことができるというわけです。

また、背骨から肩甲骨の間をモゾモゾ動かし、肩甲骨と肋骨の間をモゾモゾとやるときに、背骨の際、背骨とつながっている部分を意識して、次第にそこをより深く意識してモゾモゾ・モゾモゾと揺解運動をかけていくと、脊柱筋の第五層から第六層に入っていくことができます。

細かくみると、第六層も一層から三層まで分かれていて、六層の第一層は半棘筋、第二層は多裂筋、第三層は回旋筋で、この回旋筋は長短があり、短回旋筋はひとつ隣の背骨、長回旋筋はひとつ間を空けて、2個目の背骨の横突起と棘突起をつないでいます。この部分に揺解運動の刺激を与えることができます。

その刺激を与えることで、これらの筋肉がつながっている棘突起、横突起に受動性の刺激を与えられるので、これらが全部つながり、チェーン構造をした背骨全体の深い部分、深

▶股関節（転子）揺解法

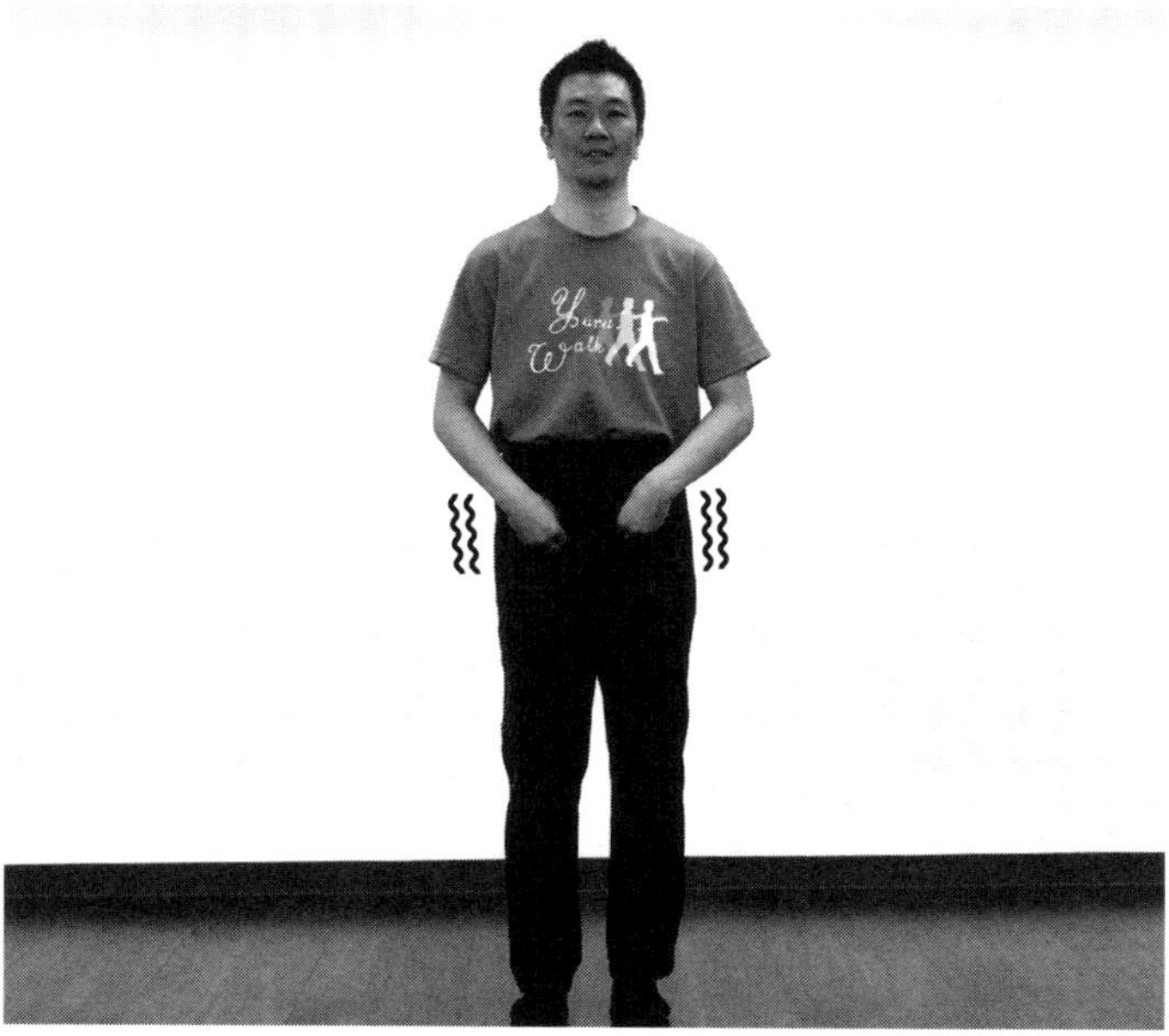

層系の第六層の連動系が刺激されます。

さらにそれを、さらに深く深く、細かく細かくやっていくと、第七層まで入っていくのです。

下半身の揺解運動

下半身についてでは「股関節本」にも紹介した、「股関節（転子）揺解法」でアプローチしていきます。

股関節の中心＝転子（鼠径部の中点の奥）に、中指を突出させた状態で手を当てて、まずここを細かく揺すります（中指突出法）。その揺すりに合わせて、股関節をモゾモゾ・モゾモゾと揺解運動させていきます。

この揺解運動は、仙骨、腰椎に関して揺動緩解刺激を起こさないとできません。

中指突出法は、股関節を揺動緩解運動させているように思えますが、実は背骨（仙骨・腰椎）と腸骨の揺解運動をしないとできないようになっているのです。

したがって、中指突出法は股関節の運動であると同時に、背骨の運動でもあるわけです。

それもわりと大雑把に、モゾモゾというよりぎこちなく、ゴソゴソとしか動かせないような状態では、第五層の手前あたりをゴソゴソやっているだけの段階となります。

その第五層にもいくつかの筋肉があって、腸骨陵から仙骨、肋骨をつないでいる腸肋筋、腸骨陵、仙骨、棘突起から上のほうの横突起や肋骨をつないでいる最長筋などを、左右交互に、巧みにタイミングよく方向を上手く工夫して動かさないと、股関節をなめらかにモゾモゾと動かすことはできないのです。

　しかし、逆にいえば、中指突出法をやっていけば、第五層が開発されていく可能性があるわけです。まさに五層筋トレといってもいいでしょう。

　そしてさらに三次元の臼状関節である股関節を、細かく細かく、あらゆる方向になめらかに動かすようになってくると、それがそのまま第六層の筋トレにもなってきます。

　まず入っていけたら半棘筋（六層の第一層）、もう少し深く小さく細かくいろいろな動きができるようになると多裂筋（六層の第二層）、さらに微細にいろいろな角度で自由自在に動かせるようになってくると回旋筋（六層の第三層）のトレーニングになっていく。

　こういう仕組みになっています。

　というわけで、転子揺解法と中指突出法に

浅層主導系と深層主導系による四肢同調性と連動の深まり方の違い

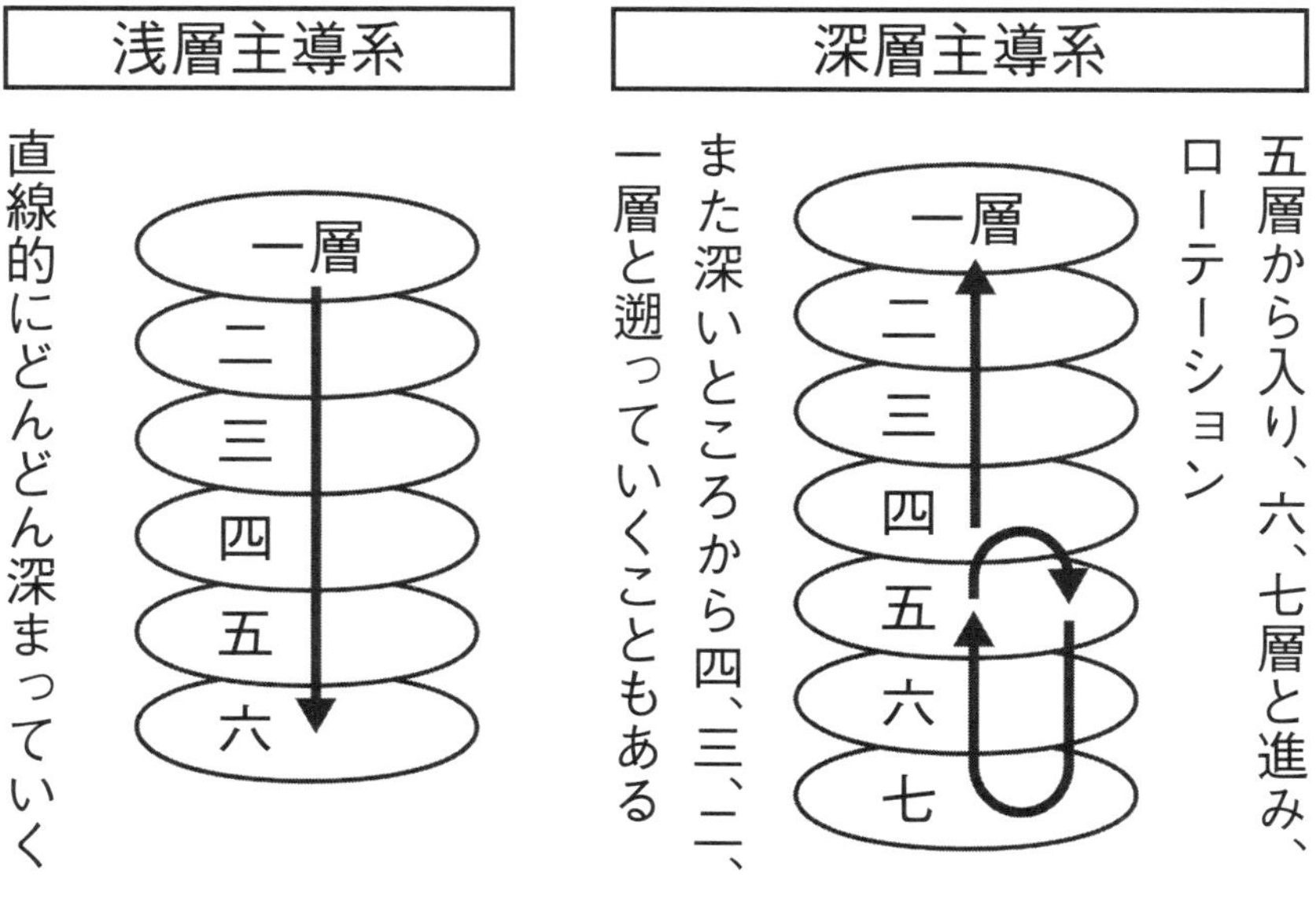
浅層主導系
直線的にどんどん深まっていく
一層
二
三
四
五
六
深層主導系
五層から入り、六、七層と進み、ローテーション
また深いところから四、三、二、一層と遡っていくこともある
一層
二
三
四
五
六
七

揺解運動法を加えたストレッチや、スクワット、スライダーといった運動も、その揺解運動をいかに深く巧みに入れるかで効果が変わってくることになります。

入れれば入れるほど、脊椎系のいわゆる連動の深層系を開発することになります。

それによって四肢の同調性と連動を生み出す根本が開発できるということです。

四肢同調性と連動についてまとめておくと、浅層主動系は一層から二層、三層……と、順番に六層まで直線的にどんどんと深まっていきます。

それに対し、深層主動系は五層から入って、六層、七層と進みながら、それらがローテーションするようにもなっていきます。

また深いところから、四層、三層、二層、一層と遡っていくようにもなっています。

つまりもっとも深層筋の第六層から第五層にいって、第七層を含むそれらがローテーションを組んで、チームとして第四層、第三層、第二層、第一層と攻め上がったりもしていきます。

こういうことができるようになっていくのも深層主動系の特徴です。

すべて背骨とつながっている

連動というものの根本

この第4章の前半では、極めて重要な話をしてまいりました。

正直、脊椎の深層部の機能開発というのはかなり難しく感じられたことでしょう。その難しさは、アウターマッスル、インナーマッスルという考え方がある程度浸透してきたことで、読者の皆さんもよく理解されていることと思います。しかし、これらを層として考えたとき、浅層部、深層部という分け方まではすんなり受け入れられたでしょうが、細かく見ると六層、厳密にいえば七層もあり、第4章の前編で語った第六層まででも、表面側から五枚も層をめくらないとたどり着けない六層深層筋になっているので、どうしても複雑な話になってしまうわけです。

とはいえ、これらが動き出さないことには、日本のトップから世界のトップへ向かっていくための、本当の意味での能力開発ができないので、避けては通れないのです。

その六つの層に対し、一層ずつ別のトレーニング法があって、どの筋肉に対し、どんな動きを要求するのかということまで意識しなければならないとなると、茫漠たる思いがあって、継続してトレーニングを行う気になれなくても仕方がないほど厄介です。

　こうした問題に対し、希望を持って「なるほど。これならやれる」と思っていただくのが、研究者そして開発者としての私の仕事だと考えております。

「肩甲骨本」「股関節本」ですでに発表してきたメソッドでやれることを説明したのが、第4章の前半での話です。

　そこのところを、まさに理論的にもわかっていただくことが重要だったのです。

　つまり「肩甲骨本」「股関節本」で紹介したメソッドは、肩甲骨、肩関節、股関節、腸骨の優れた開発法であることは間違いないわけですが、それと同時に優れた脊椎の機能開発法でもあったのです。

　そうでなければ、本当の意味で優れた肩甲骨、肩関節、股関節、腸骨の開発法にはなら

肩甲骨、肩関節、股関節、腸骨はすべて背骨とつながっている

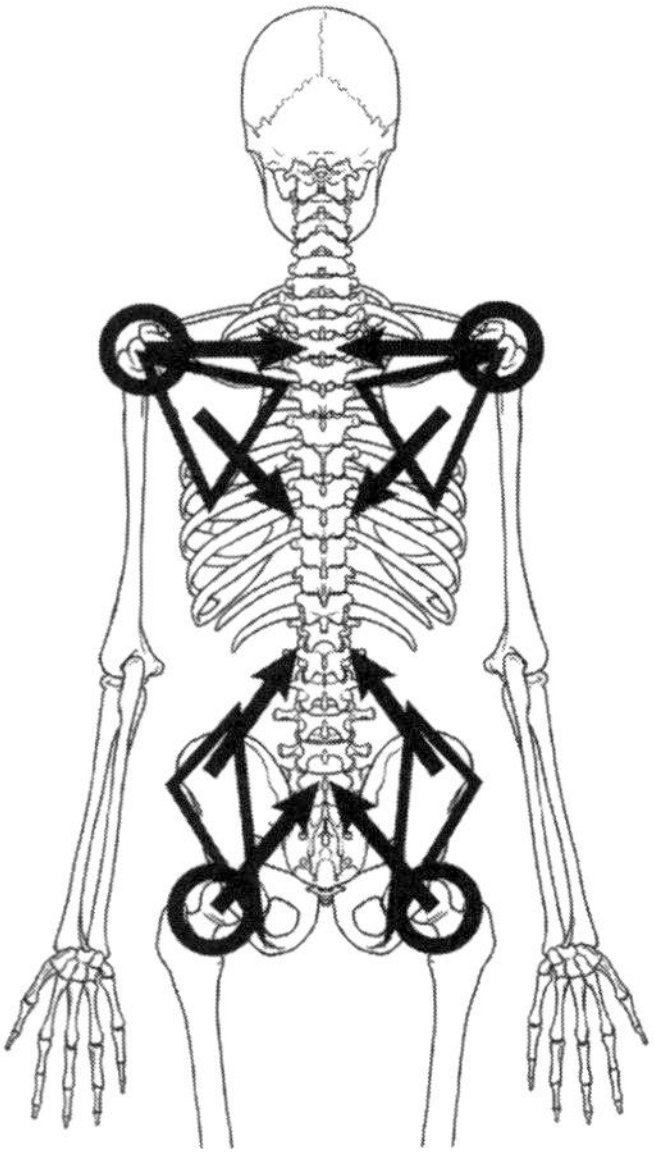

ないということです。

なぜそんなことが可能になるのか。ここは是非感動をもって聞いてください。

その理由は、そもそも人間の脳と身体がそのようにできているからです。

肩甲骨、肩関節、股関節、腸骨は、実は背骨と独立して存在しているわけではなく、驚くほど浅層から深層まで、すべて背骨と関係しているのです。

それが連動というもののベース、根底になります。連動というのは、筋・骨格の機能、働きですから、それが発生するための構造というのは、すべてそこに存在していて、それを使えるための脳機能というのもあらかじめ備わっているわけです。

そうしたことが解明できた結果として、あの「肩甲骨本」「股関節本」は執筆されているのです。

というわけでかなり難解で複雑、深くて、しかも多様の極みともいえる背骨の征服は、「肩甲骨本」「股関節本」の頃からはじめていて、すでにある程度できているということになります。

そこで登場すべきなのは、実際にスポーツや武道・武術、舞踊、ダンスなりのパフォーマンス動作、競技動作です。普通の書籍であれば、おそらくこちらを先に紹介するはずですが、背骨の開発に関しては、こちらから書くと非常にわかりづらくなり、読者の茫漠たる思いがもっと強くなるに違いありません。

ところが本書の読者の皆さんならば、すでにこのページにいたるまで背骨の開発をはじめており、「これは手に入れることが可能だ」という実感があるので、「意外に簡単かもしれない」

とすら思われているかもしれません。

テイクバック時の背骨の働き

それを踏まえて、ここからは非常に核心に迫る重要な話をしていきます。

ここでスポーツを例に出しましょう。スポーツの中でも、できるだけメジャーな種目が望ましいので、野球のバッティングとサッカーのインステップキックの二つに限って語らせてください。

たった二例ではありますが、これが理解できると驚くほど多くのスポーツ種目のパフォーマンス動作・競技動作を解くことができます。

まずは、野球の右打者バッティングから語っていきます。右打者を取り上げると、卓球の右利きの人のフォア、同じくテニスの右利きの人のフォアやサービス、バレーボールの右のアタッカー、そしてサービス。バスケットボールなら右から左へパスを送る動作、右腕によるシュート動作のことまでわかります。なぜなら、こういった動作は根本的は皆、同じ運動構造といえるからです。

一方、脚を使ったパフォーマンス、キック動作は、右打者のあの運動とどうつながってくるのか。キックの場合、背骨から見ていくと、左のインステップキックがまったく同じ運動構造になるのです。

さらに水泳でいえば、自由形のクロール。専門的に水泳に取り組んでいる選手で、クロールが下手な選手は存在しません。全員が上手に泳ぐことができます。クロールの場合、右手で水を掻ききって、水面から手が出て行く場面の運動は、右打者のバッティングの運動と一緒なのです。卓球やテニスの右のフォアのストロークとも一緒です。

では、どの部分が一緒なのかというと、テイクバックのところです。

テイクバック時の背骨の働きが、軸の働きを通してリアルに同じ運動構造なのです。

しかも六層筋作用にもなっていて、六層筋が見事に支配力を持って、指導力を持って使われる場面という意味で、共通性があるといえるわけです。

もちろんこれは超一流の優れた選手に限った話ですが、それを科学的に整理して、語っていきましょう。

野球のバッティングとサッカーのインステップキックの共通性とは

RA＝LLTB構造理論

ほとんどの運動が「RA＝LLTB」

「RA＝LLTB」

これらの関係性を、科学的にはこの公式で説明できます。

「R」は右で、「A」はアーム。つまり「RA」は右利きの人の腕のことです。野球のバッティングでは、右利きの人でも左手も使ってスイングします。卓球でも副次的な作用で、サポートとして左手が使われています。そういう意味で、左手も含め、右利きの人の腕を主役とした運動構造のことを「RA」といいます。

次に「LL」。これはレフトレッグを主役とした運動構造の略で、「TB」はテイクバックです。

つまり、「RATB」＝「LLTB」でもあって、これらは同じ運動構造であることを、「RA＝LLTB」で表しています。

これは「RA＝LLTB」という運動構造全体のことなのです。

もう少し具体的に追っていきましょう。
右打者のテイクバックです。このときは下半身に対して、上半身がより右に回軸し、軸まわりで右にひねられていきます。その状態でバット、およびそれを支えている右腕・左腕が右の後ろ斜めのところに運ばれていきます。

この動作がどうやって行われているかというと、体幹を軸まわりでひねるため、回軸させるための筋肉、内腹斜筋・外腹斜筋があって、右の内腹斜筋が収縮し、同時に左の外腹斜筋の収縮によって行われます。

このあたりは皆さん、非常に頭を悩ますところでしょうが、右の内腹斜筋は右の腸骨上縁と前上方にある右側の肋骨下部をつないでいます。左の外腹斜筋は肋骨の下部の横から後ろにかけてと、前の下方、鼠径部をつないでいます。

RA=LLTBとは

R A = L L (T B)

Right Arm　Left Leg　Take Back

右利きの人の右腕系運動構造　左利きの人の左脚系運動構造

▶右打者のテイクバックの動き

動きを実際にくり返し行い、右の内腹斜筋と
左の外腹斜筋が筋収縮する感じを味わってみる

この二つの筋肉を収縮させるとどうなるかやってみてください。

おそらくそういわれてもできないはずです。

そこで運動科学者は次のようなことを考えて、皆さんに伝えるようにしています。まず右手も左手も五指を目いっぱい開いてください。そして右手は親指を前、他の四指を後ろの下方を向くようにします。そうすると親指は肋骨の下のほうの前面を触ることができます。このとき他の四指の指先は、右の腸骨の横から後ろにかけての上縁を触れます。そうするとこの親指と他の四指が右側胴部を斜めに渡るラインは、垂直に対して前傾していることがわかります。

この親指と他の四指の距離が縮まるように身体を回軸してみてください。

右回軸していくとどんどん縮まっていくのがわかります。それを元に戻すとどうでしょう。確かにそこが伸ばされるのがわかるはずです。

もう一度縮ませてください。もうおわかりかもしれませんが、実はこの縮ませる筋肉こそ内腹斜筋なのです。何回か繰り返してみてください。内腹斜筋の働きがわかって面白くなってきます。この手の使い方を「渡手導法」と言います。

今度は左側も試してみましょう。左側では開いた左手の親指が肋骨の横から後ろにかけて、他の四指は腸骨前部を越して鼠径部に当てます。この左側胴部を斜めに渡るラインは垂直線に対して後傾していることがわかります。つまり右の内腹斜筋と真逆の向きになります。

真逆の向きが反対側にあると、同じ方向の運動になるわけです。それを踏まえて、左手の親指と他の四指の距離が縮まるように動いてみてください。

やはり右回軸の運動になるはずです。上体が右に回ると同じように縮まります。

つまり右回りという同じ運動をすると、左の外腹斜筋は筋収縮しているということです。

ちょっとキツネにつまれるような感じがするかもしれませんが、身体はこういう仕組みになっているのです。

今度は、左手に加え、右の手の内腹斜筋も一緒にやってみましょう。左右同時に渡手導法を行うのです。準備ができたら同時に右回軸してみます。一度戻って、また右回軸。このとき右手も左手も縮みます。面白いではありませんか。せっかくですので、何度でも繰り返してみてください。

繰り返していくと、だんだん動きがなめらかになってきます。

両手を添えてそのままの状態で、右バッターになったつもりでテイクバックしてみましょう。どうですか。今までやっていたこの運動と同じだということに気づくはずです。そうしたらそのまま目いっぱいテイクバックしてみます。

そこで右手だけちょっと離して、テニスや卓球のつもりでテイクバックし、そこから打っていきましょう。これもまた同じ運動です。テニスのサービスも天地方向、X・Y平面上の伸び縮みするような運動が加わるにせよ、体幹の軸まわりについては同じ運動です。

バスケットボールでは、胸にボールを構えていて、左側に強く投げるために、右方向に少し体幹を回軸してからパスしてみましょう。これも同じ運動です。右手でドリブルしながら、左に強いボールを投げようとすると、一瞬、ちょっと体幹を右に振ります。まさに同じ運動です。シュートを打つときも同じですし、バレーボールのアタックも同じ運動です。

アタッカーは、肘から先導して右手を引き挙げていきますが、このとき手は右肩の後方に挙げていきます。これもテイクバックと同じ運動です。

最後にクロール。胸の前で水を掻いて、掻きって右手が水面に出てきたときも、同じ動きではありませんか。

このようにほとんどの運動は、「RA＝LLTB」に当てはまるのです。

体幹ローテーション

ではこのとき背骨はどうなっているでしょう。

もう一度離れていた右手を右の内腹斜筋の位置に「渡手」してください。ここに右手を渡手しただけで落ち着きませんか。そして、テイクバックをしたり、戻ったりを繰り返します。先ほどより、すごくなめらかに動くのがわかります。それが確認できたら、両手を離して、両手でバットを握ったつもりになり、テイクバックしてみます。

なぜかゴワゴワして動きづらくなってはいませんか。両手とも渡手していた先ほどまでのなめらかな、軸まわりがクルクル回る感じが失われていることに気づくはずです。

ここで再度、内・外腹斜筋の位置に左右の手を渡手してみましょう。この両手が縮んだり、開いたりするようにテイクバック⟷戻るを繰り返してみます。

どうですか？　きれいになめらかに回るではありませんか。あまりの違いにビックリされたのではないでしょうか。

実は優れたバッター、あるいは、優れたテニス選手になると、実際にバットやラケットを持って、相手のすごい勢いのある球を打ち返すときでも、両渡手をしているようにきれいになめらかに体幹を回すことができるのです。

皆さんはどうですか。左右の腹斜筋に渡手して、体幹をクルクル回軸したときは、精神的にもものすごくリラックスしていたことでしょう。そのうえ、きれいに軸が通っているので、バランスも文句なしです。なおかつ、無駄な力がまったく入っていません。

つまり、力の使い方、エネルギーの使い方としてもっとも効率よく身体が使える状況です。それでいてスーッときれいに体幹が軸を中心に回り、いわゆる体幹ローテーションになっています。その回転する中心がすごく実感できることでしょう。また、周りがよく見えるようになっている、つまり認知能力まで変わっていることにも気づくはずです。

一方、バットを両手で持って、テイクバックして、「さあ、打ってみよう」と構えてみると、急に視野が狭くなって、広々とスカッと見えていた感じが失われるものです。

実際に人間の行う身体運動とは、こういうことになっているのです。今の例でいえば、両手でバットを持って「さあ、打つぞ」とテイクバックをします。これはテニスでも水泳でも同じですが、人というのは、実際に何かをやり出そうとすると、視野が狭まり、モノが見えなくなってきてしまうのです。時間的、空間的認知力がガクンと下がってしまうわけです。

そして、いわゆるエネルギーの使い方もすごく無駄なことをしはじめて、とても疲れやすくなります。いろいろな筋肉が力を発揮している割に、効率が悪く、効果がないのです。

加えてバランスも悪いので、実際の動きはぶれているし、そのぶれを調整するために脳が潜在意識で調整しながら動くことになります。そのためバッティングでいえば、きれいにバットが面を切ってボールを捉えて打つことができません。打撃能力全体が下がってしまうのです。

ここでもう一度、左右の渡手をして体幹がクルクル回る感じを味わってみてください。

このときには、脊椎の溝、脊椎溝の一番深いところ、第六層にある横突棘筋たちが働いているのです。

もしも、まったく軸がぶれることなく、上半身が左右にぶれる感じがないまままきれいに回軸することができていたとしたら、三層ある横突棘筋の中の一番深いところにある回旋筋、さらに左右へのぶれが微塵もなく回ることができれば、回旋筋の中でも、二個先の棘突起につながる長回旋筋ではなく、（上下の）ひとつ隣につながっている短回旋筋が働いているのです。

実は、回旋筋がこのように主導権を握ることができないと、ガタガタになってしまうのです。先の実験でいえば、両手でバットを持ってテイクバックし、「さあ、打つぞ」と構えると、突然腹斜筋主導になってしまうことがわかっています。

腹斜筋は必要なのです。腹斜筋が持っている筋力自体は、スポーツの動作、武道やダンスを含む本格的な身体運動種目の専門的動作を行うときには、絶対に必要になります。

しかし、その主導権を腹斜筋に持たせると、ガタガタになって、体幹の軸はなくなり、体幹のきれいな軸回転運動は起きなくなります。
同時にバランスからスタミナ、認知能力まで、あらゆるスキルに直結するところに悪影響を及ぼしてしまうのです。

そうではない、天才たちのあの感じ、腹斜筋から主導権が解放され脊柱最深層の回旋筋が主導権を握り、軸が見事に通貫するあのステキな感じは、左右の腹斜筋に手を渡手することで体験できるのです。

もう一度やってみましょう。右手は内腹斜筋、左手は外腹斜筋に渡手して体幹を回してみてください。注意深くみていくと、上体が回っている間に、若干左右にぶれる感じがあるはずです。わかりにくければ目をつぶって、きれいに左右に回りながら、内腹斜筋・外腹斜筋の代わりをしている手が、右・左、右・

**▶上半身が左右に
ぶれることなく
きれいに回れるときは
短回旋筋が主導している**

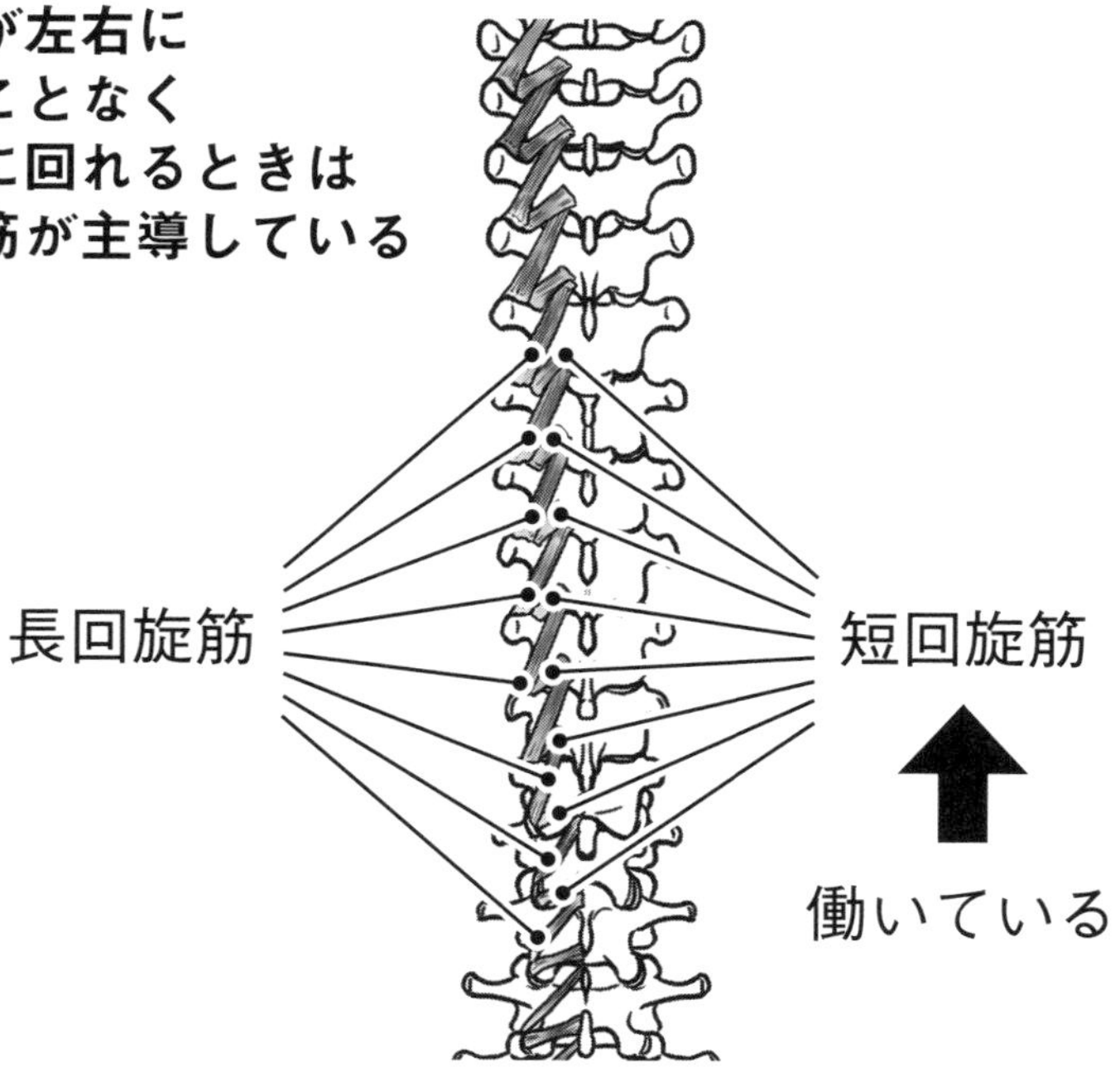

左と縮んだり、伸びたりするのを感じてみてください。どうでしょう？　体幹の上のほう、頭部などがちょっと左右にぶれている感じがわかるのではないでしょうか。

次に目を開き、回転を続けると、目線が左右に若干振れているのがわかります。これが働けば働くほど、より長い多裂筋から半棘筋の方向へと横突棘筋が働くことになり、ぶれを生み出すことになります。これらの筋肉は長いからこそ、軸まわり運動以外に、軸を左右に曲げ倒す作用を持ってしまうのです。

より短い筋肉であれば、左右に曲げる作用はなくなって、軸まわり運動オンリーで作用することになるわけです。

緊張と弛緩の差が大きいほどいい働きができる

最後に一番難しいところも語っておきましょう。

想像してみてください。ヘソの高さの背骨から、後方に出ている一本の棘突起と左右の横突起があり、そのうえにもうひとつ背骨があり同じく棘突起と横突起が生えています。これで棘突起・横突起は二段になりました。

この二段のうち、下段の左の横突起から上段の棘突起に筋肉がつながっていることを想像してください。この筋肉が縮んでいくとどうなるか。頭の中だけでイメージするのは難しいので、援軍を送りましょう。

右手を内腹斜筋、左手を外腹斜筋に渡手して、この左右の手が内腹斜筋・外腹斜筋の代わりに働くよう、体幹を少しずつ回していくのです。右に回って元に戻す。これを4~5回繰り返します。そして、手を当てたまま前を向いて、下段の左の横突起から上段の棘突起に斜めに筋肉が通っていることをイメージします（２０６ページのイラストを参照）。

その筋肉を意識しながら再渡手したまま右回りしてみましょう。このようにすると、下段の左の横突起から上段の棘突起を結んだ筋肉が縮んだ感じがわかるはずです。

それがわかったら、体幹を元に戻します。このとき筋肉は伸びた感じがします。もう一度右回り。「ああ、たしかに縮んでくる」。

このとき、右の内腹斜筋も縮んで、左の外腹斜筋も縮んで、渡手していた手は左右両方閉じていきます。

今度は左回りをして戻ります。戻ったら再び右回り。こうすると横突起と棘突起を結んでいる筋肉が短くなるのが分かります。体幹を回すと短くなり、元に戻ると長くなる……。

これを何度か繰り返して、筋肉の変化を確認しましょう。

確認できたら、一度そのことを少し忘れて、右の内腹斜筋、左の外腹斜筋の伸び縮みを楽しみながら、体幹をクルクルと回してみます。右回り、左回りときれいに回る……。

回りながら背骨を意識すると、なんとなく10個、20個と重なっている背骨の左側全体で、横突起と棘突起間の筋肉が伸縮しているイメージがつかめてくると思います。

次はキックです。

キックでこうした状態になるのは、どのようなシチュエーションなのかを確認していきましょう。

まず立ち上がってみてください。右足を前にして左足は半歩退いておきます。つまり左足でキックをする直前の姿勢です。右足の左横にボールがあるとして、そのボールを蹴ることを想定すると、蹴る直前は右足が前、左足が後ろになります。そして、ボールはできるだけ遠くに届くよう思いっきり蹴るつもりになります。その直前の上体は、左手が前に出て、右手は後ろになっています。

さあ、この体勢で腹斜筋に渡手してみましょう。どうですか。右バッターのテイクバック時と同じことが起きているではありませんか。

そこから渡手したまま、蹴り動作を続けて

バッティングの回軸運動を実際にやってみる

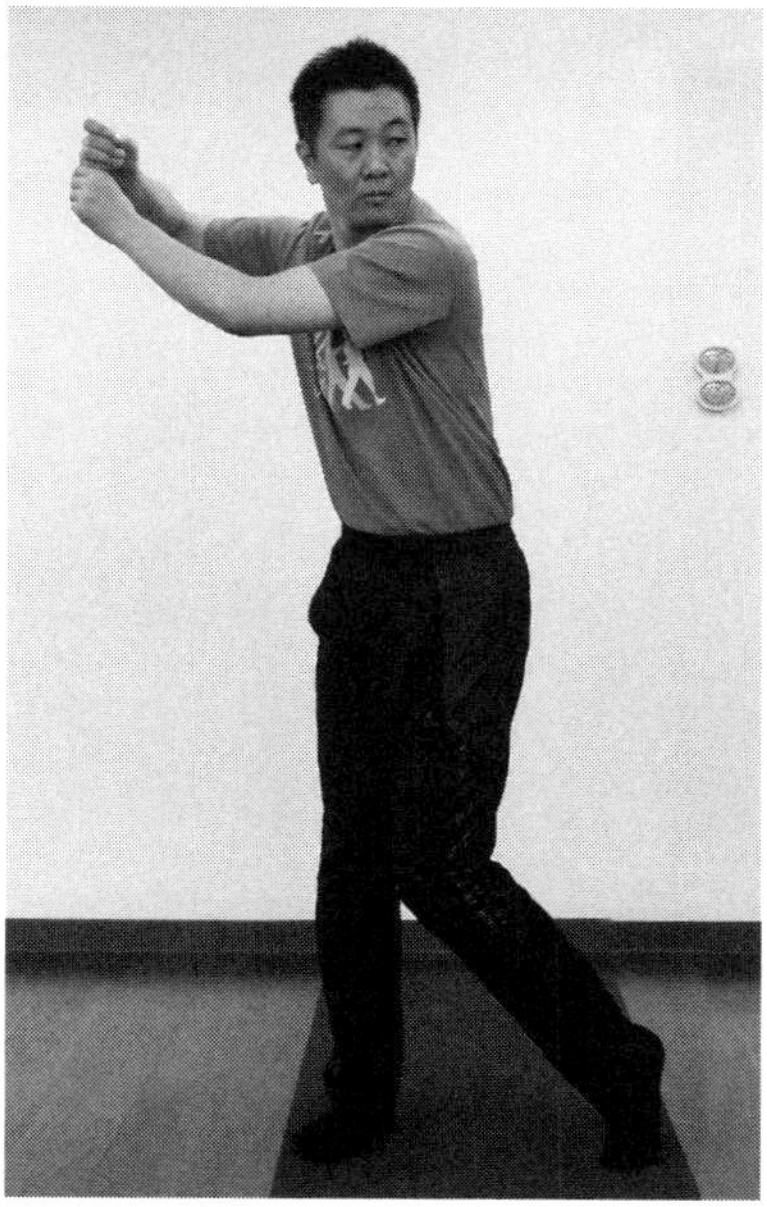

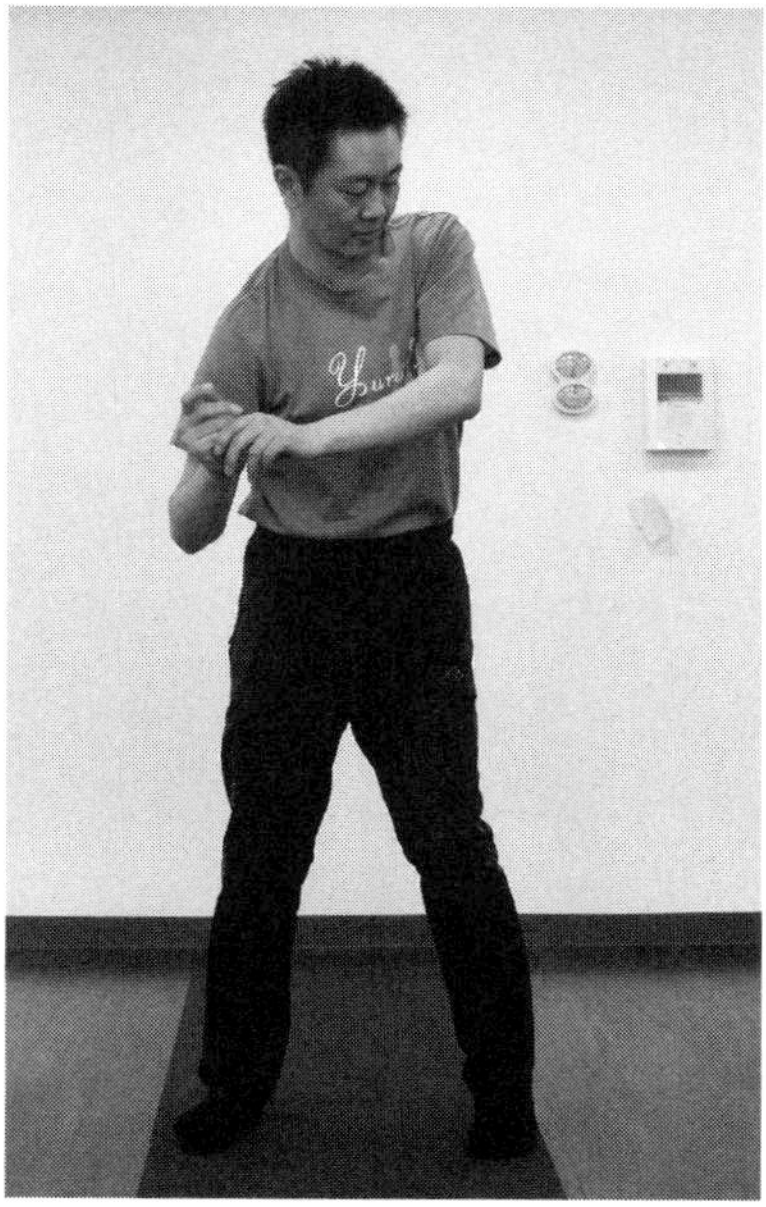

みましょう。蹴りはフルスイングでなくてもかまいません。左足が右足の横まで来たら、半歩後ろの位置まで戻して、これを何回か繰り返します。

ここでも体幹の軸まわりの運動が起きているのが実感できます。このとき内腹斜筋・外腹斜筋は、左足がボールに向かって蹴り出す直前に、右バッターのテイクバックと同じ動きになり、左蹴足が右軸足を通りこす蹴り動作では、右バッターのフォワードスイングと同じ動きになります。

これがRA＝LLTBなのです。

これまで人類は、数え切れないほどの身体運動種目を作り出してきたわけですが、上半身で表現するか、下半身で表現するか、あるいはダンスなどのようにその両方で表現するにしても、その回軸の量は別として、RA＝

キックの回軸運動を実際にやってみる

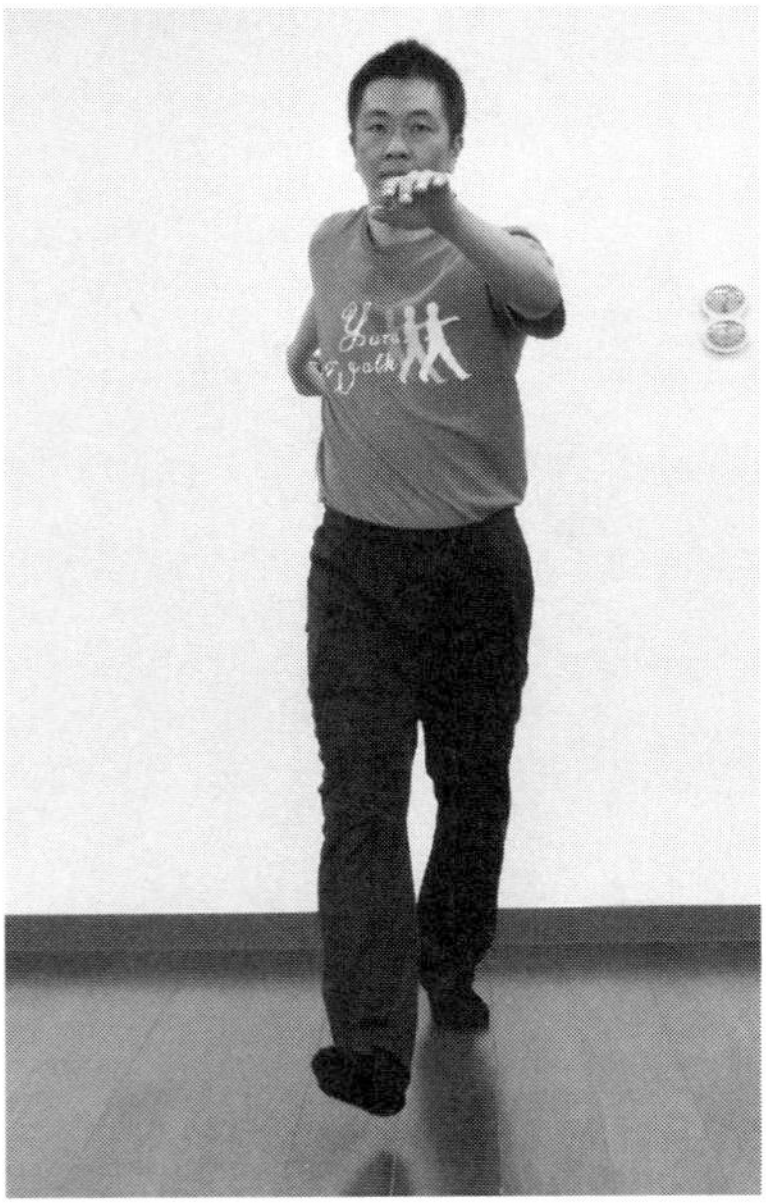

ＬＬＴＢという構造は普遍的一般的なものだということがわかるはずです。

これがわかれば、すべてがわかるというとちょっと言い過ぎでしょうか。でも、それぐらい重要なことなのです。

野球の世界では最近とくに「体幹ローテーション」の重要性が説かれていますが、軸があって、あのきれいに体幹が回る感じは、先ほど皆さんにも体験していただいたばかりです。

つまり、それは机上の空論ではなく実際に体現できる動きなのです。

一方で、何か競技動作の中で行おうとしたり、イメージしたりすると、一気に動きの質が下がり、崩れていきます。

そこから判明した事実がひとつあります。

それは、体幹の回転には必須不可欠な筋肉であり、筋力である、左右の内腹斜筋・外腹斜筋に主導権を握らせてはいけないということです。

主導権を握るべき筋肉は、脊椎溝の一番深いところにある、横突棘筋などのいわゆる六層筋なのです。

その六層筋に主導権を持たせるには、何が必要なのか。

六層筋は、小さな深いところに埋没している筋肉で、そのうえには何層もの分厚い筋肉が重なっています。しかも上から重なる筋肉ほど、より大きい筋肉なので、非常に厄介な存在です。

それらが固まって拘縮している状態だったらどうでしょう。

拘縮した筋肉というのは、ある程度強い筋力を発揮したまま不動でいるわけです。

筋肉が活動して、いいパフォーマンスを発揮するためには、出番がないときはゆるゆる、ふにゃふにゃに脱力し、必要になったときはスパッと筋収縮することが肝要です。

ゆるゆる・スパッ、ゆるゆる・スパッ、ふわふわグニャグニャ・ビシッと、緊張と弛緩の差が大きければ、大きいほどいい働きができるわけです。

そうしてみたとき、この脊柱系の筋肉はどうなっているでしょう。

そうです。その真逆に近い状態、まさにその中間的なところでギュッと固まって動かなくなっているのです。

それと一体になっている深層筋、六層筋も同じように固まって動けないでいるわけです。

重なり合った大きい筋肉たちに影響されて、その存在すら脳から忘れられた筋肉になってしまっているのです。

あくまで潜在意識下の話ですが、隣り合う筋肉同士が骨のように固まって動かなくなると、脳は筋肉と骨格の区別がつかなくなってしまうのです……。

潜在脳が自分の骨格や筋肉を把握するには、骨は骨らしく、筋肉は筋肉らしく、質の違いをハッキリさせておくことが重要です。

骨は常時カチカチに硬い剛体で、筋肉は脱力すれば、ゆるゆる、トロトロ、ふにゃふにゃで、液体に近いぐらい柔らかいのが本来の姿です。そこまで脱力すれば、当然骨との違いはハッキリします。

また筋肉同士の関係をみると、それによって筋収縮する筋肉としない筋肉の違いもハッキリします。どことどこがつながって、その筋肉は今使っている、脱力して使っていないという差が明確になります。

それによって生じる力関係も明快になります。骨格の圧力センサーも、筋肉の張力センサーも、その能力を存分に発揮できるわけです。

こうした状態にならないと潜在脳は、筋肉も骨格も区別がつかなくなってしまうのです。第3章の「軸の発生」でも語ったことと、ここで話がつながってきます。

つまり、太くて堅い丸太のような状態になってしまうということです。そのような状態では、脊椎溝の最深層にある六層筋が主導権を握れなくなり、主導権を握るどころか、何も働かなくなってしまいます。

▶緊張と弛緩の差が大きければ大きいほどいいパフォーマンスを発揮できる

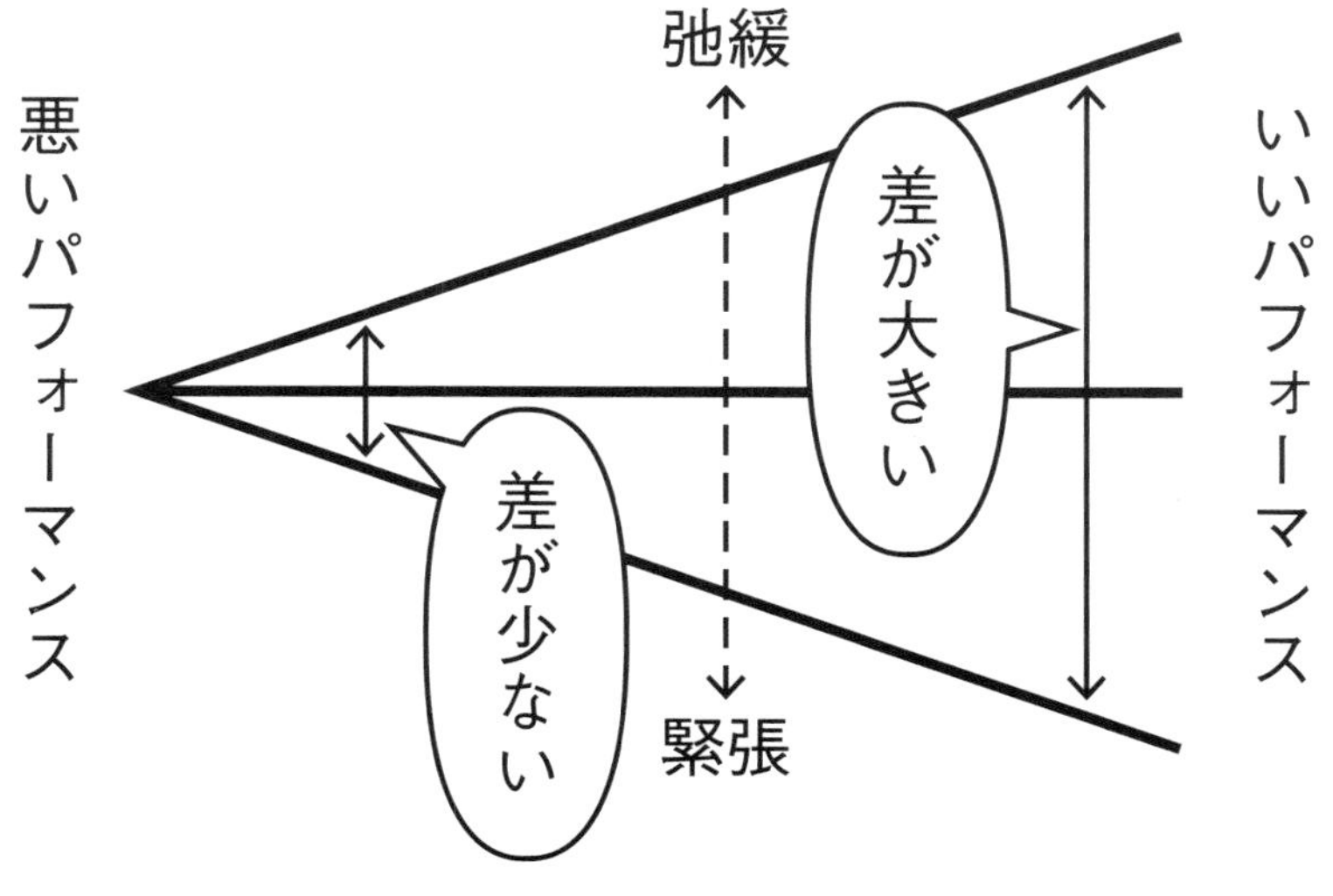

その結果、何が起きるかというと、腹斜筋系が主導して体幹のローテーションをなんとかやろうとしはじめるのです。なぜなら六層筋が使えなければ、それしか方法がないからです。

思い出してみてください。腹斜筋主導の体幹ローテーションは、あのガタガタの、視界は狭く、バランスは取れない、不快極まりないあの状態になってしまうということです。

それがすべてのスポーツの種目の身体運動において、同じことが起きるわけです。

上半身で行う投げる、打つ、掻《か》くといった表現から、下半身で行うキック系の表現まで、全部同じことになるのです。

これがRA＝LLTB構造理論なのです。

「脱力」と「緩解」

潜在脳が自分の骨格や筋肉を把握するには、骨は骨らしく、筋肉は筋肉らしく、質の違いをハッキリさせることが重要

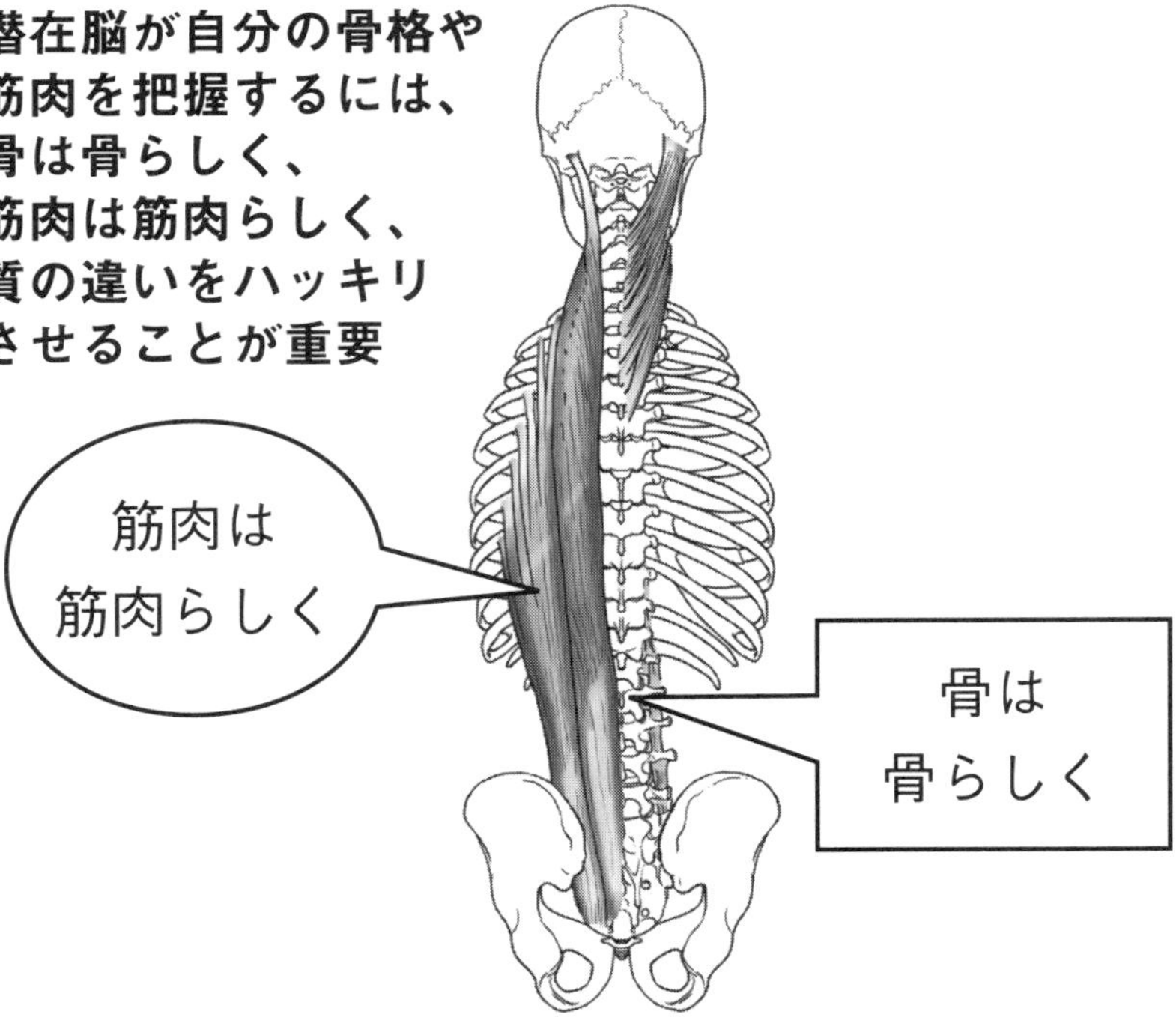

ひとつつけ足しておきましょう。

腹斜筋主導の動きは望ましくないなら、腹斜筋を脱力させるべきなのか？

腹斜筋の脱力以上にもっと大事なことがあります。腹斜筋の問題よりも、背骨まわり、脊椎に関わる筋肉の脱力のほうが、比較にならないほど圧倒的に重要です。

脱力とはわかりにくい概念かもしれません。なぜなら脱力という概念には操作性がないからです。そのため「脱力せよ」と言われても、何をしていいのかわからないといったことがよくあります。

脱力というのはいい言葉であると同時に、上達という観点からいうと非常に厄介な言葉でもあります。

先に「固有背筋」という言葉もいい言葉ではないと言いましたが、皆さんもその考えに賛同してくれたことでしょう。

解剖学というのはいうまでもなく大変重要な学問です。その位置づけは、自然科学における物理学に匹敵するほどで、人間に関する学問の中で非常に重要です。

人間をモノとして、モノそれ自体として厳密に極めていく学問が解剖学で、そういう意味で「固有背筋」というのは、さすが解剖学といえる概念です。

ここは明確に解剖学の優秀さとその特徴、「何のため」を突き詰めていく点と、一方で解剖学は死せる身体を対象にした学問であることの問題点が浮き出されています。

私たちは、まさに生きとし生ける身体を、もっともっと生命力のある、活動性のある、合理的な素晴らしい身体に変えようと希求しており、それが身体運動家の望みでもあります。

そのための学問が運動科学ですので、「固有背筋」という呼称は変更せざるを得ないのです。

そういう意味で「脱力」も、半分は正しく、半分は困る言葉でもあります。「脱力」よりは「ゆるめる」のほうがふさわしい言葉といえるでしょう。

なぜなら「ゆるめる」のほうが操作的だからです。「ゆるめる」というのは漢字で表現すれば「緩解」です。「脱力」と「緩解」を比べてみてください。「脱力」は文字通り力が抜けることですが、「緩解」は「ゆるめ解きほぐすこと」になります。あるいはその結果、受け身の形になって「ゆるめ解きほぐれること」です。いずれにせよ、操作性が入り、脳の活動が入ります。したがって、もっともも優れた言葉の使い方としては、緩解と脱力をうまく織り交ぜて、さらに擬態語のモゾモゾやダラーッなどをスパイスのように加えてフル装備で使いこなすことです。

脊柱については、あのガッチガチに固まった拘縮脊柱について、それを緩解することが何にも増して重要だということがおわかりになってきたのではないでしょうか。

拘縮脊柱が緩解すれば、第3章で述べたように、軸の成立・形成について、あえていえば神秘的といえるほどエレガントなことが起きるからです。あれもまさに脊椎まわりの脊柱が、拘縮脊柱から溶粘脊柱に変わった結果起きてくる現象です。

そして「連動」。ここまで語ってきた上半身・下半身の連動も、脊柱の溶粘化なくして、絶対に起きないのです。

「片立甲法《かたりっこうほう》」「片立甲脊椎深緩法《かたりっこうせきついしんかんほう》」

ここでは四つん這いになってトレーニングを進めていきますが、美しいシルバーの地芯上空6000キロに乗ることを忘れないでください。

片立甲法

①まずは肘抜きを丁寧に行う。詳しいやり方は「肩甲骨本」を参照。

②四つん這いになって体幹部をゆるめ、背骨が垂れるようにする。両手は肘関節伸展位で垂直平行になるのがポイント。

③左手を外して、右側の肩甲骨を残して、支えている右側の肩甲骨と肋骨の間が広がるようにする。この状態を、オーソドックスな「片立甲」と言う。

片立甲脊椎深緩法

①片立甲脊椎深緩法では、この「片立甲」の状態から、右の肩甲骨の内縁を、さらに高くするように努力しながら、背骨がより垂れ下がっていくように意識して、背骨と肩甲骨の内縁との距離が開いていくようにする。

②肩甲骨まわりや背骨をモゾモゾして、背骨全体をさらにさらに緩解させて、背骨がどんどん脱力しダラーッと垂れ下がるようにする。

③背骨の中央部分、胸椎の下半分から腰椎にかけて、つまり自由脊椎部分をさらにダラーッとさせて、自由脊椎が床に近づいていくようにする。

④胸椎の上のほうも、肩甲骨から離れて下がって、ぶら下がるようにやっていく。

⑤このとき右の肩甲骨は、内縁が上昇かつ右方向に左回転していくように努力する。

⑥胸椎の上半分が肩甲骨に吊られながら、ぶら下がりつつ落ちていくと、胸椎の上半分は右回軸・右回りになるので、ちょうど肩甲骨と逆回転になる。

⑦胸椎の右回軸は、上のほうから強くなり、下の自由脊椎に近い部分は、やや水平気味

▶片立甲法

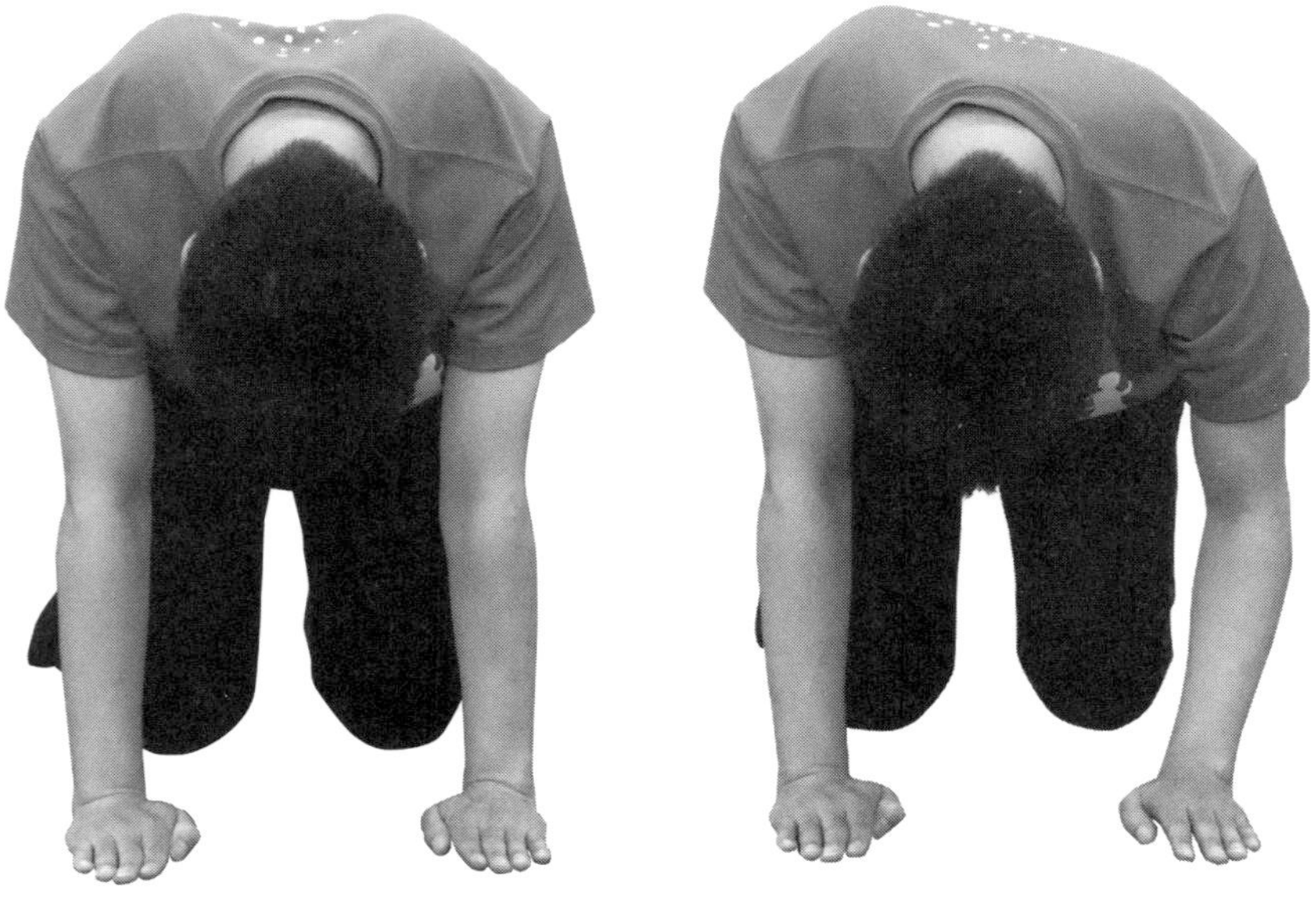

になっていく。水平気味だということは、背骨同士でいえば、胸椎の上のほうは右回軸で、下のほうは上のほうに対して相対的に左回軸になる。このとき背骨全体で何が起きているかというと、下のほうに対して上が右回軸しているということになる。したがって、RA＝LLTB、右バッターのテイクバックのときと同じ背骨の運動が起きる。

立甲をより深く進めていって、背骨が深く吊り下がる状態を作り出せれば出せるほど、右バッターのテイクバックと同じ、そして左キッカーの左キックのワンテンポ前の状態と同じ運動が起きてくる。

これは本文で説明したとおり、非常に普遍的な背骨の使い方で、連動の極めて普遍的な中心が、背骨によって行われるということになる。背骨に15度から20度くらいのねじれが生まれてくるが、立甲のトレーニングを深くやればやるほど四肢同調性と連動の本質的要素を鍛えることができる。

⑧終わったら、左手で支え右手を外して反対側も同じように行う。

左の肩甲骨の内縁を高くするように努力しながら、背骨が垂れさがっていくように意識する。このときに仲間に背骨をこすってもらうのもいい。「背骨はこれだよ」と言いながら、自分の棘突起を、仲間の親指と他の４本指で挟んでこすってもらう。

⑨次に肩甲骨も仲間に親指と他の４本指で挟みながら「これだよ、これだよ」と言いながらこすってもらう。

⑩背骨と肩甲骨の内縁との距離がさらに開き肩甲骨が右回転していくように、背骨と肩甲骨の

内縁を仲間に指でたたいて刺激してもらう。このときに背骨は右側下方に落ちていく。つまり左回軸・左回り。背骨はズルズルと落ちた結果、回るのがポイント。自分で回してはいけない。一方、肩甲骨は右回り。

⑪このときに僧帽筋の深層にある菱形筋に吊られていることが非常に重要。肩甲骨に吊り下がると背骨は自然と回り落ちていく。胸椎の下のほうから腰椎にかけての自由脊椎はさらにダラーとして水平状態、あまり回転がかからない状態で落ちていく。つまり背骨の上のほうと下のほうの間で回軸の角度が変わる。上のほうはより左回軸、下のほうは上のほうに対して相対的に右回軸状態になる。左バッターのテイクバック、右バッターでいうとフォワードスイングの状態。右キッカーなら、キックのワンテンポ前の状態になる。

▶ 片立甲脊椎深緩法

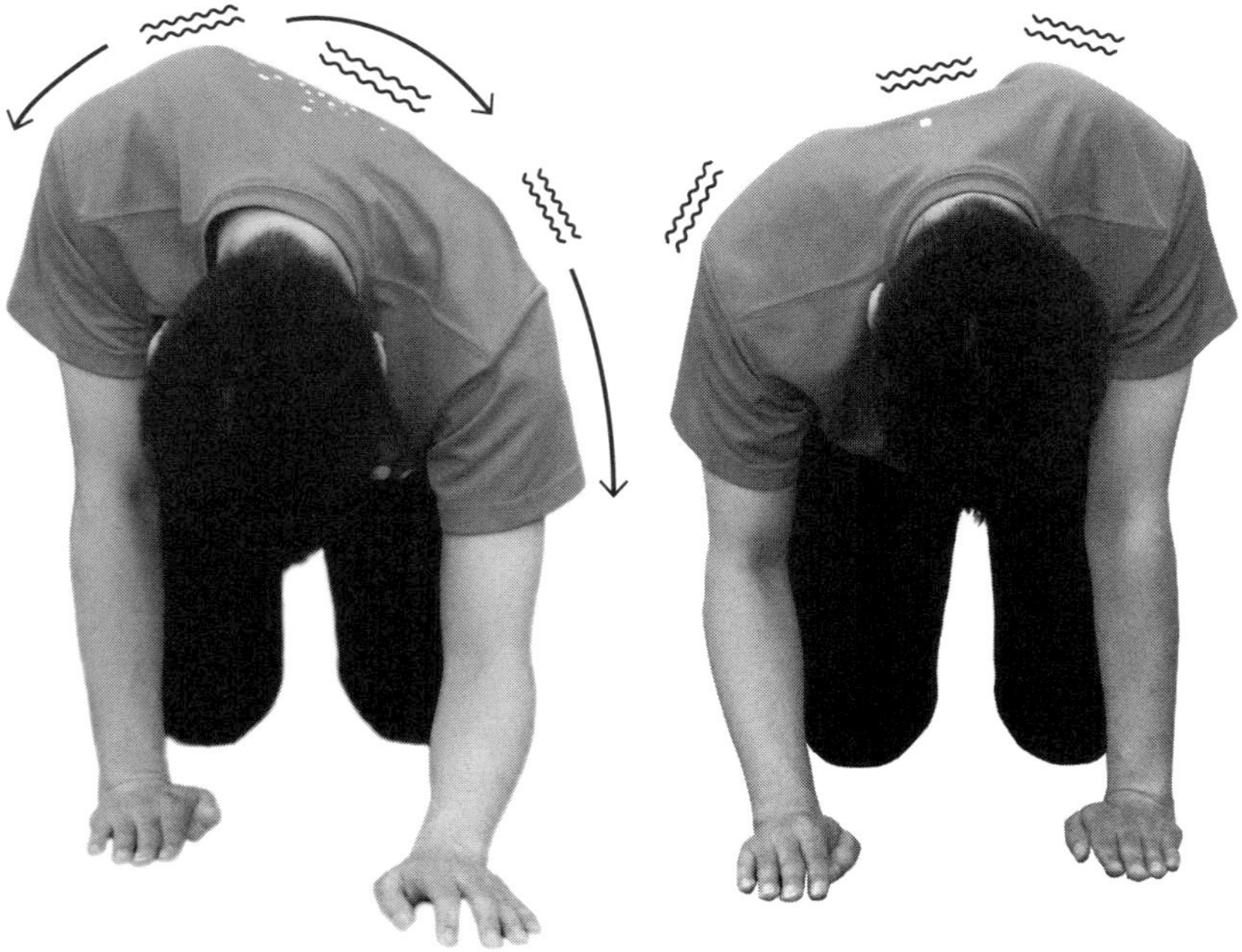

「甲脊仙腸割垂法《こうせきせんちょうかっすいほう》」

美しいシルバーの地芯上空6000キロに乗って行います。

甲脊仙腸割垂法

片立甲脊椎深緩法を通して、背骨が垂れ下がって肩甲骨の内縁と背骨の距離が開いた状態を「甲脊割垂」といいます。

肩甲骨と背骨が二枚の面で割れている感覚、つまり肩甲骨の内縁を通る面が一枚できて、もう一枚は肩甲側の背骨の脊側にできてきます。

脊側が切られて、ここに面ができて、その面上を背骨が切られながら落ちていく。そして割れながら回るのが、「甲脊割垂」です。

なぜ肩甲骨の内縁にも面を通して立てて、背骨の内側にも面を立てて通すのかというと、これによって「側面」というものが育ってくるからです。ちょっと専門的になりますが、これは次元身体意識といって、身体座標空間を強力に育てる身体意識になるのです。

これは自分の身体というものを、この三次元空間の中で、正確無比に捉えてコントロールするベースになると同時に、自分を中心に周囲に存在する環境世界を捉える全体としての認知機能の高度な開発にもつながっていくものです。普通の人間の感覚・意識では、割れて面が切れることと回転することはまったく同居、共存しえないことなのですが、高度な身体の世界では必然といえる能力なのです。

したがって人類の真のトップレベルを目指すならば、背骨をただ回し落とすだけではなく、面を作って、切って面上を滑り落ちながら割れて、回転していくという意識を育てていくことが重要になります。

①四つん這いになり、右手で支えて、左手を外す。スポーツ動作でいえばRA＝LLTB系。

②次に左足を残して、左足で下半身を支え、右の太ももを後ろにずらす。

③左の腸骨と左の仙腸関節の間が割れるように意識する。割って、そこに面が下から立つようにする。ちょうど右の肩甲骨と背骨の間で起きていることを、対角にある下半身でも行う。左の腸骨の内縁が立つような意識。

④このとき左の腸骨は右回転。それに対し仙骨は左回軸。仙骨の左端が高くなって、右端が落ちていく状態。ちょうど肩甲骨の内縁で、吊られながら背骨が落ちて回っていくのと同じように、左腸骨の内縁で吊られて、仙骨が落ちながら右端がさらに左回りしつつ落ちていく（左回軸）。

⑤中央の自由脊椎はダラーッと垂らす。このとき自由脊椎は水平気味になる。そうすると自由脊椎と仙骨に近い腰椎の五番、四番、三番付近では、互いに逆回転になる。腸骨は右回転、

仙骨から腰椎は左回軸。その上の自由脊椎は下に対して相対的に右回軸になる。
⑥これがＬＬＴＢ、左キッカーのキックの一歩手前の状態。仙骨とそれに近い腰椎に対して、上のほうの腰椎と胸椎（つまり自由脊椎）が右回軸している。
⑦そして仙腸関節に面を立てて、腸骨を立てていく。
⑧仙骨・腰椎の縁にも面を立てて、そこが立っていくと、腸骨に対して、仙骨・腰椎が割れて面上で割れながら滑り落ちていく。そして腸骨が右回転するのに対して、仙骨・腰椎は左回軸になり、より上の自由脊椎部分は相対的に右回軸していく。つまり、背骨を下から見ていくとどんどん右回軸していくということになる。
⑨立ち上がって、ＲＡＴＢ、右バッターのテイクバックをしてみる。身体の中に動きの構造が生まれ、経験したことのない動きのタメが生まれてくるのが実感できるはず。このとき腸骨も右回転をしているのがわかる。それに対して、仙骨は相対的に左回軸に残って、仙骨より上は仙骨と相対的にどんどん右回軸していく。腸骨と仙骨と腰椎下部と上部と各々が別なものとして感じられていればおおむね成功。
⑩今度はフォワードスイングのときに腸骨を右回転に止めておいて、仙骨から先に回転をかけてみる。このように腸骨を残しておくと、そこに身体座標の面ができて、空間を圧倒的にシャープに捉えられる。一方、腸骨と仙骨を分けずに一緒に回してしまうと、面がなくなり、上下の同調性により脊椎・肩甲骨・肋骨の中まで一緒に回って座標空間が流れてしまい、当たり前の空間認知しかできなくなる。腸骨と仙骨を分化させることで、より止まるところと動き

出すところをはっきり区別することで、内外の空間全体を次元として捉えることができる。

このように大変高度なことが、この片立甲系のトレーニングを下半身まで進めていく、「甲脊仙腸割垂法」によってできるようになるのです。

これはもういわゆる昔日の本来の武術の世界です。本来の武術の世界では、刃物を使うのが当たり前で、切られれば死んでしまいます。「切れば〝生〟切られれば〝死〟」の世界なので、面に対しての意識が天井知らずに発達し、とんでもなく鋭く厳格な身体座標空間が次元意識とともに発達したのです。

スポーツの場合、とくに球技は丸いボールを使うので、切れるものがありません。だからなかなかこうした面の意識は育ちにくい実態条件にあります。

しかし、球技でも本当の天才たちが巨大な社会経済環境（わかり易くいえば人気と収入）を土台にしのぎあって、壮烈な競争の末にトップ・オブ・トップになってくると、もっと上の、もっと先の能力が、必然的に押し出されるように欲しくなってきます。そうした結果、必要性が生まれて、こうした面の意識もできてくるのです。

野球でも、全盛期のイチローにはこうした意識がある程度ですが育っていましたし、サッカーは全盛期のジダンやメッシ、また球技以外の競技ではレスリングの吉田沙保里、体操の内村航平、スピードスケートの清水宏保、フィギュアスケートの羽生結弦などにも、イチローほどではありませんが、やはり絶好調のときには、ある程度生まれてきていました。

甲脊割垂法

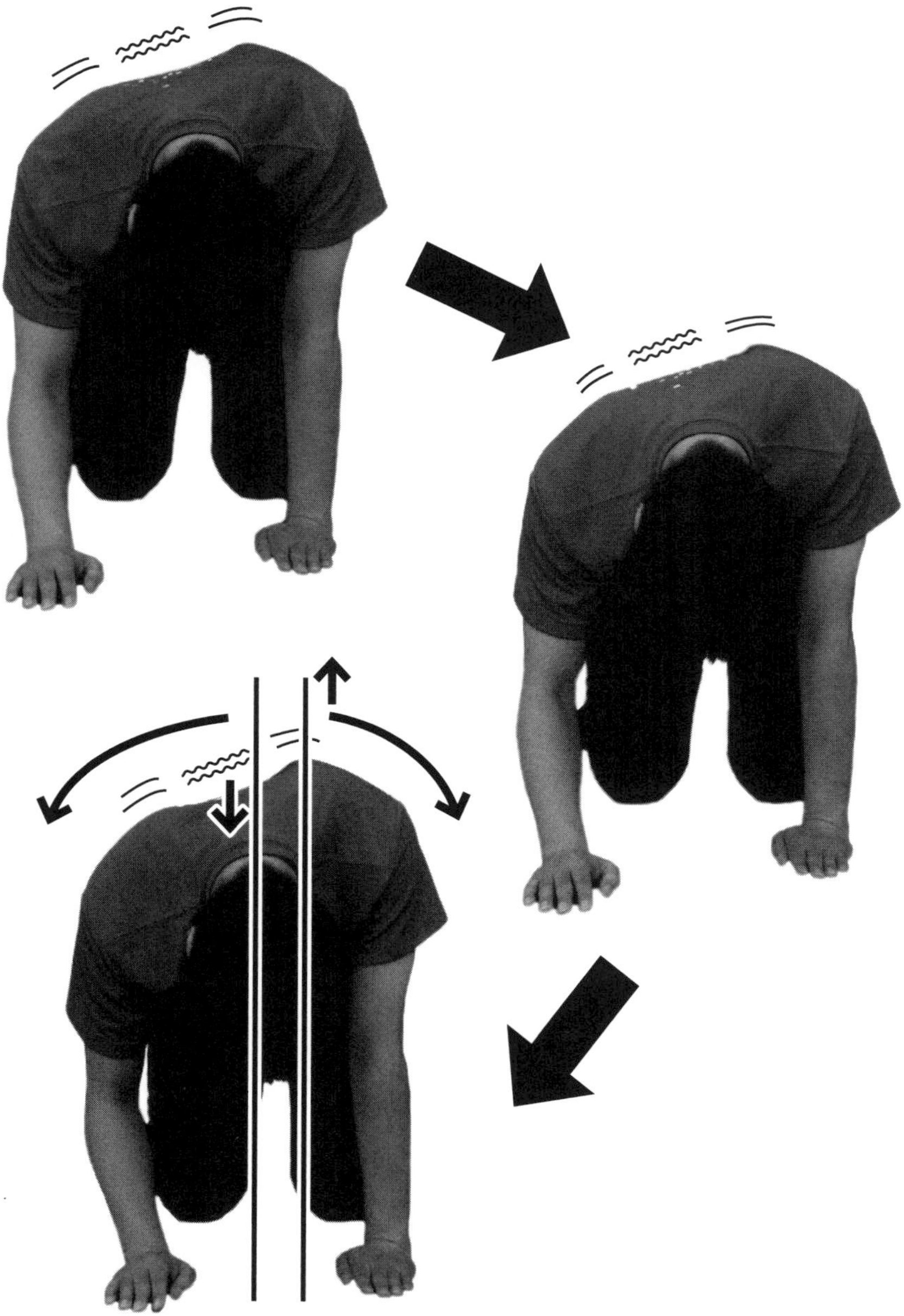

▶ 仙腸割垂法

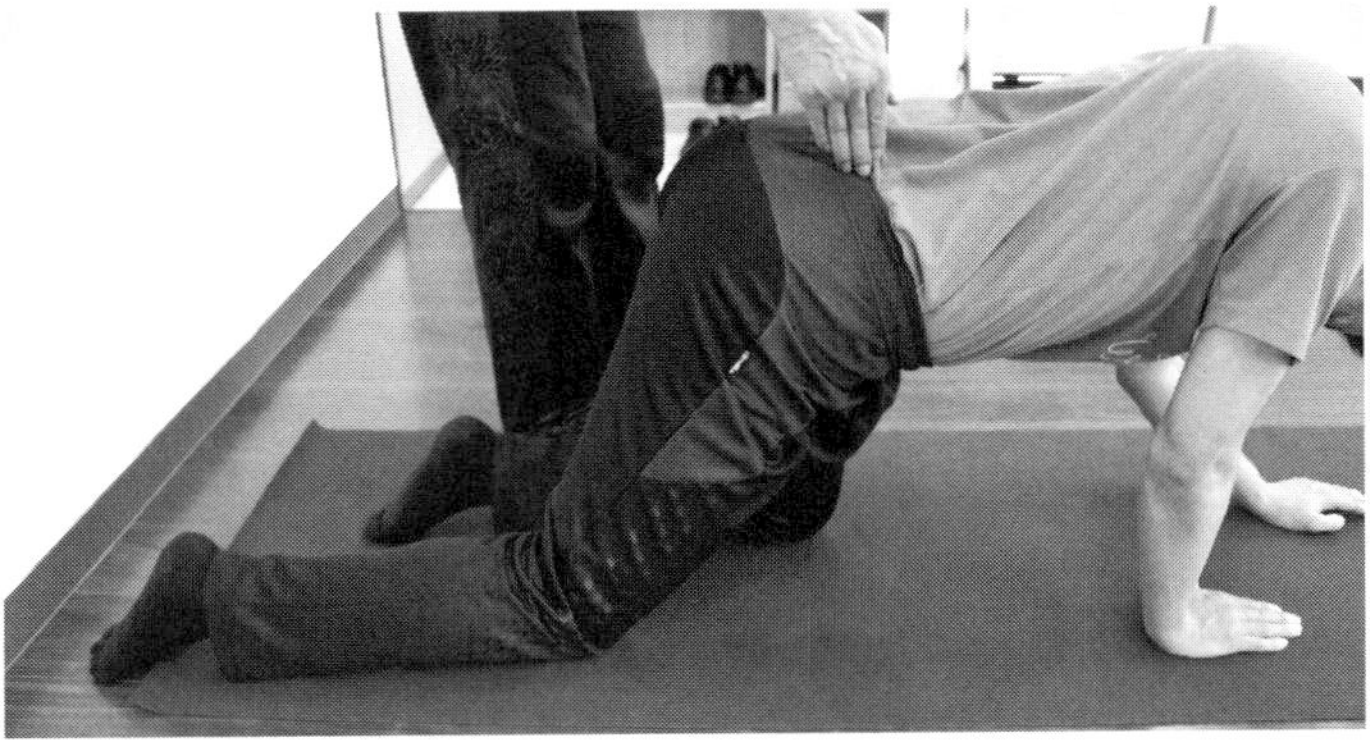

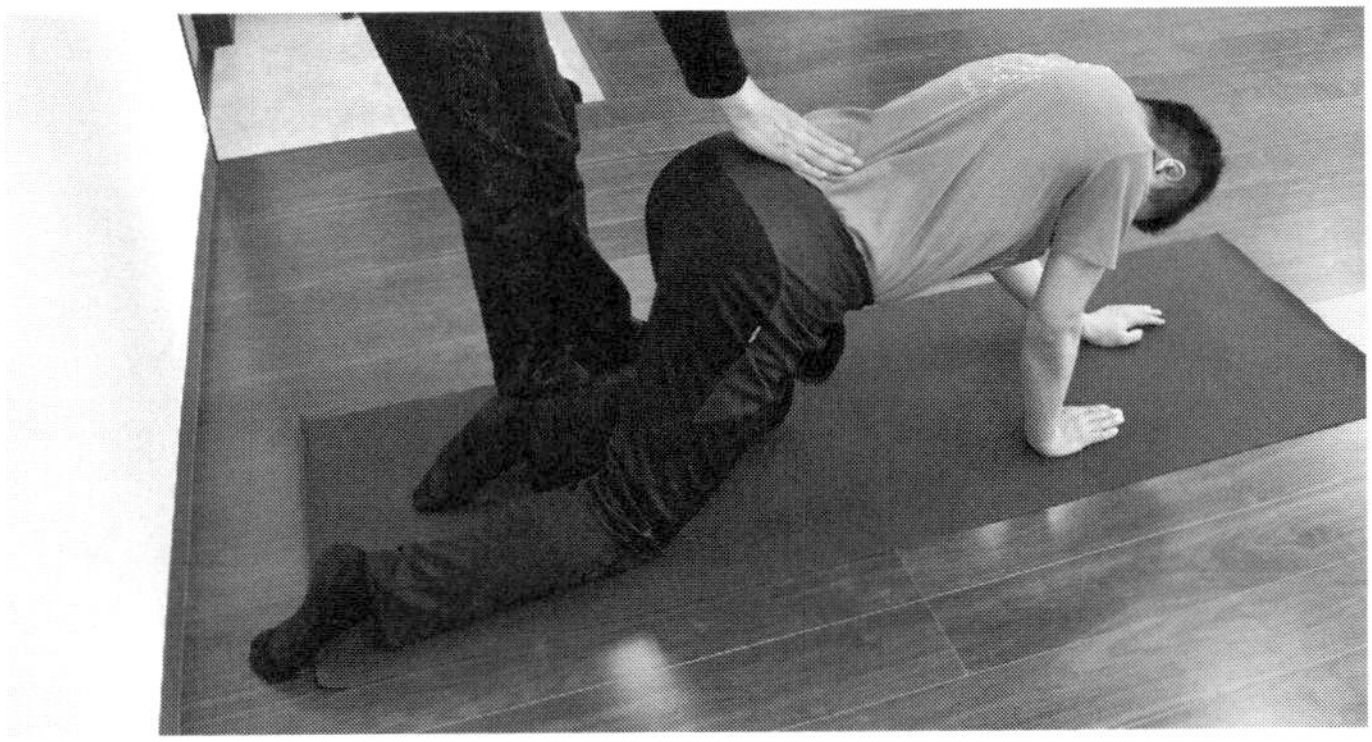

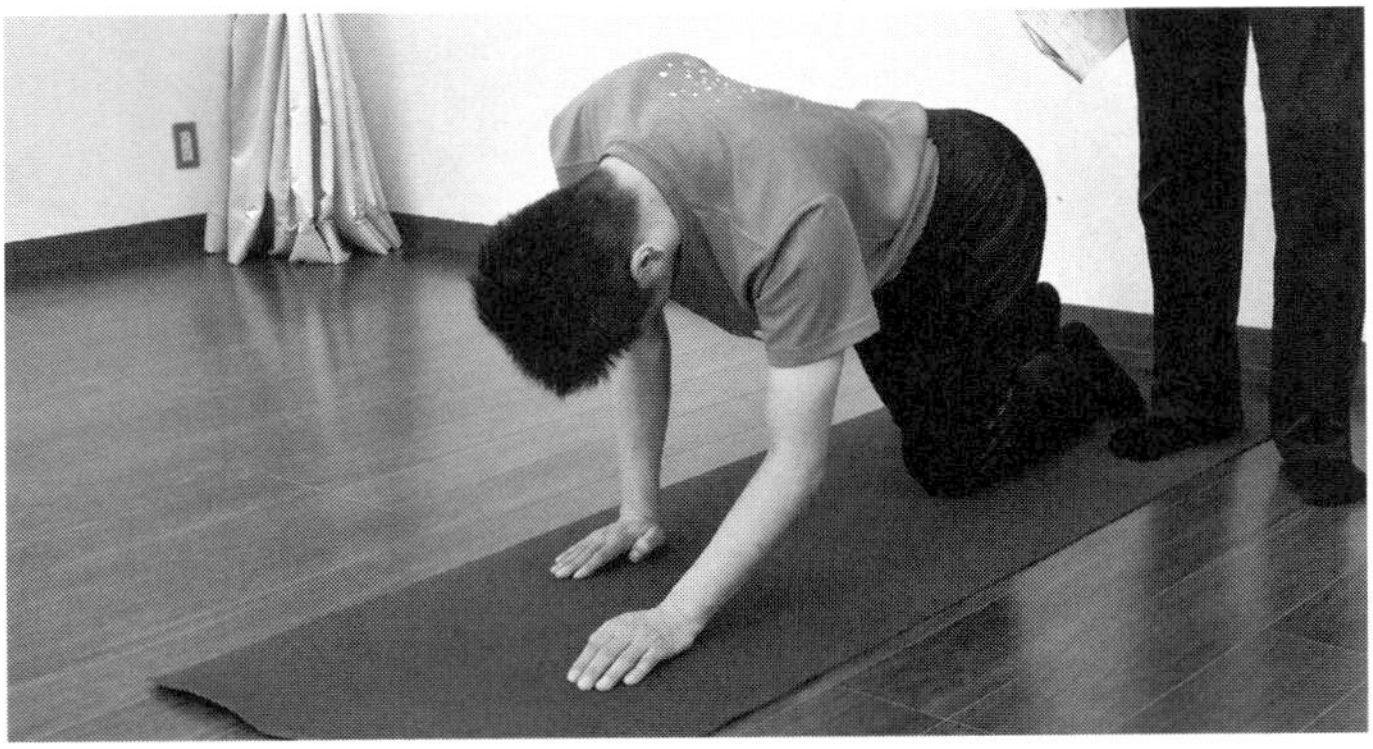

仙腸割垂法

効果をスポーツの動きで確認

バッティング

インステップキック

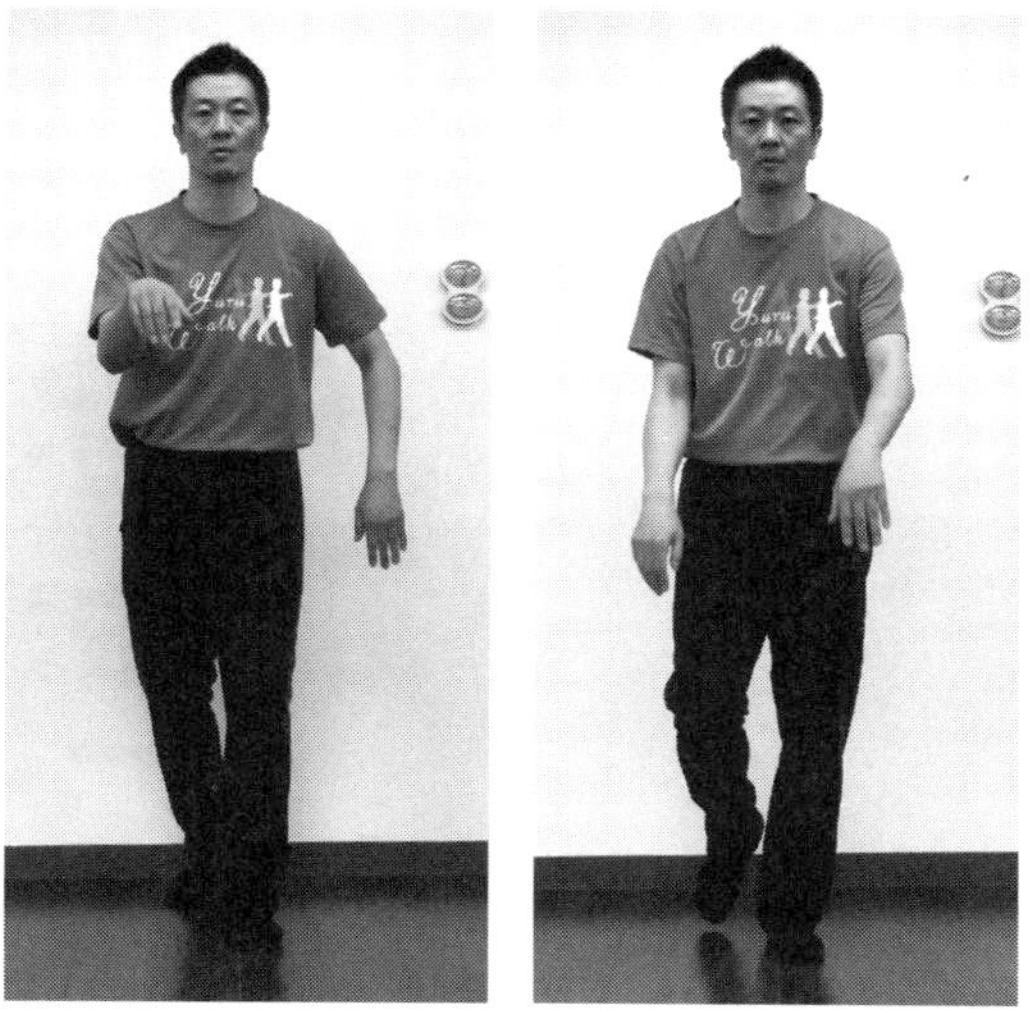

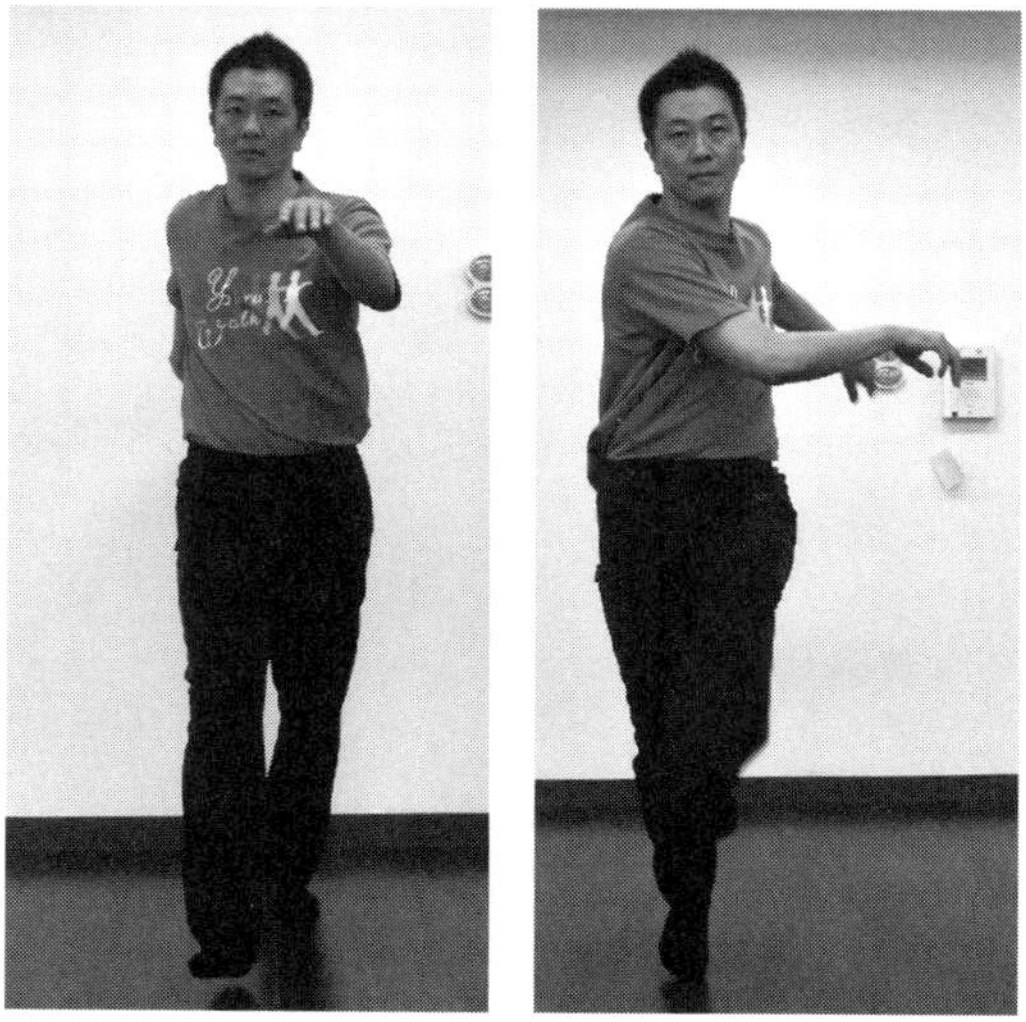

「肩甲骨脊椎揺解法《けんこうこつせきついようかいほう》」

モゾモゾ・モゾモゾ動かす

①立位で行う。まずは、美しいシルバーの地芯上空6000キロに乗って立ち、上体をダラーッとゆるめながら左右の肩甲骨をモゾモゾ・モゾモゾと、肋骨から剥がすように動かす。

②次は片側だけ、右側の肩甲骨のみモゾモゾ・モゾモゾ動かす。

③今度は左側の肩甲骨だけ、モゾモゾ・モゾモゾ動かす。このときのポイントは、動かしている側の肩甲骨に対し、背骨から反対側を格定しているところにある。つまり背骨に対し、動く側と止まっている側をはっきりさせること。

④右の肩甲骨と背骨の間の筋肉をモゾモゾ・モゾモゾ動かして解きほぐす。

⑤今度は左の肩甲骨と背骨の間の筋肉をモゾモゾ・モゾモゾ動かして解きほぐす。

⑥次に極めて難しいやり方だが、左右の背骨の際を、背骨だけを動かしてゆるめ解きほぐす。肩甲骨を使わずに、背骨の動きだけで背骨のまわりを解きほぐす。

⑦これまた難しいが、肩甲骨を動かさずに、背骨だけで右側の肩甲骨と背骨の間の筋肉を解きほぐす。

⑧今度は背骨だけで左側の肩甲骨と背骨の間の筋肉を解きほぐす。

⑨背骨を格定し（動きを止めて）、右の肩甲骨だけを動かして、肩甲骨と背骨の間の筋肉を徹底的にゆるめていく。

⑩今度は右の肩甲骨を格定し、背骨だけで右の肩甲骨と背骨の間の筋肉をゆるめる。

⑪再び背骨を格定し、左の肩甲骨だけで、左の肩甲骨と背骨の間の筋肉を徹底的にゆるめていく。

⑫左の肩甲骨を格定し、背骨を動かすだけで肩甲骨と背骨の間の筋肉をゆるめる。

⑬背骨も肩甲骨も動かして、背骨と肩甲骨の間の筋肉を解きほぐす。

かなり背骨と肩甲骨の間の筋肉が、自由に動くようになったはず。

と同時に、背骨と肩甲骨の違いがよりはっきりしてきたはず。

▶肩甲骨脊椎揺解法　肩甲骨をモゾモゾと肋骨からはがすように動かす

前から見た動き	後ろから見た動き

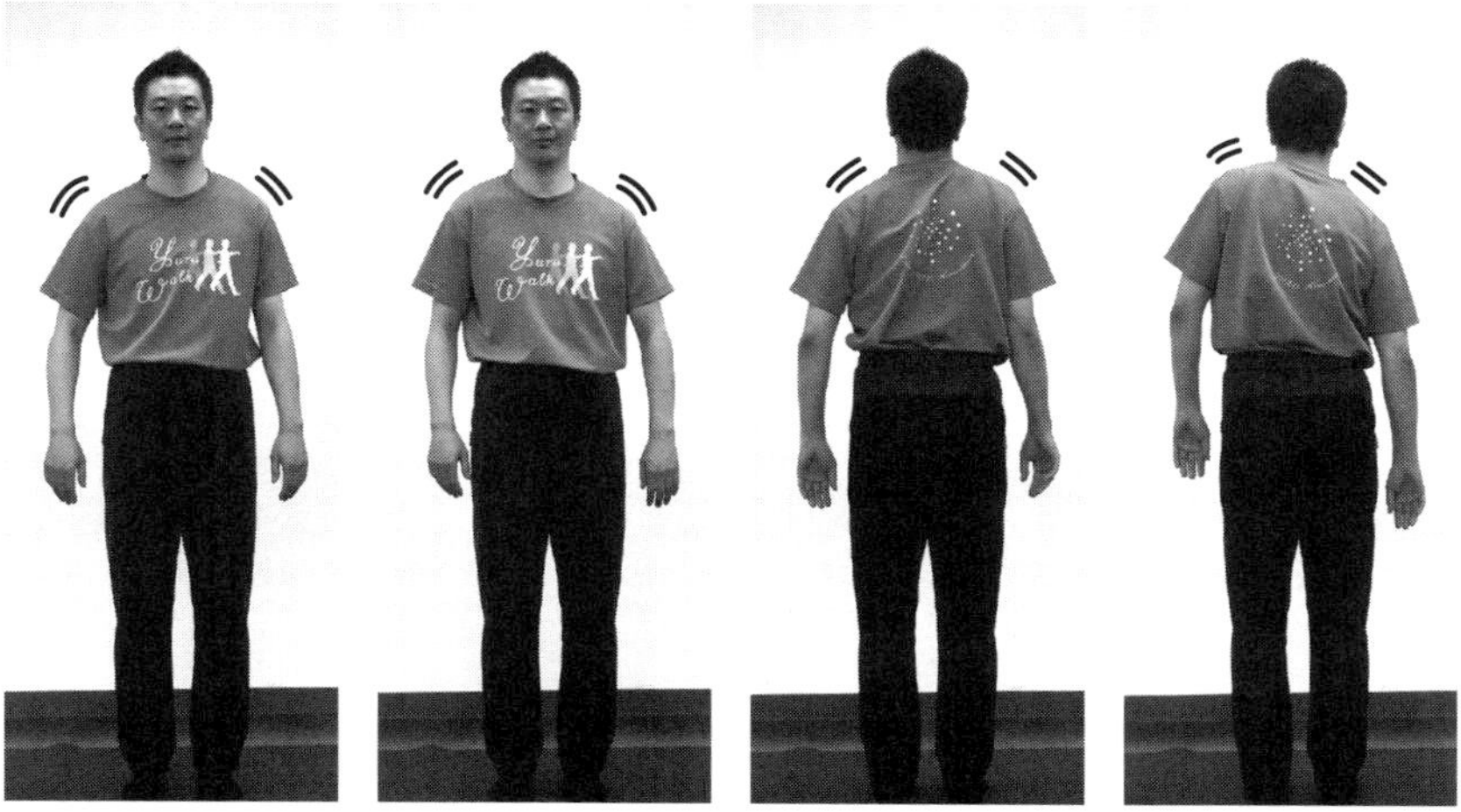

⑭さらに難しくなるが、背骨と両肩甲骨を格定し右側の肩甲骨と背骨の間の筋肉だけを解きほぐす。
⑮続いて背骨だけを動かして、背骨を揺解しながら、いま動かした筋肉をゆるめる。難しいかもしれないが、左側は格定し、中央の背骨を動かして右側の筋肉だけを解きほぐすために、背骨を動かす。
⑯左側も同じように、まず背骨と両肩甲骨を格定し、左側の肩甲骨と背骨の間の筋肉だけ解きほぐす。
⑰今度は背骨を動かし、背骨を使って左側の筋肉だけをゆるめていく。

さあ、バッティングの素振り動作で効果を確認してみましょう。

背骨との連動がはっきりわかり、素晴らしいスイングが体現できます。背骨と肩甲骨付

肩甲骨脊椎揺解法

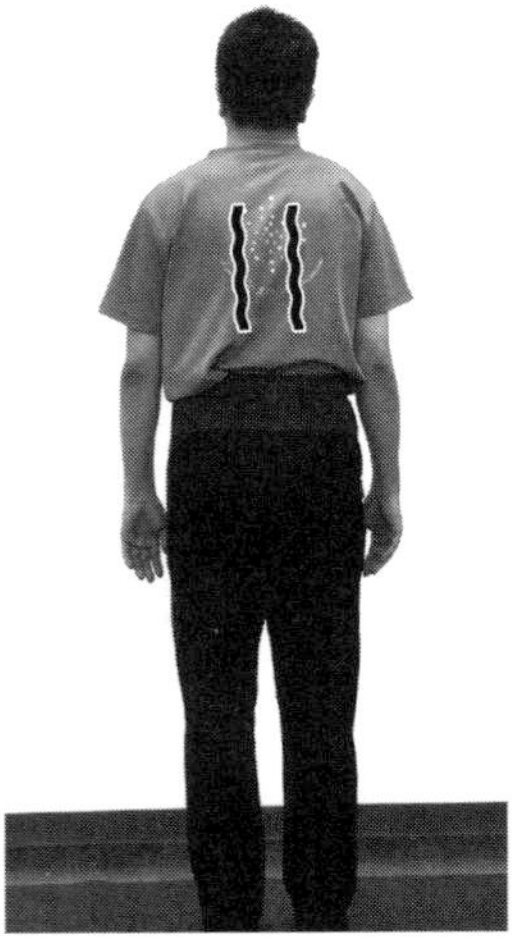
背骨を動かして筋肉をゆるめる

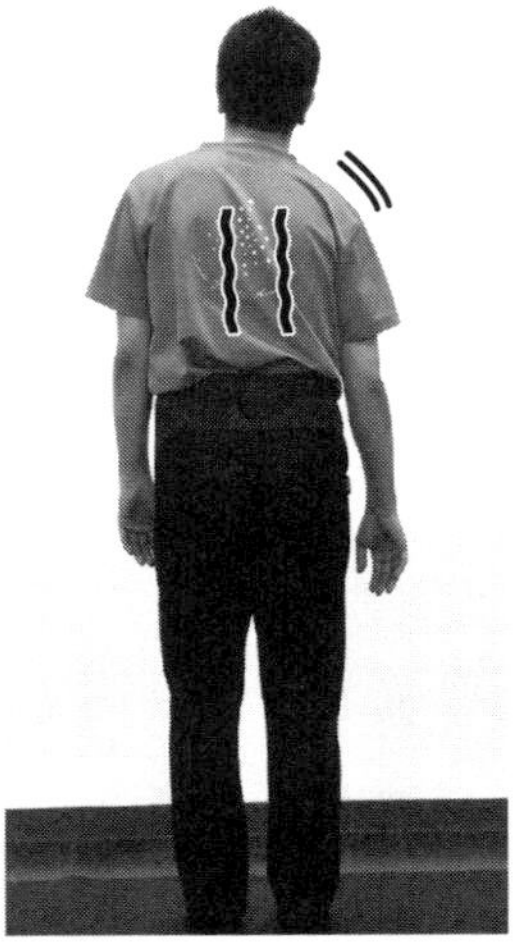
左側を格定し背骨を動かし右側の筋肉をゆるめる

右側を格定し背骨を動かし左側の筋肉をゆるめる

近が渾然一体となっているうちは、深い連動はまったく期待できません。まず背骨は背骨で別のものとしてしっかりできあがる必要があるわけです。

脳にとって、背骨と肩甲骨はまったく別のものとして認識できることが肝心なのです。

連動にも実はいろいろなレベルがあり、誰もが連動はしているわけですが、多くの人は背骨と肩甲骨を連動させたいがゆえに、一緒くたにしてしまうのです。とくに脳は急いで連動させたいと考えるので、背骨と肩甲骨を一緒にしたくなり、やがて一緒になってしまうのです。

この肩甲骨脊椎揺解法は、脳に背骨と肩甲骨は別のものであることを教えてあげるトレーニングになっています。教えてあげながら、連動させることも気づかせるようにできています。

つまり、背骨を格定し、背骨を動かさないで、肩甲骨と背骨の間の筋肉を解きほぐすことで、背骨と肩甲骨をセパレートさせていくわけです。

その直後に背骨を動かして、同じ場所を解きほぐす作業をします。ここでは背骨も参加しはじめるわけですが、背骨を挟んだ反対側は格定したままにして、背骨と分けて使います。

その結果、やりたいこと、動かしたいことの深さと次元、そのうえでの正確さ、クリアさがまったく変わってくることになります。

背骨をただグネグネさせるだけではなく、このように格定させたり揺解に参加させたりすることで、身体の中で次元というものができてきます。

また、それはやがて内外の空間を捉える次元意識を高めることにもなります。

もうひとつ、ピッチング動作も行って効果を試してみましょう。

ボールを投げるように腕を振ってみると、味わったことがないような、軸があって、ピターッとしながらフリーな感じが味わえます。ピターッとして、よりフリーに深く身体が使えるようになるのです。

とくに背骨と肋骨の格定感に対し肩甲骨から生まれるズルッとした感じは重要で、これは背骨を肩甲骨とは別のものとしてきちっと使い分けられるようになったことを示しています。

そういう意味で、安易につながりを持たせて連動をかけてしまうと、低いレベルでの連動に止まってしまうので注意してください。

それでは肩甲骨が本来の肩甲骨としての働きをしているとはいえません。

だからこの肩甲骨脊椎揺解法のトレーニングで、まず背骨の右側と左側はまったく別の世界であることをわからせてあげるのです。

そもそも肩甲骨は背骨とはまったく別の〝モノ〟としてできあがっているので、まったく別の〝モノ〟として脳が認識しないと、肩甲骨本来の使い方はできてこないのです。

最初は難しいかもしれませんが、背骨は右側だけ、左側だけを働かせることができるのですから。片側だけを働かせないときは、働かせないという超重要な働き方（これがまさに「格定」です）をしているわけで、ピターッとする感じはここから生まれてくるのです。

とくに野球のピッチング動作を高度化するためには、右ピッチャーなら左側を使わせないことができるかどうかがカギになります。サッカーなどのキック動作も試してみましょう。

バッティング、ピッチング、キックの動作で効果を確認

バッティング

ピッチング

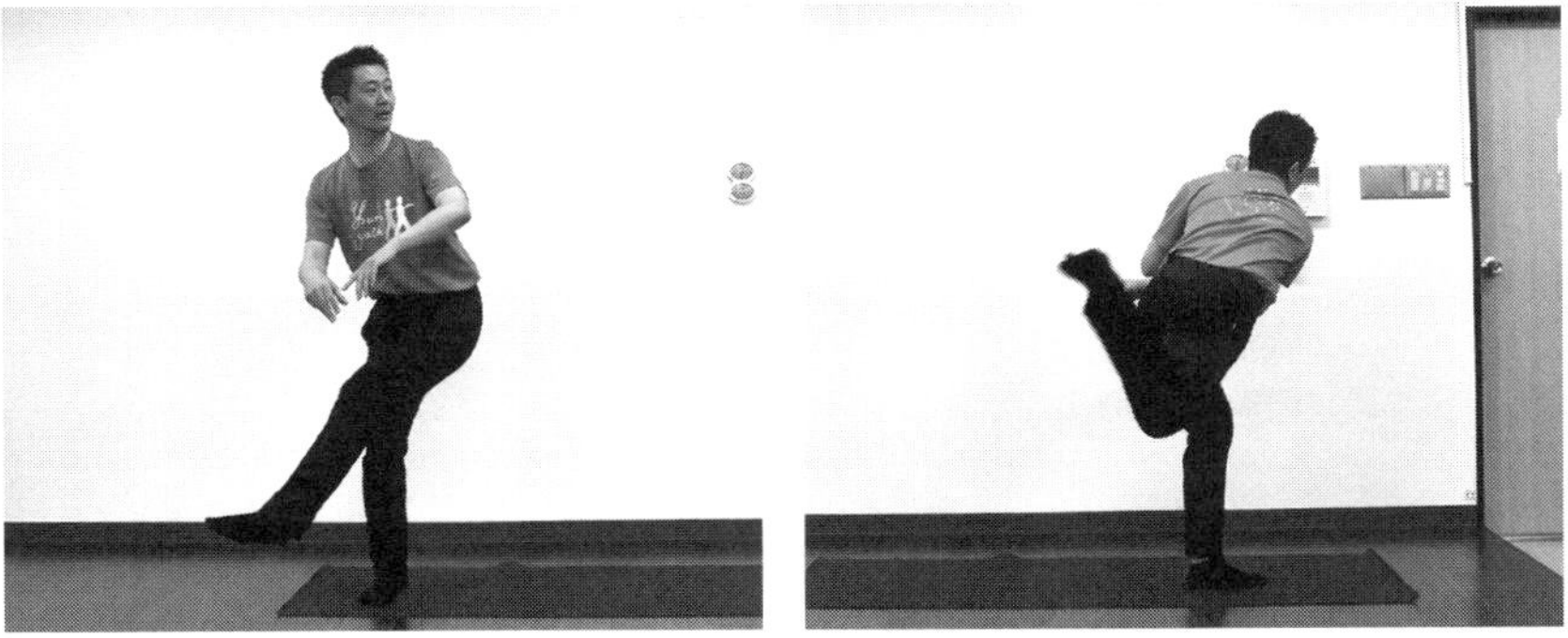

キック

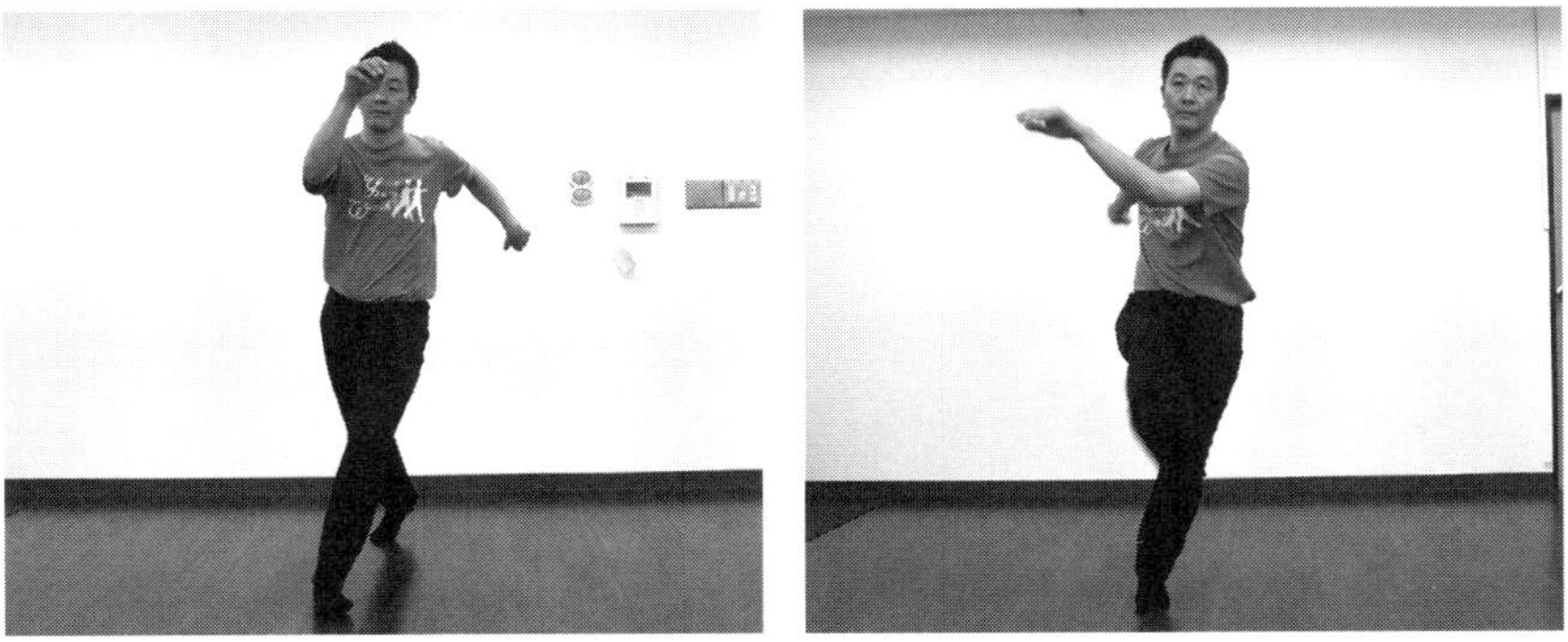

「股関節《こかんせつ》（転子《てんし》）脊椎揺解法《せきついようかいほう》」

「ペチャクチャ・ペチャクチャ」しているつもりで

①美しいシルバーの地芯上空6000キロに乗って、足裏の脛骨直下点と股関節の中心＝転子を結んだ直線（脚センター）が、左右で平行になるように立つ（NPS＝ナチュラルパラレルスタンス）。
②中指を突出させて（中指突出法）、股関節の中心に当てる。
③右の股関節を意識しながら、中指の指先で転子を細かく揺すりほぐす。
④このとき、股関節の中心が「ペチャクチャ・ペチャクチャ」とおしゃべりしているようなつもりで、指を細かく揺すり、実際に口で「ペチャクチャ・ペチャクチャ」とつぶやきながらやってみる。
⑤左の転子も同じように、「ペチャクチャ・ペチャクチャ」とつぶやきながら、中指の指先で細かく揺する。
⑥再び右の転子を「ペチャクチャ・ペチャクチャ」揺する。
⑦それに応えて左の転子も「ペチャクチャ・ペチャクチャ」揺する。

⑧これを交互に繰り返す。

⑨何度か繰り返したら、中指を転子に当てたまま、仙骨が「ペチャクチャ・ペチャクチャ」とおしゃべりするように揺する。

⑩再び左の転子が、「ペチャクチャ・ペチャクチャ」。

⑪右の転子が、「ペチャクチャ・ペチャクチャ」。

⑫腰椎の五番が「ペチャクチャ・ペチャクチャ」とおしゃべりするように揺する。

⑬そして、左の転子が「ペチャクチャ・ペチャクチャ」。

⑭腰椎の五番が「ペチャクチャ・ペチャクチャ」。

⑮右の転子が「ペチャクチャ・ペチャクチャ」。

⑯今度は腰椎の四番が、「ペチャクチャ・ペチャクチャ」。

⑰左の転子が「ペチャクチャ・ペチャクチャ」。

⑱腰椎の四番が「ペチャクチャ・ペチャクチャ」。

⑲仙骨と腰椎の五番と四番で「ペチャクチャ・ペチャクチャ」する。

⑳右の転子が「ペチャクチャ・ペチャクチャ」。

㉑左の転子が「ペチャクチャ・ペチャクチャ」。

㉒両方の転子が「ペチャクチャ・ペチャクチャ」。

難しければ、

▶股関節（転子）脊椎揺解法

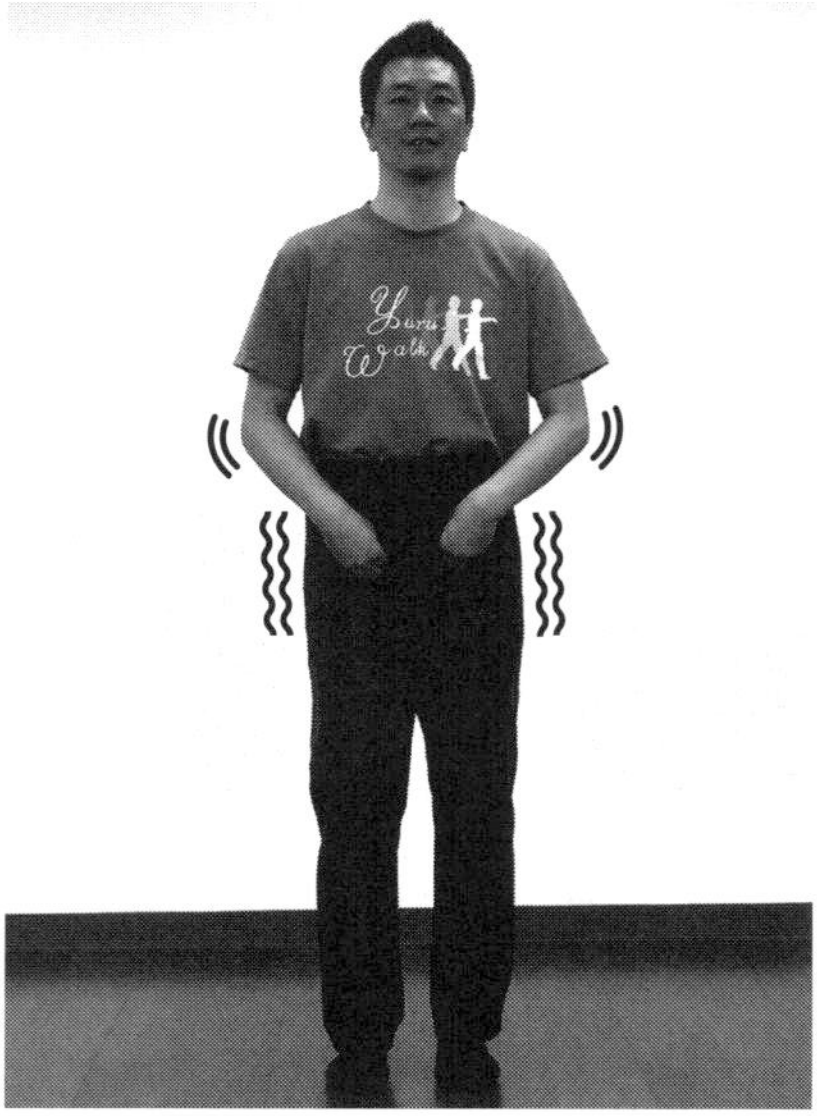

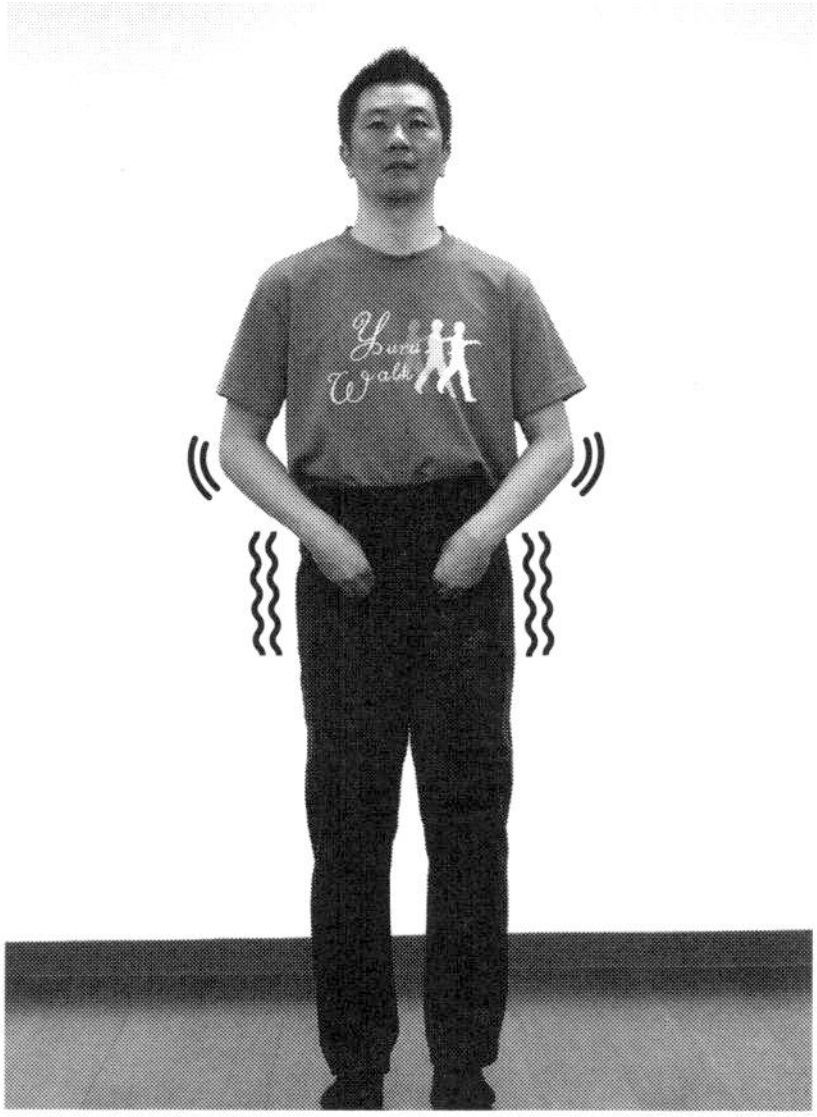

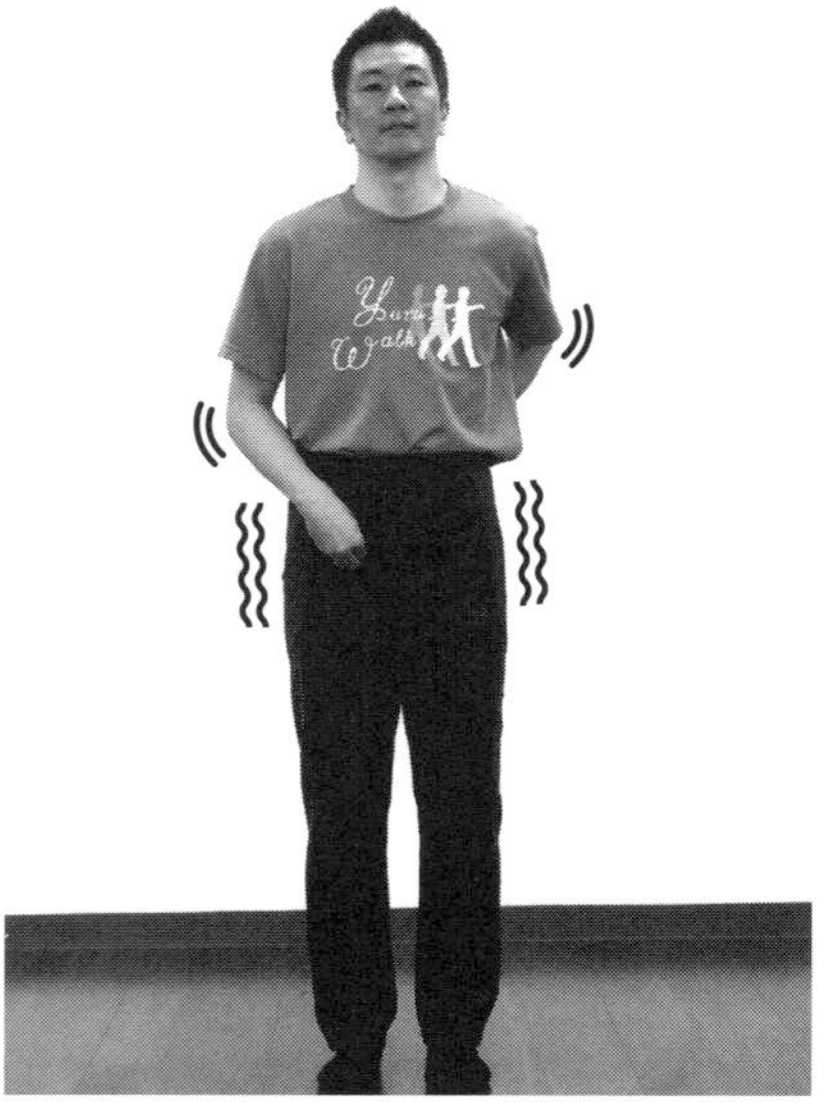

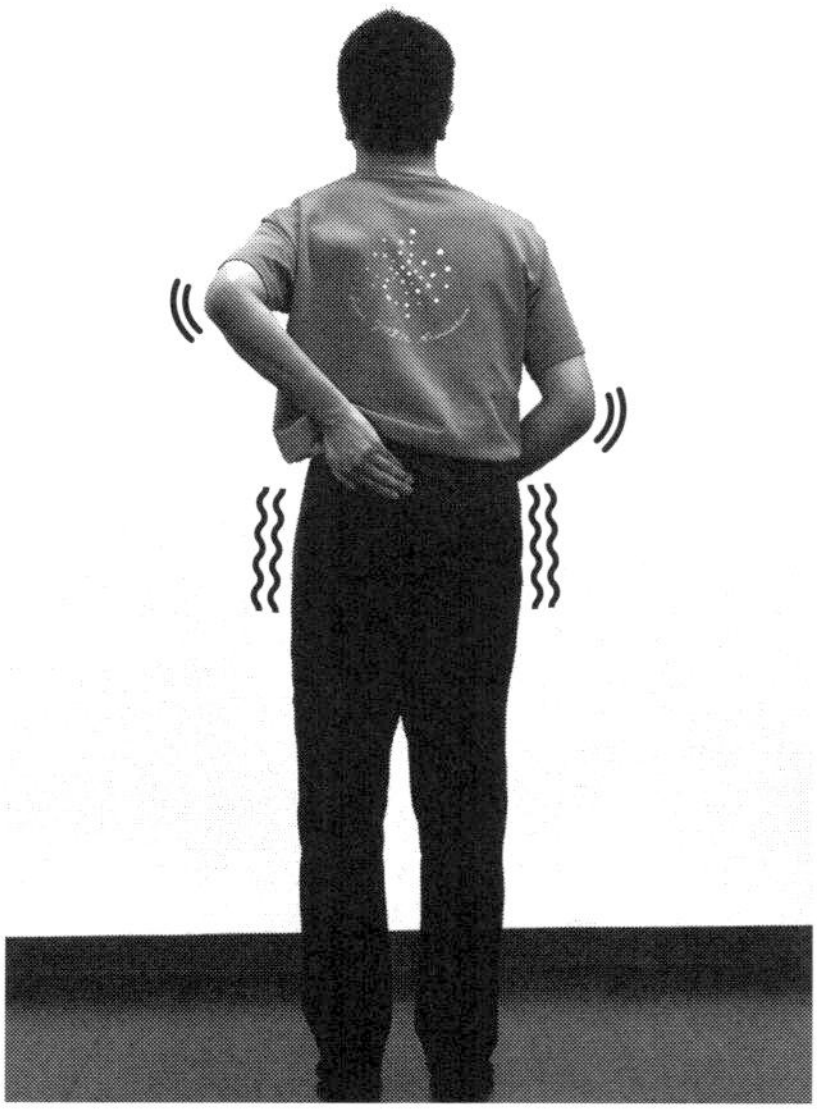

①中指突出法で左右の股関節を触りながら、「ペチャクチャ・ペチャクチャ」と揺すったら、そのあと右手は右の転子、左手は仙骨を触って、その状態で仙骨をこすりながら「ペチャクチャ・ペチャクチャ」と揺する。

②次にそのまま右の転子を「ペチャクチャ・ペチャクチャ」する。

③ある程度やったら手を変えます。左手は左転子、右手は仙骨をこすりながら、仙骨を「ペチャクチャ・ペチャクチャ」と揺する。

④左の転子も「ペチャクチャ・ペチャクチャ」とやる。

⑤今度は右手を右の転子、左手は腰椎の五番を触って、腰椎の五番を「ペチャクチャ・ペチャクチャ」。

⑥右の転子も「ペチャクチャ・ペチャクチャ」。

⑦左手を腰椎の四番に当てて、腰椎の四番を「ペチャクチャ・ペチャクチャ」。

⑧右の転子を「ペチャクチャ・ペチャクチャ」。

⑨手を変えて、左手は左の転子、右手は腰椎の五番に触って、腰椎の五番を「ペチャクチャ・ペチャクチャ」。

⑩右手を腰椎の四番に当てて、腰椎の四番を「ペチャクチャ・ペチャクチャ」。

⑪左の転子を「ペチャクチャ・ペチャクチャ」と揺する。

●ステップ2

①左手は左の転子を触って、右手は仙骨を触る。

②そして仙骨と左の転子の2カ所同時で「ペチャクチャ・ペチャクチャ」してみる。これはダイナミックに行う。

③手を変えて、仙骨と右の転子を同時に「ペチャクチャ・ペチャクチャ」する。

この股関節（転子）脊椎揺解法をやると、転子と腰の関係がはっきりわかるようになります。やり込んでいくと、仙腸関節がダイナミックに割れてきます。

でも「仙腸関節を割ってやろう」と意気込んで力んだり、たくさんの回数をやるのは禁物です。仙腸関節がある程度割れてくるには正しく取り組んで2～3年はかかるものです。決して焦らず、落ち着いてじっくり、ゆっくり取り組むことが大切です。

力んだり、やりすぎたり、焦ってやると、仙腸関節を脱臼し、とんでもなく痛い目にあいます。治りにくい傷害ですから、絶対にそうならないよう、注意してください。

第5章

割脊
背骨を割って使う世界

背骨を割る

身体意識としての「脊側」

第3章と第4章では、背骨というものがいかに脳と深く関わっているか、同時に身体全体に対していかに深く、広く豊かに背骨が関わっているかということの証左について語ってきました。

しかし背骨の豊かさ、あるいは深さというのは、まだまだ語り切れたとはいえません。背骨の論理・メカニズムを語り、それに沿って開発された方法を紹介するには、これから述べる話題を抜きには考えられないからです。

それが、古来、深い武術の世界でいわれてきた「背を割る」という教えです。もう少し現代に近づけて解釈した言い方をすると、「背骨を割る」となります。昔ですと「脊を割る」といった言い方もあったそうです。

この「脊」は、脊椎の「脊」で、「中央が高くなっているもの」という意味があります。三角屋根のてっぺんの直線も「脊」と呼ばれ、「背すじ」「分水嶺《ぶんすいれい》となる、山の連なり」を意味する「脊梁」といった言葉もあります。

「脊を割る」といった場合、背骨の棘突起の連続のことを「脊」と見立てて、それを割って使うことを表しています。

この「背骨を割って使う」というのは、本格的、伝統的な武術の世界では、初学の者は別として、中級者以上になると、当然の課題とされてきました。それを明確な概念や言い回しによって認識・表現できていたかどうかは、指導者や修行者により違いがあったにせよ、課題であったというところがミソなのです。

さらに、このことは武術の世界だけではなく、高度なトップ・オブ・トップスポーツの世界でも、超一流の選手の間で散見できる技能でもあります。

それがどういうものなのか、もう少し詳し

脊を割るとは

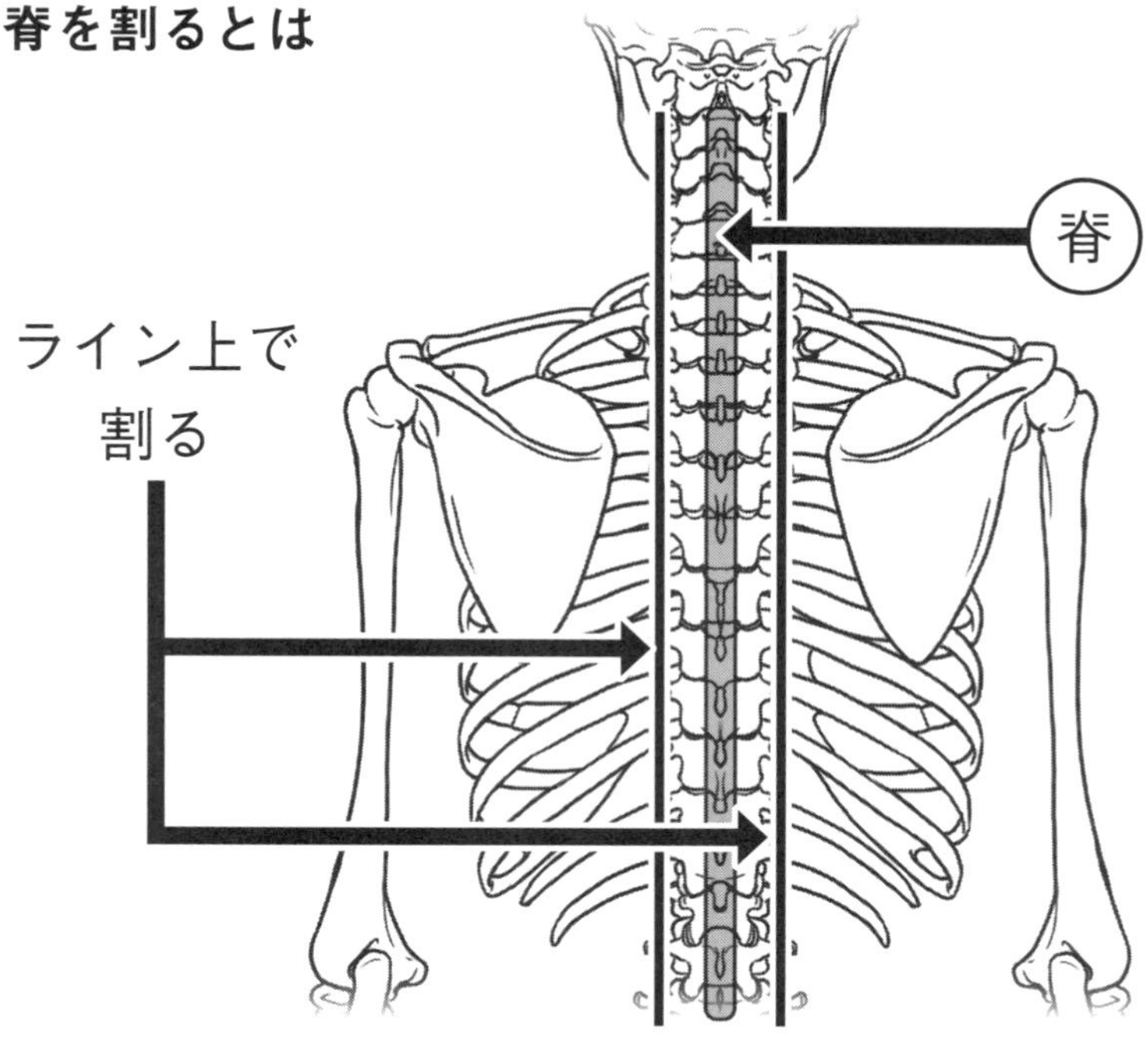

く語っていきましょう。

第4章までに語ってきたのは、どちらかというと背骨を横から見た視座に基づく話が中心でした。

ところが背骨は三次元ですから、XY平面上で背骨がどういう構造をしているかだけではなく、左右方向で背骨ということを考えると、身体の後ろから、つまりX方向で見て、YZ平面上どうなっているのかという見方も絶対に必要になります。

実はそうやって見たときに見えてくる、現象あるいは論理構造があるのです。

それは、背骨の両側、運動科学で「脊側」と呼ぶ部分に関することです。この「脊側」は第1章の最後にやっていただいた、「壁柱角脊椎通し」の際、柱や壁の角でこすられている場所になります。「ああっ、あれネッ」と思い出してください。

そして、あの部分がちょうど刃物で、上から下までスパーッと切り通されるような状態になることを「脊側ができた」と言います。

当然「壁柱角脊椎通し」をやりながら、ゆるみ解きほぐれることをやっていくわけですが、そのとき上下にストロークすることで、切れる感じが生まれてきます。やり始めてすぐはそういう感じで、背骨の中段ぐらいまで進んでくると、はねつけられて、切れる感じはなくなってしまう人も多いでしょう。そうなると、その部分に関しては「ここには、脊側がまったくないね」ということになるわけです。

壁や柱の角に寄りかかった状態で、上下に動かしたときの「なんか切られているような感じ」

があり、そこから上下方向に6~7センチ、前後方向で1~2センチ切られたような感じが得られれば、一時的ではあっても「脊側がそこにできてきている」と考えていいでしょう。

したがって、脊側というのは解剖学的に「ここだ」という概念としても使うことができるのですが、実際に機能として変化してきたものでもあるのです。しかし、機能といっても、その筋肉が柔らかくなって、実際に壁柱角が深く食い込んでくるわけです。2センチは食い込まないにせよ、1・5センチくらいは食い込んで、その先まで何か切られたような感じがします。それは感覚・意識の世界であると同時に、食い込んでいない深さでもその奥5ミリぐらいは、物理学的な影響を受けています。

物理学的な影響を受けてそこが柔らかくなれば、生理学的にもその筋肉の部分の状態が変わったりもしてきます。すると、いわゆる体内感覚が変わって、そこに一時的とはいえ意識が生まれてきます。

これが身体意識の発生なのですが、何かにスパッと切られている切面のような感じこそ、身体意識としての「脊側」なのです。

この脊側がどんどん発達してくると、胸椎の一番から仙腸関節の高さまで含めて、上から下まで通ってしまいます。

ここまで通るようになると、深さも1~2センチではなく3~5センチ、さらに育っていくと最終的には身体の前面まで通ることもあります。そうなったとき、それを「脊側面」と言います。背骨側から胸骨や腹の前面まで、まさに面状に通るので「脊側面」です。

脊側と脊側面

これも背骨の現象のひとつですが、このときどういうことが背骨で起きているのか。

次のページの側体の運動構造図を見てください。

螺旋Aは、背骨の椎骨を描いたものです。その中心のラインは椎骨中心線で、これは体軸が通るべきラインを表したものです。その外側は脊肋関節で、脊肋関節のない腰椎の部分では横突起となります。要するに椎骨よりもさらに外側に出ている骨、関節などがある部分です。

そこに破線Bが引いてありますが、この破線Bこそ、脊側ができる場所になります。この場所を実態として脊側と呼ぶこともありますし、そこに身体意識として成立したものを脊側、さらにそれが前後に面状に広がってく

▶ 脊側と脊側面

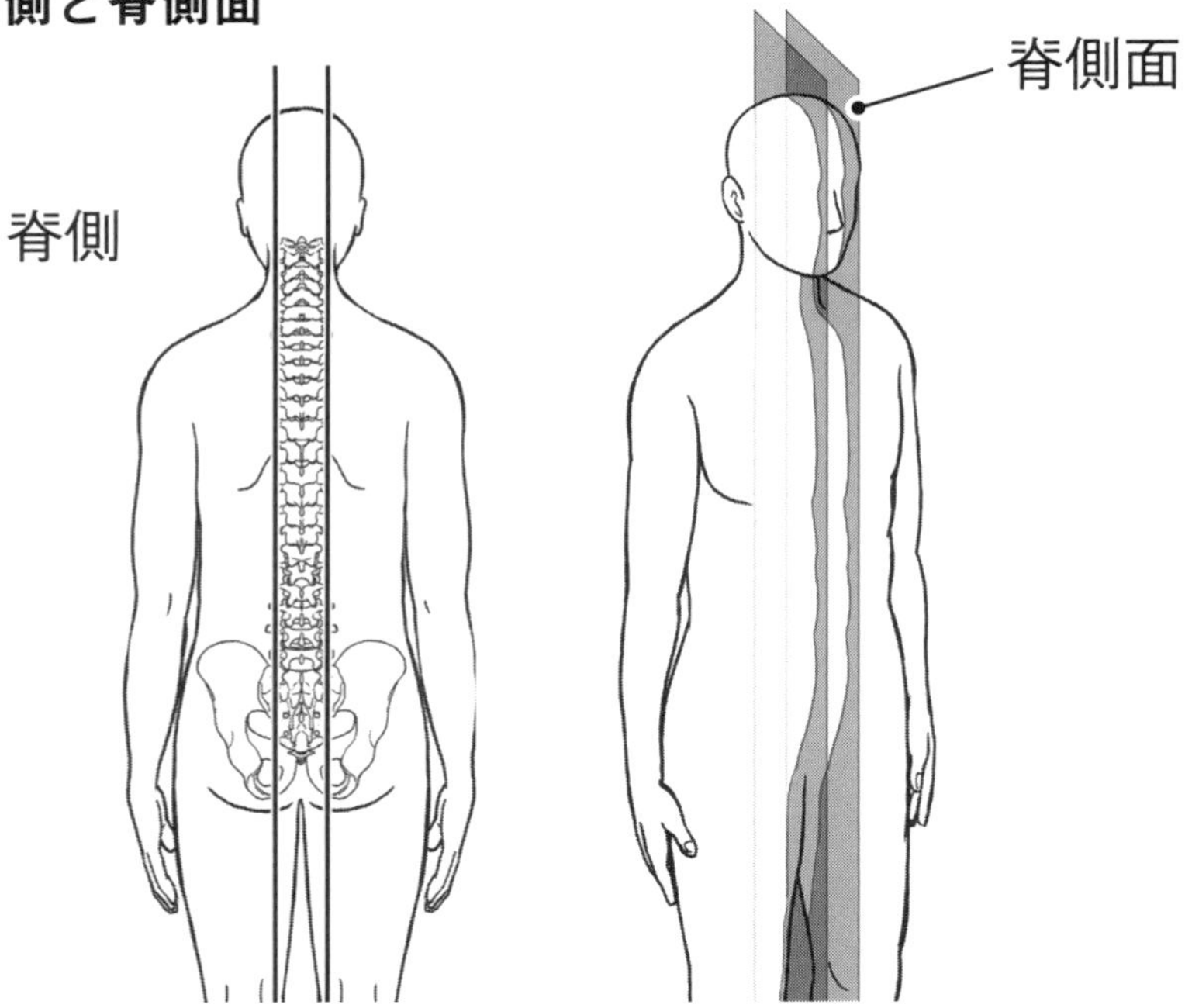

ると脊側面と呼ぶわけです。

　この脊側の外側には、上下に長い長方形が両側にあります。これは「側体」と言います。人間の身体をXY平面で、椎骨に沿ってその両サイド（脊側）でスパッと切った物体と、脊側で切られたその外側全体に（概念上）三分割して、その分けられた両側のものを「側体」と言います。残された中央の背骨から胸までの細い部位は、「中央体」と言います。当然、「側体」も胸側まで含んだ厚みのある形になります。

　椎骨に沿って切ったといっても、物体として完全に切れてしまうと人間は死んでしまうので、物体として構造上切れるわけではないのですが、機能的にこういう状態が生まれるのです。

　そのことは、第1章で紹介した「壁柱角脊椎通し」を経験された方は、部分的におわか

▶側体の運動構造図

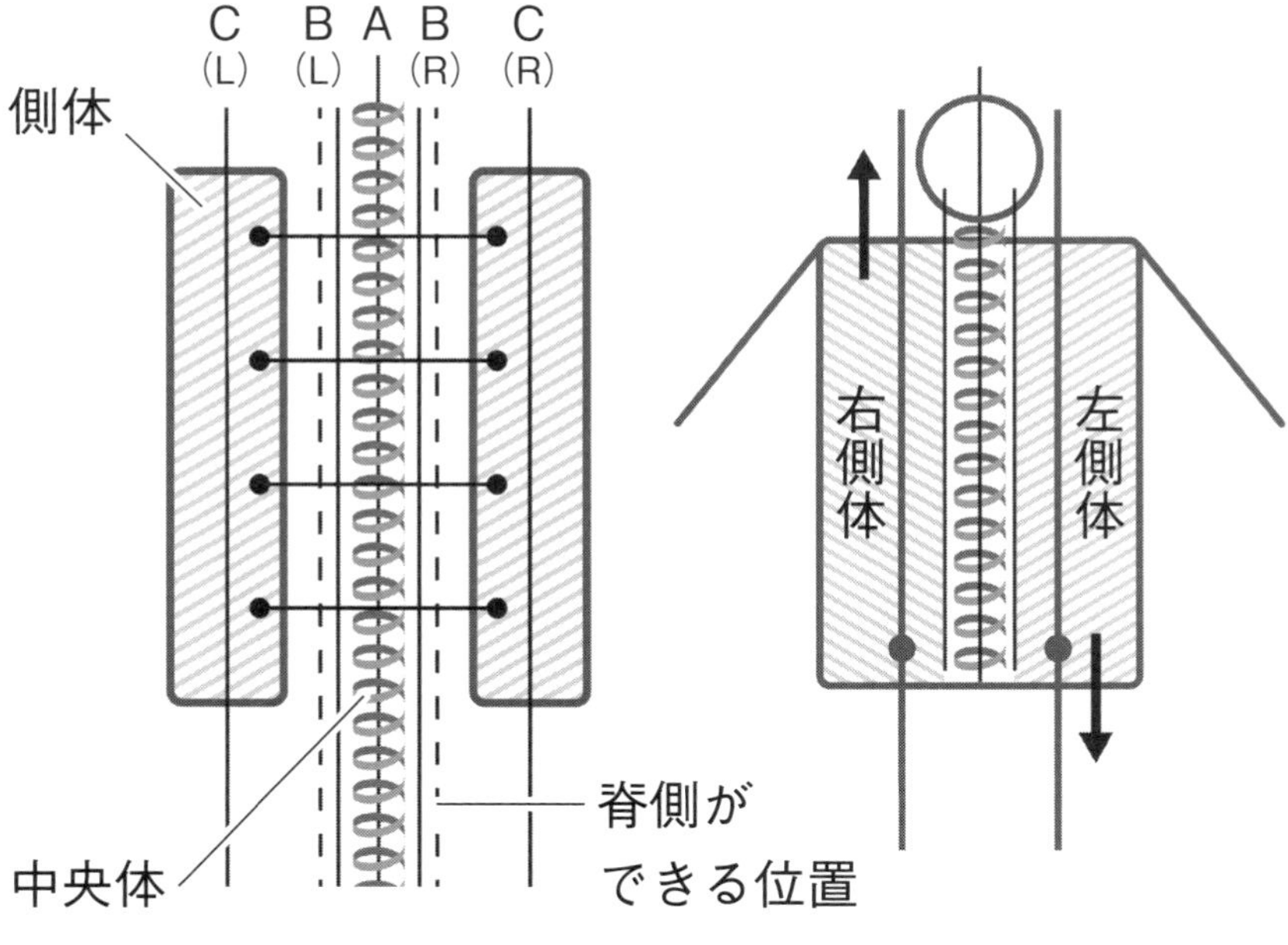

りになるのではないでしょうか。それが体幹全体に広がれば、「ああ、そういう状態になるんだろうな」と想像できるからです。

トレーニングを正しく積めば実際にそうなるわけですが、そのとき背骨で何が起きているかというと、脊柱筋がびっしりと収まる脊椎溝に何層も重なっている筋肉が、どんどん緩解されて、しかも位置・方向的にこの脊側面方向で解きほぐされていくのです。

つまり、縦に、そして前後に切れるような方向で解きほぐされるわけです。筋肉全体を手のひらで揉みほぐされていくように緩解されていくわけではなく、ＸＹ平面方向で解きほぐされるのです。

ちょっとわかりにくいかもしれませんが、これはまったく違うことなのです。

この、ある方向性を持って解きほぐされることに意味があるのです。脊柱筋はそもそもＹ方向に通っているものが多く、立位でいえば縦方向に通っているものが大半です。脊柱筋は長くチェーン状に連なった脊椎に、筋肉が収縮力を与えて動かしたり、その姿勢を維持したりするのが仕事ですので、当然、縦に筋肉が走るわけです。頭骨や腸骨などとつながって走る場合もありますが、脊椎同士でつながって走る場合が大半です。もちろんその相手として肋骨とつながることだってあります。

ゆえに、まずは主としてＹ方向に沿って緩解していくことが必要になるのです。

脊側をずれ動かす

体幹ローテーション

このような状態になってゆるんでくると、この筋肉および骨格、つまり椎骨、椎孔を囲んでいる椎弓、棘突起、横突起、それにつながっている筋肉群が、どういう運動をしたがるか、しやすくなるかが変わってくるのです。

その結果、中央体と側体を別な物体というふうに潜在脳が感じるようになってきます。そして、まず上下方向（Y軸方向）でずらし動かしやすくなり、ずらし動かせるようになってくるのです。

これはただ多方面にゆるめ解きほぐすことも、ベーシックな部分ではこうした上下方向でずらし動かすことの役には立ちますが、「壁柱角脊椎通し」のように、縦方向に切るようにストロークを通してやったほうが、圧倒的に効果があります。

これによって中央体と側体が別のものとして、縦にずれ動く〝モノ〟になってくるのです。

中央体と側体が縦にずれ動くとどうなるのか？

野球の打撃動作やゴルフのスイング、テニスや卓球でも同じですが、前章では軸まわりの回転運動として考えていましたが、そこに本当にわずかですが縦方向のずれ運動が加わるようになってくるのです。

とはいうものの、このずれる大きさというのは、大きくても数ミリ単位、時にはミリ単位以下でしかありません。しかし、たったの2〜3ミリであってもここが縦にずれることが起きてくると、その運動に革命的なほどの高度化をもたらします。

さらに、この縦にずれる動きは、中央体・側体の関係の中で、前後にもずれるようになってきます。

そうすると、縦＝上下だけでなく、前後にもずれるようになり、これがまた軸まわりの回転運動に加わってくることになります。

例えば、ここ数十年の間、ゴルフ界で最高の選手、トップ・オブ・トップ・オブ・トップといえば、タイガー・ウッズでした。20代半ばの全盛期のタイガー・ウッズは典型的で、この中央体と側体を縦方向、そして前後方向にわずかにずらす運動によって、テイクバック動作の最初のスタートを切っていました。まず中央体・側体がずれ動いて、そこから軸まわりの回転運動に入っていっていたのです。

第3章の後半で「（軸が）垂体一致したらたいしたものだ」という話をしましたが、あの軸を中心に体幹ローテーションが起きるので、ゴルフでも野球でもテニスでも、それを中心にして運動が起きるわけです。その体幹ローテーションが「垂体一致」で行われる身体は、背骨でいえば六層筋が活動する体幹ローテーションができる身体なのです。

実はそこから別次元に深いところで、前述の中央体・側体のずれ運動が起きることによって、また別の高度な身体運動パフォーマンスがそこに成立することになるのです。

この中央体・側体のずれ運動ができることが、「身体を背骨で割る」「脊を割ってずらす」という身体操作になります。

これができている身体から見ると、ただ単なる体幹ローテーションは、とてももったいない身体運動といわざるを得ません。パフォーマンスとしては「大きな領域が手つかず」ということになってしまいます。

では、背骨の両サイドを割ってずらすと、一体何が変わるのか。

実は背骨の両サイドを割ってずらせるようになると、まず自分が立って存在している空

側体の縦ずれ運動を利用したゴルフのスイング動作

間＝「身体空間」と、その外側に身体の延長として存在しているグラウンド、コート、ピッチ、フィールド、さらには他の選手やボールなどの物体を含めた、広い意味での身体空間を捉える能力が突出して高くなるのです。そのため、圧倒的正確にボールを捉えたり、圧倒的正確にバットやクラブ、ラケットなどをコントロールしたりすることが可能になってくるのです。驚異的なボールの捉え方、ボールの運び方、狙い方もできるようになります。

球技でいえば「なんであのコースを捉えられるの？」「なんであんな打ち方ができるの」といわれるような、とんでもないミラクルショットを連発するのに、これが役に立つということです。

身体をずらす身体使い

考えてみると、どんなに脊柱筋をゆるめても、体幹全体としては、円い柱であることには変わりありません。それを運動させるのに、いい位置に軸が通って、シャフト＝回転軸が必要なのは誰でもわかります。そして、その回転軸を中心に、クルッときれいに回れれば、それでOKと考えるのが普通です。その軸が通っていれば、空間認知や時間認知能力が上がることは、第3章で説明したとおりです。「垂体一致」になれれば、それは間違いなく圧倒的に世界のトップで争える条件になります。

ただ、それだけに止まらない異次元の世界もあるわけです。世界一といわれた選手でも、ベストシーズンや生涯最高の試合があるように、格別に素晴らしいパフォーマンスをみせる一瞬

▶ 中央体、側体のずれ運動が
高度な身体運動パフォーマンスを可能にする

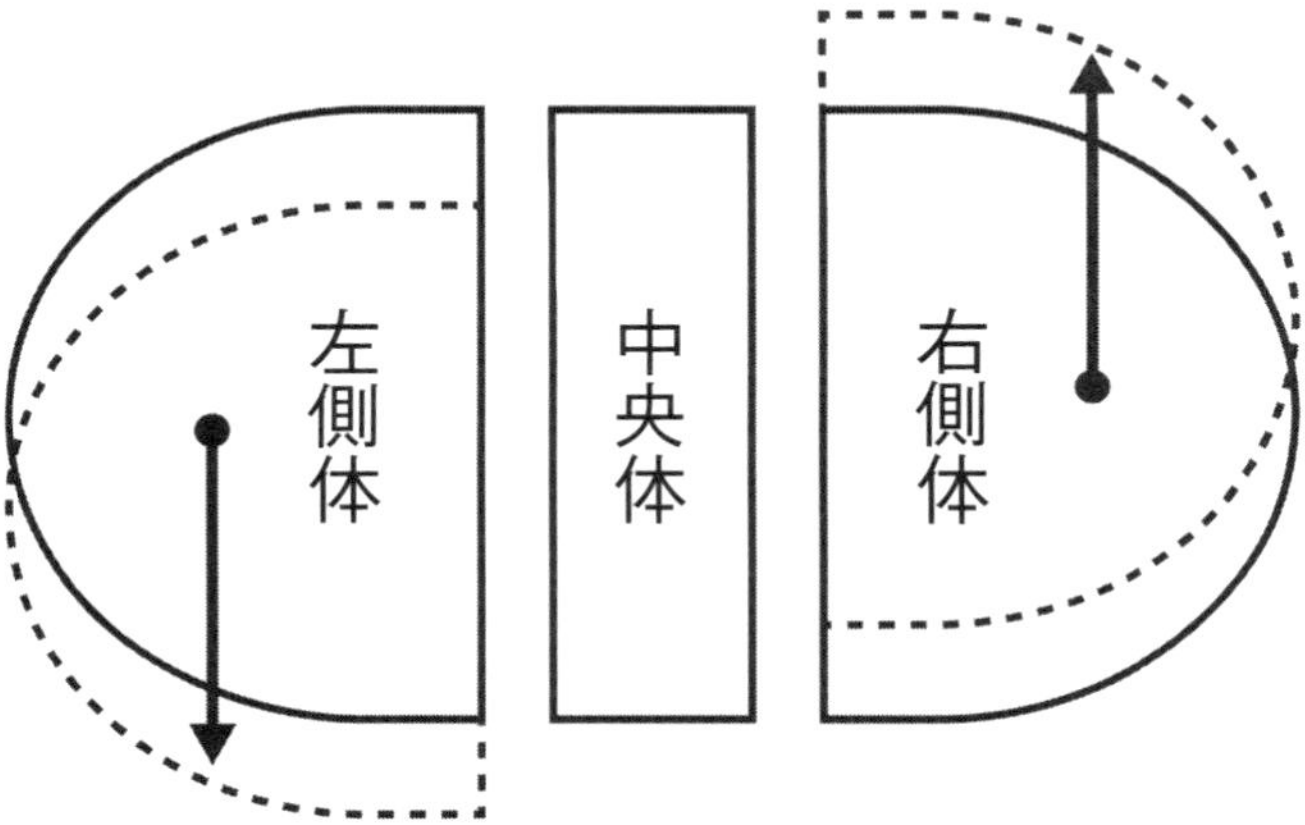

▶ 背骨の両サイドを割ってずらすと
身体空間を捉える能力が突出して高くなる

がどこかにあります。

こうした活躍に対して、「ゾーンに入った」といった実にイメージ的な、科学的な概念にはなり得ない、説明にもならない言葉でお茶を濁してきたわけです。

そうした格別なパフォーマンスの背景には、きちんとしたメカニズムがあり、その中のひとつの要素、重大な要素が背骨にあるのです。

つまり単に体幹が太めの柱であって、そのいい位置に軸が通って、「垂体一致」しようとしていることだけでは、説明できない世界が存在するわけです。

それがこの「脊側」と「脊側面」ということなのです。

ここで空間を捉える能力の話をしましたが、空間の中には前述のように自分自身の身体というものも含まれるので、自分自身の身体を画期的に、考えられないほどの正確さ、精妙さでコントロールできるということです。それがまわりの物体の存在や物体の運動との関係性においても発揮されるということで、飛んでくるボールに対して、とんでもない打撃ができたり、針の穴を通すような奇跡的なシュートを可能にするのです。

そのときの身体の使い方はどうなっているのか。どうしてあんなところから、あんなタイミングで、あんな格好をして打てたのか？

もちろん、身体がグチャグチャに崩れた、でたらめな体勢とはまったく違います。そんな体勢であれば、針の穴を通すような精密なコントロール、そして威力抜群のボールなど打てるわけがありません。

それを可能にした身体使いとは、実は背骨を割ってずらして使う使い方だったのです。

背骨を割ってずらして使うと、たいした駆動力、パワーが生まれないと思われるようなポジションから、十分なパワーを生み出せるようになります。

つまり、背骨をずらすことが、力を生み出す源になるのです。そこに引きずられて、様々な全身の大筋群たちが普段はできないような筋力の発揮の仕方、つまり最深の連動をするようになるのです。

それは体幹ローテーションで動いているだけではつかみようがない身体の使い方、筋肉の使い方になります。

一方、「あのポジションで入ってボールを打とうとしたら、倒れてしまうのでは」「バランスを崩して耐えられないはず」という心

▶ 背骨を割ってずらす身体使いが精密にコントロールされた最合理のパワーを生み出す

背骨を割ってずらすときの背骨と肋骨のモデル図

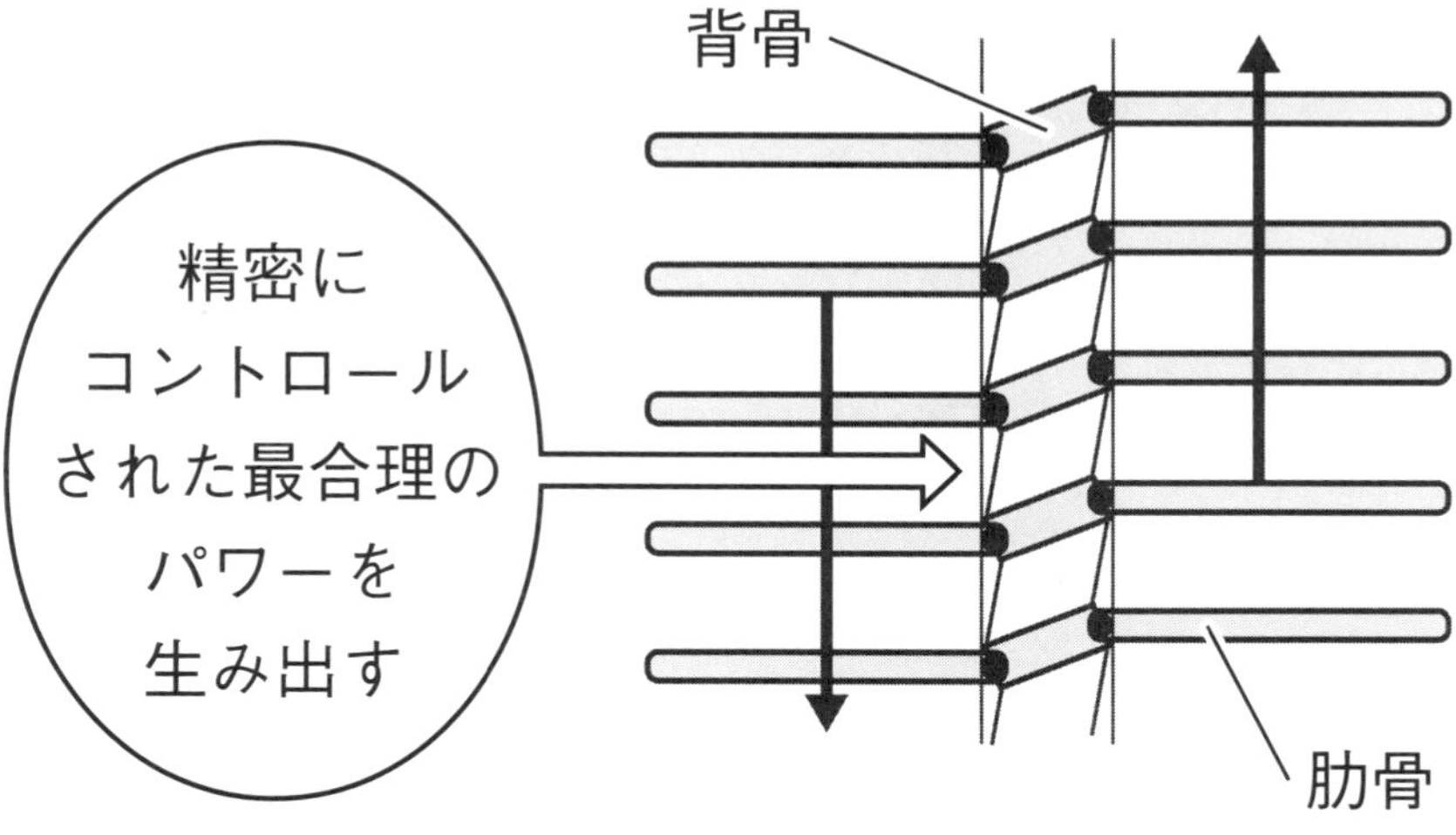
背骨
精密にコントロールされた最合理のパワーを生み出す
肋骨

配をよそに、平気で耐えられてしまうのも、背骨をずらすことの特徴です。

ボールを打ち抜いたあと、稀に倒れたり、ぶっ飛んだりすることもありますが、ボールは力強く飛んでいきますし、倒れても流れに乗って一瞬にして何の問題もなく立ちあがっています。なぜそうしたバランスが保てるのかというと、クルンと身体を回さないからです。回さないで、縦にも割れて、前後にも割れている状態だと、この脊側から生まれた面が、二枚の面として空間に突き刺さるような状態になるのです。この面はあくまで実体ではなく、意識ですが、意識がそのようにして立つと、そうでない場合、ぐしゃっと崩れてしまう身体が崩れなくなります。崩れないような骨の使い方と筋肉の使い方、つまりその前提である脳の使い方ができるようになるということです。人間の脳と身体というのは、このように見事にできているのです。

「背を割る」動き

この脊側面で身体をずらすという身体使いは、どこから来たのか。それはずばり魚類からです。魚類は、この身体使いを得意中の得意としており、魚類の身体構造は、見事にこれができやすくできています。

新鮮な魚を焼き魚にしていただくとき、箸を上手に背中側からスッと入れたりすると、カマのところから尾びれまで、一気に身がとれてしまうことがあります。こうした身離れのいい魚は、とても食べやすくて感心してしまうほどです。

これは、人が食べやすいようにわざわざこうした身体になっているのではなく、魚類はそもそも脊側面ができているので、非常に身離れがいいのです。

要するに、魚類には、生まれつき脊側面が大変強力にできていて、焼いたり煮たりしたときに、ちょっと箸を入れるだけで、背骨を挟んで両側の身が剥がれ落ちてしまうほど、はっきり中央体と側体が分かれているわけです。

実際に魚類は、波動状に身体をクネクネさせて泳いでいるとき、本当にわずか、10分の1ミリにも満たないようなずれ幅で、脊側をずらし動かしながら、その脊側をずらすことをきっかけにしながら波動運動を起こしているのです。

それが天敵に襲われ、捕食されそうになったときに急制動をかけ、方向転換をして逃げたりかわしたりする瞬間には、脊側のずれがより多く使われます。

それを私は映像で何度も確認したことがありますし、実際に私が、魚を突いて捕っていたときにもその動きを目撃しています。

そのときに、魚たちの動きをよく観察していると、魚がこちらの存在に気づいて、瞬間的に制動をかけながら方向転換したり、あるいはさらに加速し高速で私の足下を突っ切ろうとしたりしたときに、脊側のずれ運動を使っているのがわかりました。

それを見ながら、「おお、この動きはまさに武術の『背を割る』動きと一緒じゃないか」と思ったものです。

それは私の10代後半の頃の話です。そうした経験から「魚にできるんだったらその子孫である人間にできないわけがない」と確信を持つようになり、理論と実践の両方向で私の人生は大きく変わることになったのです。

というわけで、こうした魚類時代から引き継いできた、脊側をずれ動かすこと（脊側ずらし）が、スポーツの世界で非常に高度なパフォーマンスを支える構造・機能として我々人類にも備わっているわけです。

その機能をトレーニングによって呼び起こそうというのが、私の背骨研究の狙いのひとつでもあります。

「でも『垂体一致』とは異次元にある、『背を割る』ためのトレーニングなんて、どれほど難易度の高いトレーニングなんだろう」と心配されているかもしれませんが、身構える必要はありません。

具体的な方法は、すでに本書のはじめ、第1章の章末で紹介済みなのですから。

そのトレーニング法とは……そうです、「壁

脊側面でずらす身体使いは魚類から来たもの

魚が瞬間的に制動をかけながら方向転換したり、
さらに高速で移動するときには、
脊側のずれ運動を使っている

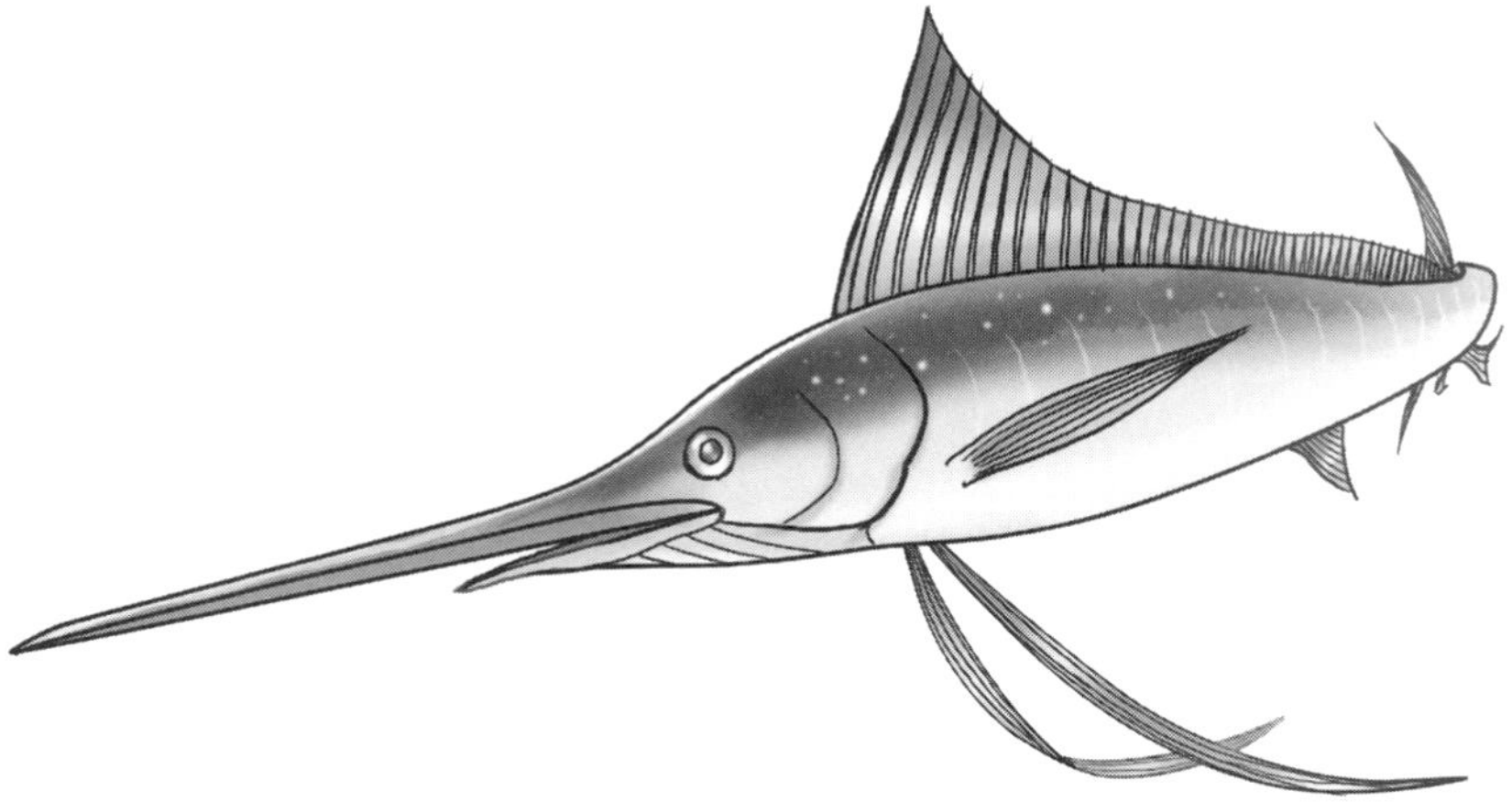

柱角脊椎通し」です。

「壁柱角脊椎通し」は、六層筋トレにも役立つだけでなく、いろいろな圧倒的な身体の開発に役立つ万能のトレーニングでもあるのです。


この背骨についての話は、理論から入ってしまうと、難しすぎて雲をつかむような感じになってしまいます。しかし、皆さんは意外に興味を持って理解しながら読み進むことができたのではないでしょうか。

それには理由があって、第1章で紹介したあの「壁柱角脊椎通し」というメソッドのおかげなのです。

「脊《せき》椎《つい》割《かっ》体《たい》縦《たて》ずらし法《ほう》」「脊《せき》椎《つい》割《かっ》体《たい》前《ぜん》後《ご》ずらし法《ほう》」

脊椎割体縦ずらし法

●ウォーミングアップ ステップ1

①美しいシルバーの地芯上空6000キロに乗ったイメージで仰臥位になる。
②第3章で紹介した脊椎緩解法（仰臥位）を行う。
③仰臥位で脚を閉じて、腕も脇にくっつけて、全身の力をダラーッと力を抜く。これが基本姿勢。
④片方の手は一面手法で限りなく真っ平らに揃え、その手の人差し指の横の部分（一面手法人側路）に、反対の四指の指先を当て前後に切るようにストロークし、その指先を一枚のへら状にする（一面手法人側路を使って、バラバラの四本の指先の爪を一線状にする手法）。こうしたことも上手にならないと、そのあとの効果が一桁も二桁も変わってくるので、集中して行うこと。
⑤両手ともへら状にできたら、胸骨の端に沿って指先を当て、スパーッといいながら、そこを上下に動かして指先で切っていく。

⑥指先を動かしながら、その切る意識をさらに身体の中にまで深めていって、背骨の両側＝脊側まで切るように意識しながらゆっくり切っていく。

⑦途中で何度も一面手法人側路を使って、指先を一線化、へら手化する。放っておくとすぐに指が丸まってくるので小まめに一直線化する。

⑧慌てずじっくり取り組んで、バラバラになりすぐに丸まろうとする指先を一面化し、側面づくりをやっていくと、それだけで脊側が割れていく。だからとにかく丁寧に行うことが大事。

「その先を早くやりたい」と焦ると、絶対に丸まってしまいます。刃物と同じで、丸まってしまっては切れるものも切れなくなるため、指先も一面手法人側路で何度も研ぎ直すよう

ウォーミングアップ ステップ1

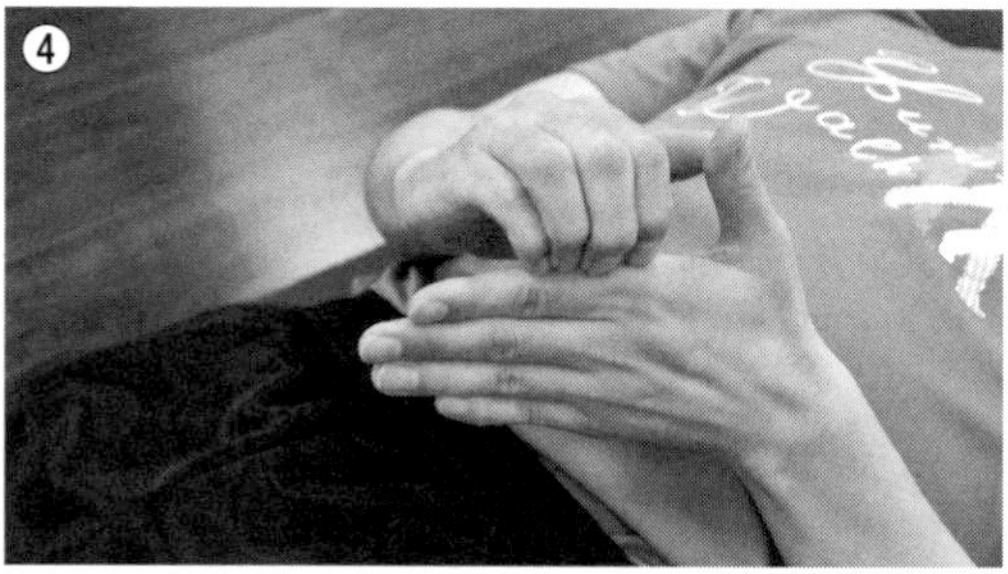

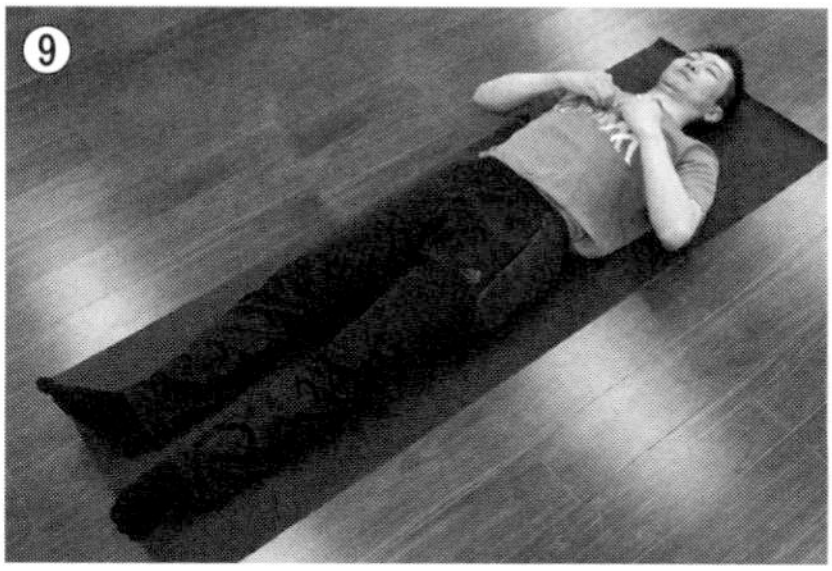

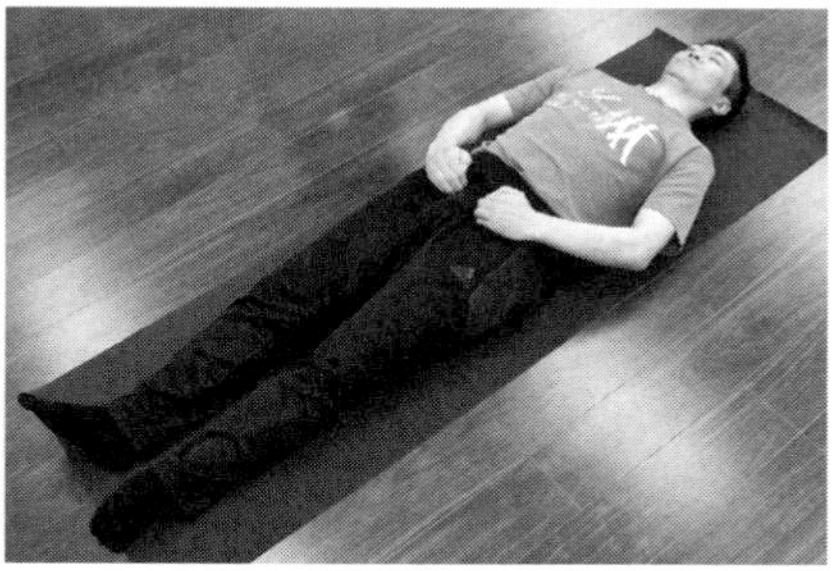

にしましょう。大事なことなので何度も言います。丁寧に一面化して切っているだけで、脊側が割れて、側面ができてくる効果があるのです。

⑨切る長さは、胸鎖関節から恥骨結合付近までとする。

●ウォーミングアップ ステップ2

①よく切れて側面ができてきたら、今度は親指をつけた状態で一面手法を作る。

②右手も左手も一枚の面になったら、合掌するような形で左右の手を摺り合わせ、より真っ平らになるようにしていく。真っ平ら感がほしければ、左手だけで床の面を触ってみる。床の面を触って「本当に平らだ」とよく味わってから、その平らさを左手に写し取って、再び右手と合わせる。

③どちらの手が平らになっているかをよく味わう。上手くいけば、床を触った左手に比べて、右手がまだかなり凸凹しているのが感じられる。

④凸凹した右手に触れたことで、左手の一面さが奪い取られてしまったため、もう一度、左手で床に触る。

この一面化は身体意識でもあるので、右手に触れると「この左手はなんて平らなんだ」と右手が感動するわけです。その間に右手に移ってしまうのです。

⑤もう一度両手を合わせる。
⑥先ほどの胸鎖関節――恥骨結合部のラインに、手刀の形で当てて、側面上を切っていく。これも一面をきちんと作らないと効果がない。手で切るのではなく、面で切ること。非常に高度な次元身体意識を根本から作っていく画期的な方法だから丁寧にやることが必要。
⑦上から下まで、スパーッと小刻みに切っていく。
⑧次は右側体・左側体を手で触って確認する。このときへら手で側面を切りながら、もう片方の手で左右それぞれの側体を触っていくと効果的。左右の側体に挟まれた部分は、中央体と言う。
⑨右側面、左側面を意識する。そこを境に身体がずれ合うように、縦にずらしていく。まず右側体が頭の方向に向かい、左

ウォーミングアップ ステップ2

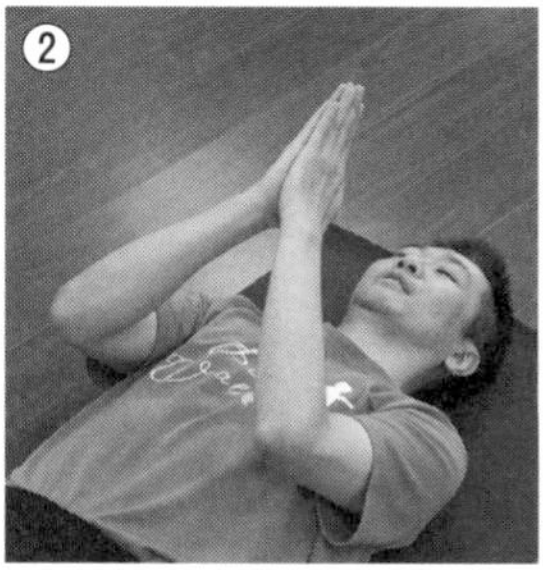

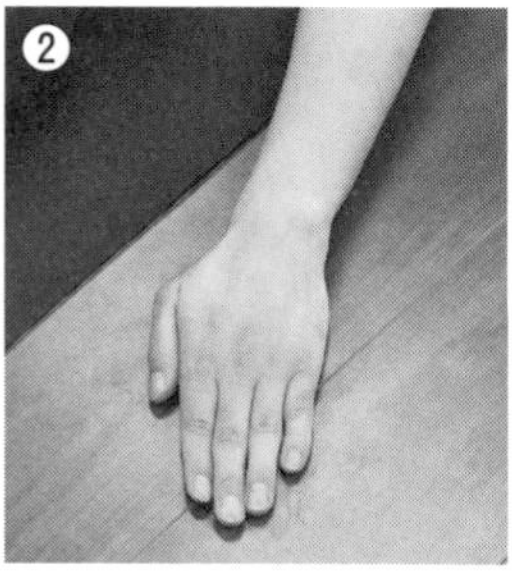

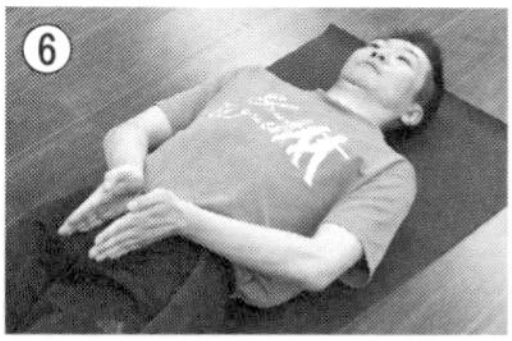

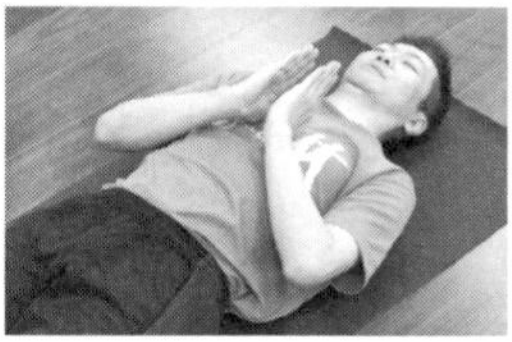

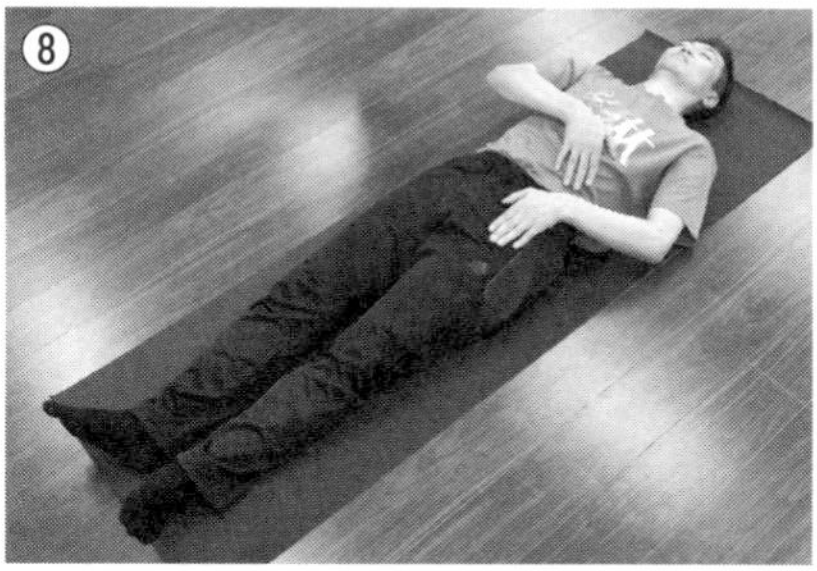

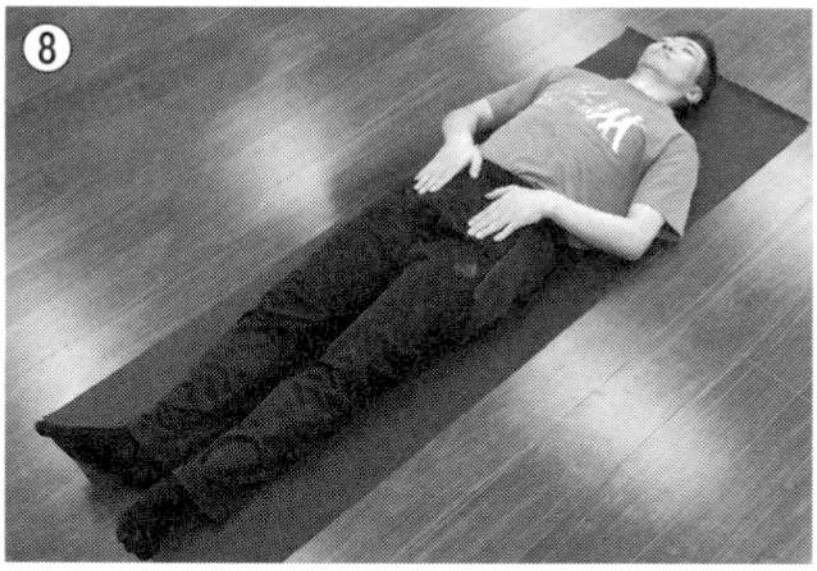

側体が脚方向にずれていくように行う。縦にずらしているつもりでも、身体がひん曲がっているだけのことが多いので気をつける。

⑩今度は左側体が頭方向、右側体が足方向になるよう縦にずらす。

⑪身体がひん曲がったり、「く」の字になる、腰がローテーションしてしまう、肩だけが上がってしまうなどの動きはNGなので注意する。

脊椎割体前後ずらし法

※ウォーミングアップ　ステップ2の①〜⑧まで同じようにやっていきます。

①右側体・左側体を意識して、右側体を天井方向に引き上げる。

②今度は左側体を天井方向に引き上げる。左側体を引き上げたつもりが、身体が回ってしまったり、肩だけあるいは腰だけ、脚だけが上がってしまうのはNG。丁寧にチェックする。

脊椎割体縦ずらし法

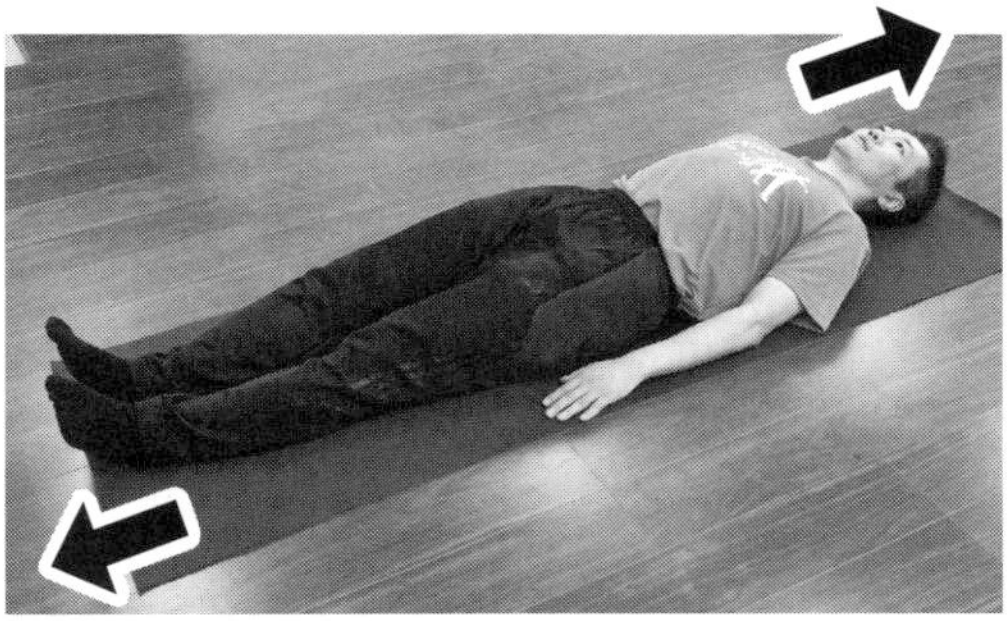

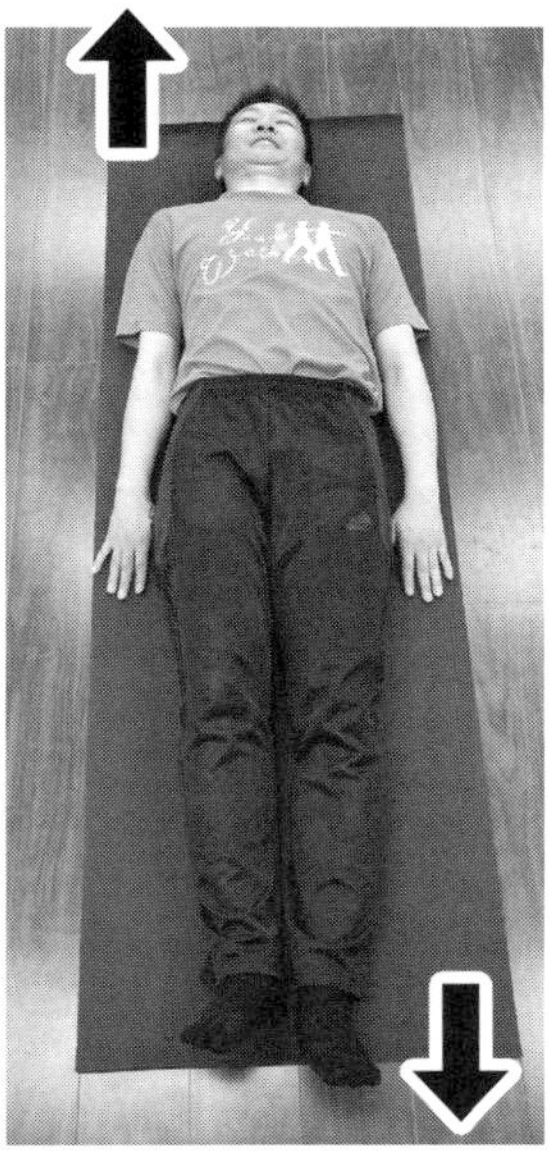

NG

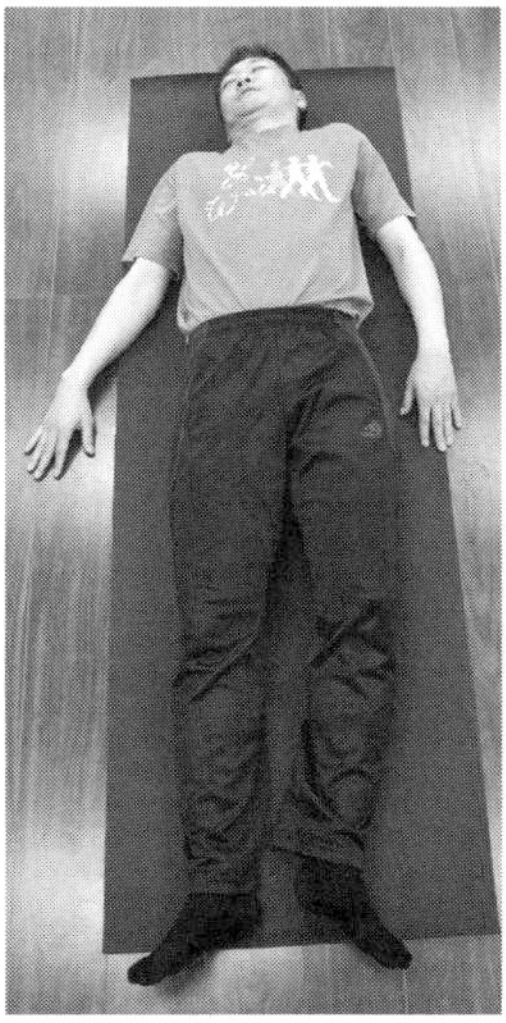

肩ばかり上がってしまっている

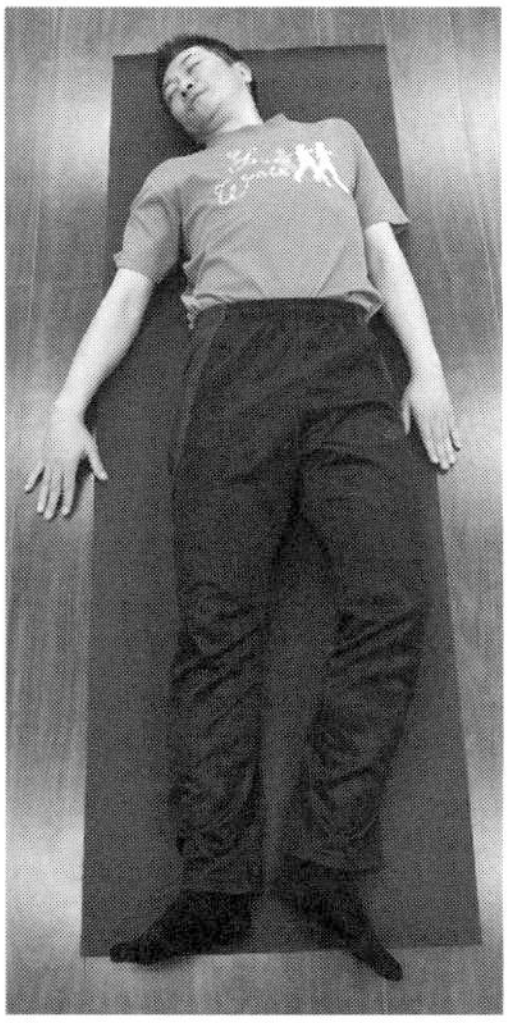

身体がひん曲がってしまっている

脊椎割体前後ずらし法

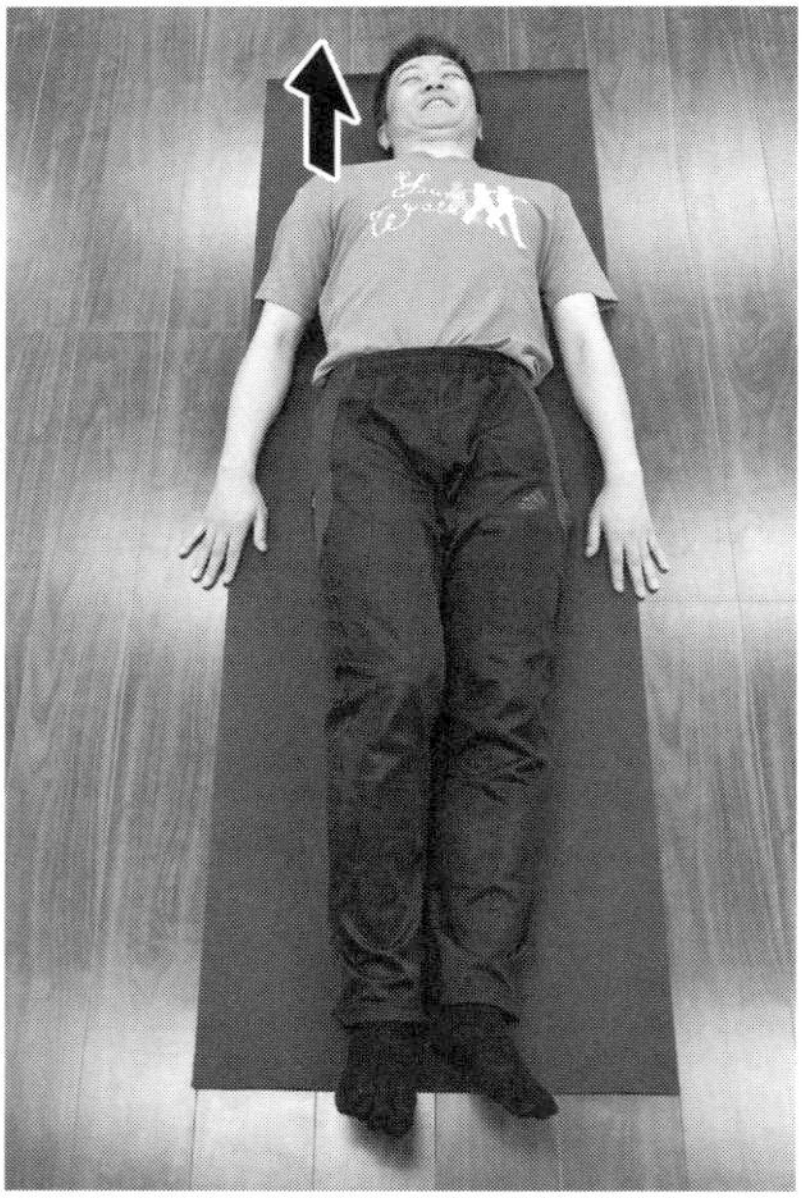

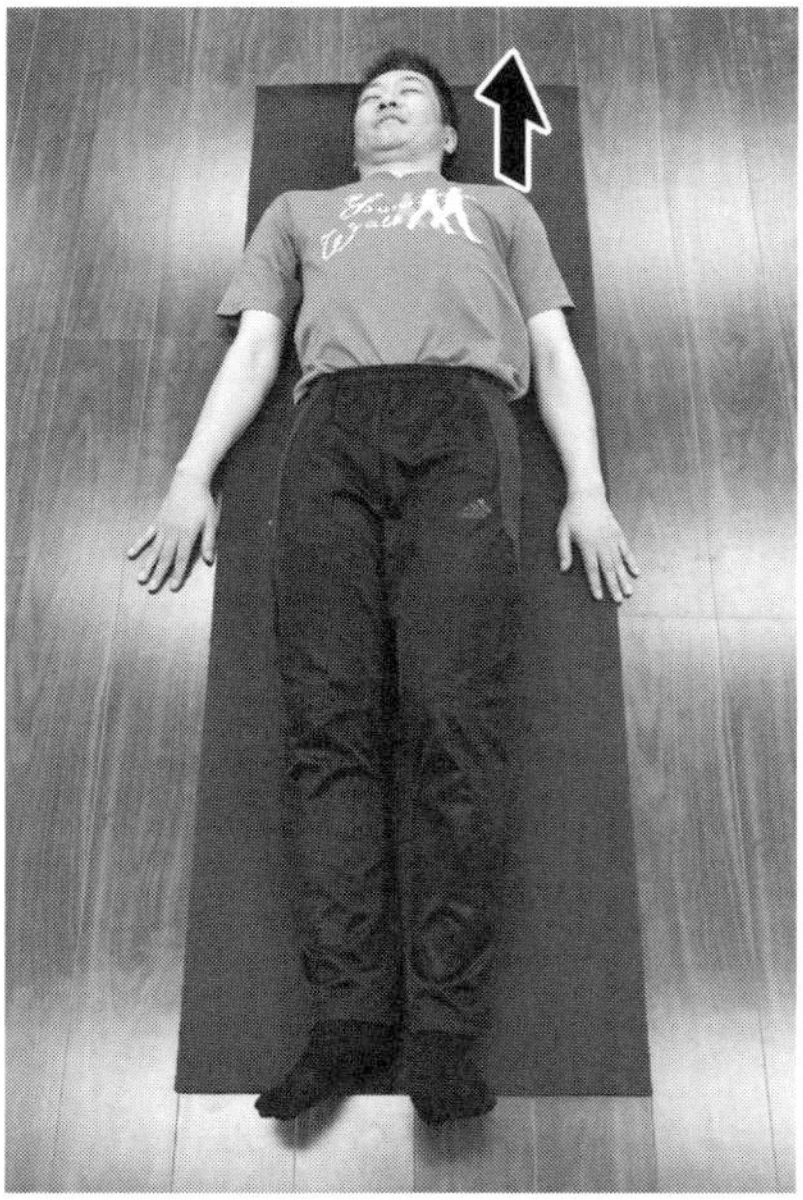

NG

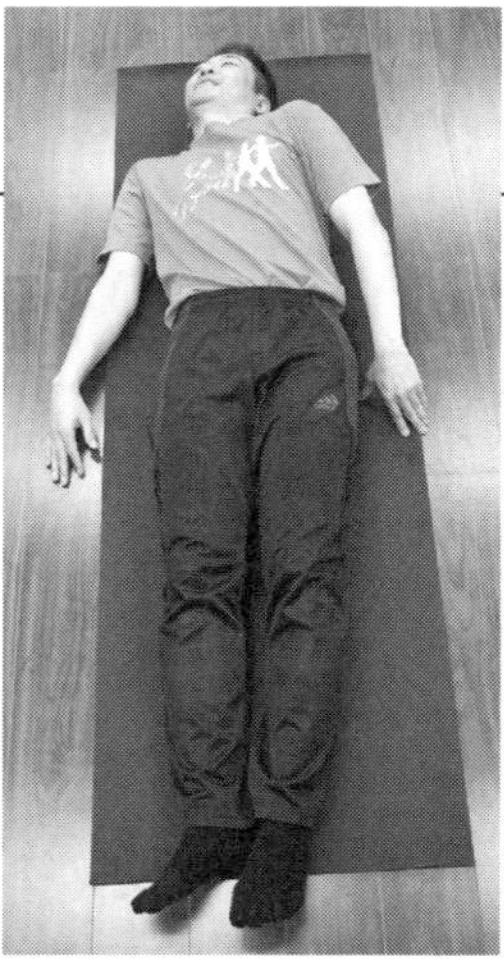

左肩だけが
上がってし
まっている

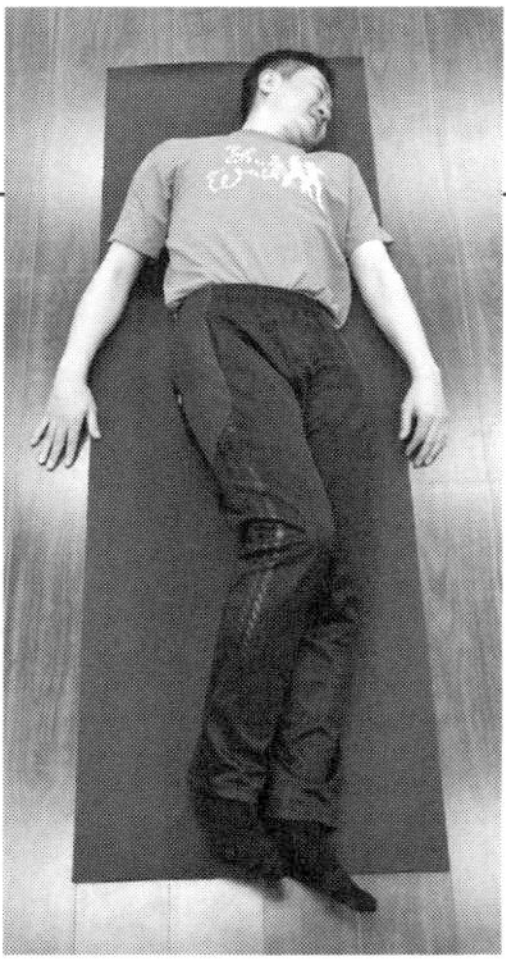

身体が回っ
てしまって
いる

得られるハイパフォーマンス

バッティング

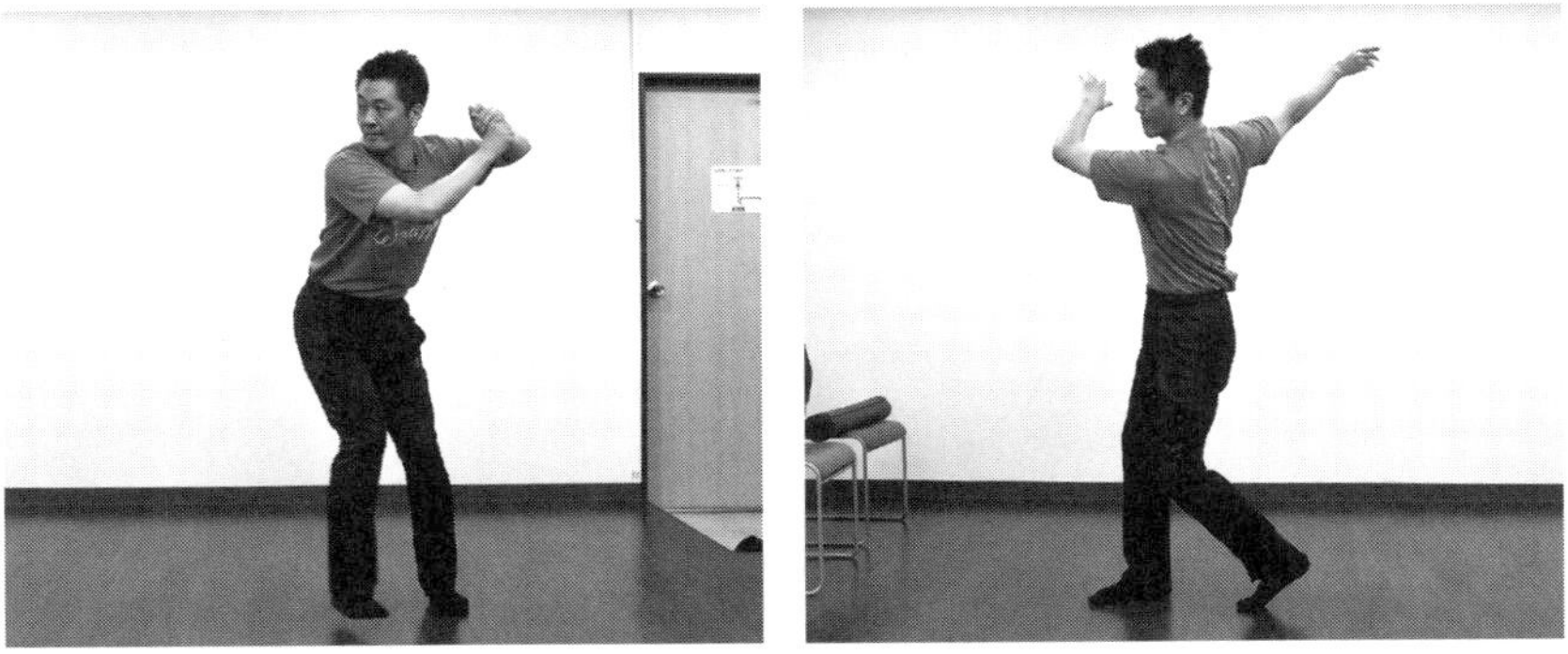

ピッチング

キック

トレーニングの指針

軸＝センターが先か、背骨が先か？

動物の進化の歴史上でも、また人の誕生から成長の歴史上でも、軸＝センターが先です。軸＝センターの存在と働きなしには、動物の骨格や筋肉、さらには全ての組織をあのように形づくり、レイアウトすること自体が、初めから不可能だからです。

そのことは、たとえばスカイツリーを設計するのにあたって、その中心軸が決まらない限り、どういう部材をどう配置したらよいのかという、一切の作業をはじめられないことと、同じです。

だったら、人間は必ず「脊柱筋」がゆるゆるに緩んで理想的に太く強く発達し、「垂体一致」するはずではないか。そうならないなんて、おかしいじゃないか。

まさにそう思われるでしょう。そもそも理想的に背骨を使いこなして「垂体一致」して理想の軸＝センターに支えられて、最高に優れた能力を発揮し、超快適に生きていけるはずなのに、何でそうなれないのだろう？

その答えは、ズバリ力み、踏んばり、硬直、拘縮と、そして、地球の重力中心である重心をほとんど忘れて生きているから。

そんなにも硬い身体をどうする？

でも、安心してください。方法はすべて、揃っているのですから。

（その一） まず、寝転がってやる仰臥位系のルースニング（寝ゆる）、「腰モゾ」「背モゾ」「膝コゾ」「すねプラ」などにはまることです。

（その二） 地球の重心を忘れないのは重心か

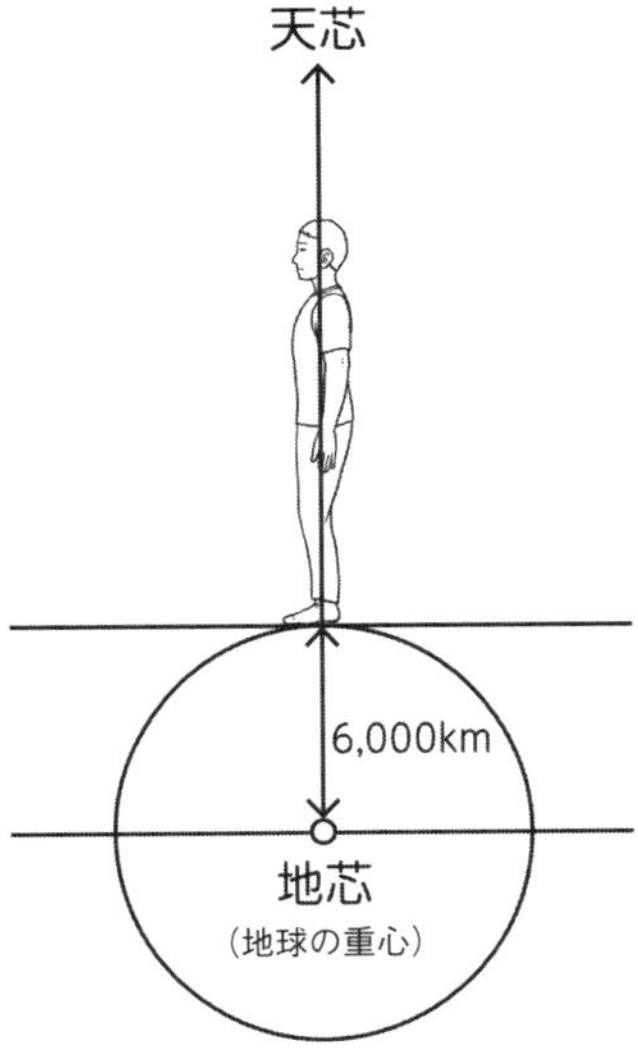

ら自分のボディの重心を貫くように軸＝センターを通すためですから、最も効果の高いやり方で地球重心と重心線を身体意識化するテクニックが必要です。それが「美しいシルバーの地芯、上空６０００キロに立って、乗って、寝て……」とつぶやきながらどんなトレーニングもする方法です。

（その三） 大脳の新皮質で最大の領域を持つ身体部分である手～手首～腕～肩系のルースニング「手スリ」「手首プラ」「肘クルン」「肩ユッタリ」と、本書にも出てくる「一面手法」にはまることです。

（その四） 壁や柱の垂直な角で背骨の両サイドを縦／横に緩め割っていく「壁柱角脊椎通し」にはまることです。

（その五） 環境の中にある上下にまっすぐ通るライン＝環境センター（ＥＣ）に向かって直立位で左右どちらかの手を一面手法で指し伸ばし、上下に何度もなぞり、「私も欲しいな」と自分の背骨の前に手で移し取り、手で上下に「美しいシルバー」とつぶやきながらなぞり磨くことです。

（その六） その上で、本書掲載の多彩な画期的メソッドのうち「これは面白そうだ、イケそうだ」「自分の種目にはぜひ必要だ」と思えるものに取り組んでいくことです。もちろんそこに、肩甲骨や股関節の素晴らしいトレーニング法を加えると、さらに効果が上がることでしょう。

おわりに

私が軸＝センターの研究をはじめた1960年代当時「身体を上下に貫く一線があると思うが、それは何ですか」と聞くと、野球・ゴルフのコーチは「軸」「背骨」、剣道師範は「正中線」、クラシックバレエ教師は「センター」と答え、全員が種目が違えばまったく別物だと言い張るのでした。

その後、軸が身体意識であり背骨ではないことを証明し、軸の多様な構造と機能を解明しながら、背骨を中心に全身体の徹底研究をはじめました。

では本書の最後として、今日までに解明された4本軸構造を、背骨との関係を大切にご紹介したいと思います（第1・2・4軸は第3軸が正しく強く成立している場合のみ、いい働きを、第3軸が弱い場合は反対やマイナスの働きをする。たとえば3軸が弱く1軸が強いと、前のめりや人に突っかかる、頭でっかちや、せっかちなどの傾向を強める働きとなることに注意）。

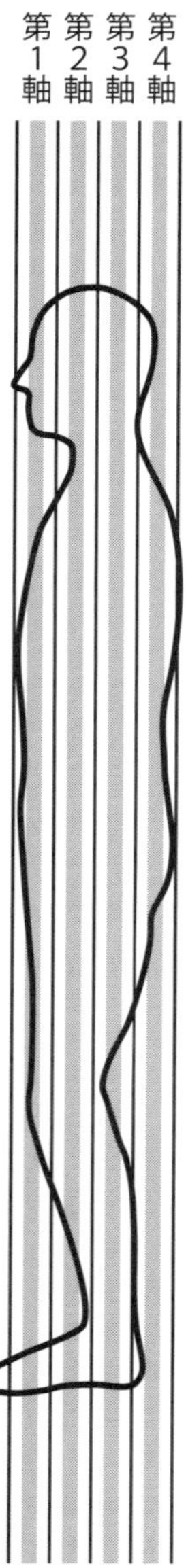

第1軸　人間関係を含め外物との関係性を司り、頭の回転力・鋭敏な反応力や圧迫的・攻撃的な対処力、タイミングや空間的詰めの早さ、比較的狭い空間に対する認知力を強めるなどの働きをする。

第2軸　本格的な認識・思考・判断力を支える中層の働き。また呼吸器系を支える働き。生殖にも関わる。第1軸を支え強化する働きと、逆に弱め撤退させる働きとがある。

第3軸　正しく重心線を捉え位置づけ、椎骨中心線を捉え位置づける垂軸・体軸が通るべき軸。精神～身体にわたる最も合理的、本格的、豊穣にわたる能力を司る。本格的な認識・思考・判断力を支える深層の働き。スポーツ、武術、武道、舞踊などの身体運動家だけでなく、あらゆる領域・分野の人にとって最善の軸。1・2・4軸を支える根本軸。

第4軸　脊柱筋柱を緩解強化することで、垂軸・体軸が正しく重心線・椎骨中心線を捉え位置づけることを、3軸と協働的に支える働きをする。また3軸とともに脊柱管と脊髄神経を支える働きをする。3軸が正しく成立している状態では、3軸以上に深い精神～身体にわたる時間・空間的奥行をもたらす働きをする。

＊

生物は素晴らしく、その頂点にまで到達した人間はさらに素晴らしい本質的能力を与えられていることを、本書を執筆しつつ改めて思い知らされたものです。人類が背骨を直立する道を選んだことは、垂軸と体軸を一致させる根本的要請があったから以外に、理由はありません。

そのおかげで複雑精妙な背骨の構造を得て、他の一切の生物には決してマネのできない肩甲骨と股関節の深い〝脊椎連動〟を可能にしたのです。

どうぞ読者の皆さまには、この素晴らしき可能性をいく重にも発現され、アスリートとして、武術家として、武道家として、舞踊家として、プロ・アマを問わず身体行法家として、そして一切合切の同じ身体を持った人類の仲間として、充実した人生を歩んでいただきたいと思います。

著者略歴

高岡英夫（たかおか・ひでお）

運動科学者、高度能力学者、「ゆる」開発者。運動科学総合研究所所長、NPO 法人日本ゆる協会理事長。東京大学卒業後、同大学院教育学研究科を修了。東大大学院時代に西洋科学と東洋哲学を統合した「運動科学」を創始し、人間の高度能力と身体意識の研究にたずさわる。オリンピック選手、企業経営者、芸術家などを指導しながら、年齢・性別を問わず幅広い人々の身体・脳機能を高める「ゆる体操」をはじめ「身体意識開発法」「総合呼吸法」「身体能力開発法」など多くの「高度運動科学トレーニング」を開発。多くの人々に支持されている。東日本大震災後は復興支援のため、ゆる体操プロジェクトを指揮し、自らも被災地で指導に取り組む。

著書は、『肩甲骨が立てば、パフォーマンスは上がる !』『キレッキレ股関節でパフォーマンスは上がる !』『高岡式超最強の疲労回復法』（小社）、『究極の身体』（講談社）、『サッカー球軸トレーニング 日本サッカー本気で世界一になれる計画』（世界文化社）、『脳と体の疲れを取って健康になる決定版 ゆる体操』（PHP 研究所）など、100冊を超える。また自ら実演指導する高度運動科学トレーニング映像作品も多数にのぼる。

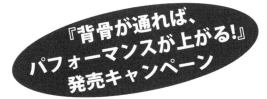

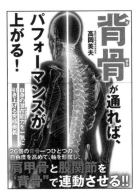

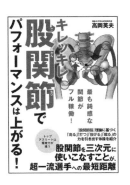

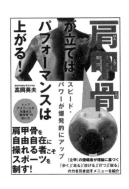

ライティング協力　藤田竜太
カバー・本文デザイン　二ノ宮匡（ニクスインク）
本文イラスト　中山けーしょー
運動科学総合研究所
株式会社 BACKBONEWORKS
DTP オペレーション　貞末浩子
編集協力　松岡健三郎、長島砂織
取材・企画協力　運動科学総合研究所
企画・編集・イラスト協力　谷田部尊将
モデル　大久保貴弘
編集　滝川昂、長田悠助（株式会社カンゼン）

背骨が通れば、
パフォーマンスが上がる！

発行日　2021年５月31日　初版
2021年12月10日　第２刷　発行

著者　高岡英夫
発行人　坪井義哉

発行所　株式会社カンゼン
〒101-0021 東京都千代田区外神田2-7-1 開花ビル
TEL 03（5295）7723
FAX 03（5295）7725
http://www.kanzen.jp/
郵便為替　00150-7-130339

印刷・製本　株式会社シナノ

ISBN 978-4-86255-600-4
Printed in Japan
定価はカバーに表示してあります。